文化发展学术文丛

日本文化法治

STUDY ON LAW ENFORCEMENT
OF CULTURAL INDUSTRIES IN JAPAN

魏晓阳 等 著

社会科学文献出版社
SOCIAL SCIENCES ACADEMIC PRESS (CHINA)

总　序

  用文化传达积极的精神信念，给人以希望和动力，用文化改革释放发展红利，洋溢着温暖和勇气。在文化创新不断推动经济发展换挡升级的时代历程中，中国传媒大学文化发展研究院紧扣时代发展脉搏，从立足文化产业现实问题到搭建文化领域学术研究、人才培养和社会服务的综合学术平台，以"大文化"为发展理念，设计学科架构、搭建文化智库、打造学术重镇，在十年的发展进程中，一直致力于探索构建充满活力、富有效率、更加开放的学科群。

  "文化发展学术文丛"正是中国传媒大学文化发展研究院十年来对学科建设、理论建构、智库发展和人才培养等专业问题不断探索的阶段性总结。它既折射着我们打造立体学术平台做出的努力，也见证着我们提升国际学术话语权、构建国家文化发展理论体系的情怀；它既反映了我们作为一支年轻研究团队怀揣的学术梦想，也彰显出我们立足严谨，向构建一流学科体系不断前进的初心与恒心。

  文化是一条源自历史、流向未来的丰沛河流，经济社会发展需要它的润泽。文化的强大功能，铸造了"文化＋"崭新的发展形态。正因为"文化＋"是文化要素与经济社会各领域更广范围、更深程度、更高层次的融合创新，是推动业态裂变，实现结构优化，提升产业发展内涵的生命力，"文化发展学术文丛"以"文化＋"为出发点，以文化内容融合式创新为研究主题，研究发轫于文化但又不囿于文化本身，它既包括全球视野下的比较研究，也包括文化创新领域的理论前沿；既聚焦文化建设的顶层设计，也关注不同行业领域现实问题的具体研究。可以说，打破传统的思维模式，不断增强文化认知的"大融合思维"，既是"文化发展学术文丛"的主要特点,也深刻反映了未来十年文化发展的趋势。

随着我国文化发展的学科建设渐成体系、理论研究不断完善、人才培养步入新境,未来十年,将有更多的文化理论经典和文化研究著述出现,它们将更好地以理论创新引导实践前行,在支撑国家文化创新驱动发展战略、服务区域文化经济转型升级、促进文化改革内涵式发展等方面汇聚力量,彰显价值,为文化强国建设注入源源不断的精神力量。

是为序。

中国传媒大学文化发展研究院院长、博士生导师

范 周

2016 年 4 月

序

　　日本的文化事业和文化产业中的绝大部分领域处于世界领先位置，动漫游戏等领域更是独树一帜、引领世界潮流，究其原因，相对成熟和完善的法治环境可谓功不可没。在探讨日本文化发展的法律背景之前，笔者想先追溯一下"文化"和"文化产业"在日本的起源。

　　"文化"是中国语言系统中古已有之的词，其中"文"的本义指各色交错的纹理。例如，《易·系辞下》载："物相杂，故曰文。"《礼记·乐记》称："五色成文而不乱。""化"，本义为改易、生成、造化，如《庄子·逍遥游》："化而为鸟，其名曰鹏。"而"文"与"化"并联使用则较早见于战国末年儒生编辑的《易·贲卦·象传》："（刚柔交错），天文也。文明以止，人文也。观乎天文，以察时变；观乎人文，以化成天下。"西汉以后，"文"与"化"方合成了一个整词，如《说苑·指武》中"圣人之治天下也，先文德而后武力。凡武之兴，为不服也"；"文化不改，然后加诛"。由上看出，"文化"在古汉语的本义是"以文教化"，指对人的性情的陶冶和品德的教养。

　　虽然"文化"早在古汉语系统中出现，但是其内涵与现代意义的"文化"仍略有区别。第二次世界大战时，美国的文化人类学的发展将"文化"这个概念发展为关于人类行动的社会性和历史性的观念和行为模式，随后人类学家克莱德·克拉克洪（Clyd Kluckhohn）和心理学家乔治·凯利（George Alexander Kelly）对"文化"做了以下界定："文化是后天和历史形成的有关外部和内部生活样式的体系，是属于一个集团全部或特定人数共有的。"可以说，现代意义的"文化"已经成为"一个社会的知识、信仰、法律、道德、习惯等复杂的综合体"①。而最早使用现代西方意义的"culture"这个概念可以追溯到古罗马哲学家马库斯·图留斯·西塞罗（Marcus Tullius Cicero），西塞罗使用了种庄稼的比喻将"culture"视作对心灵的教化或培养，实际上，现代的"culture"仍然有"耕耘"这层意思。

那么现代汉语语境下的"文化"一词何时由西方引进到日本呢？根据日本著名学者五十岚昌行的考证，当代意义上使用的"文化"这个词最早在日本大正年间，即 20 世纪初开始使用的。② 1883 年明治维新期间，为了让国民的风俗习惯与西方更加接近，政府在东京设立了鹿鸣馆作为接待外国人的场所，从此开启了日本的"鹿鸣馆时代"，也就在此段时期，日本开始使用"开化"这个接近于现代"文化"词义内涵的词语。20 世纪初时，作家井伏鳟二和坪内逍遥、早稻田大学的片山伸教授都曾经使用了"文化"来翻译德语的"kultur"。第一次世界大战前后，当时的哲学学者桑木严翼曾经在翻译康德的概念论哲学时采用了"文化"和"文化价值"等词语。此外，当时的德语"kultur"是与文明"zivilisation"（文明）分开来的，德国的哲学和社会学家认为"zivilisation"是基于契约型社会结合的"大都市生活"的"文明"，而"kultur"是基于"村落生活"的文化，换言之，"文化"更接近于"精神层面"，而"文明"更接近于"物质层面"，二者的区别也被日本学者所吸收和采纳，从而使"文化"这个词带有了鲜明的德国色彩。

下面来看"文化产业"这一概念在日本的起源。据日本学者考察，"文化产业"一词最早于 20 世纪后半叶时由德国哲学家麦克斯·霍克海默（Max Horkheimer）和狄奥多·阿多诺（Theodor Ludwig Adorno）提出，他们在对当时的电影、广播和杂志等商业性文化进行批判时使用了"文化产业"一词。③ 自此之后，日本也将其由德语翻译至日本。然

---

① A. L. Kroeber and Clyde Kluckhohn, *Culture: A Critical Review of Concepts and Definitions*, New York: Vintage Books, 1952, p. 80.
② 五十岚昌行:『日本文化論入門』、文艺社、2003、17 頁。
③ 出口弘、田中秀幸、小善友介:『コンテンツ産業論——混淆と伝播の日本型モデル』、東京大学出版会、2009、114 頁。

而，20 世纪 60 年代，日本正经历高速经济发展时期，当时的社会普遍过分重视物质性的价值。为了纠正这一错误倾向，构建成熟的日本社会，日本政府提出应当让国民对精神价值更加关心，同时开始致力于改变文化行政，并进行产业层面的文化意识改革。自此之后，日本逐渐吸收和引进了国际公认的文化产业概念，当代日本的文化产业内涵在通常情况下包括了音乐、电视、电影、出版、录影等受著作权保护的产业。①

由上我们可以看出，"文化"以及"文化产业"一词在日本先后经历了哲学层面和经济学层面的变迁，这种变迁从一个侧面证明日本可能是亚洲最早吸收现代意义的文化以及文化产业概念的国家，也同时奠定了日本长达一个多世纪的文化法治历史进程，更为日本发展当代文化产业奠定了良好的思想和社会认识的基础。

自 20 世纪 70 年代末以来，日本的文化产业经历了飞速发展，自 2007 年以来一直在 2000 亿美元左右徘徊，2011 年以来呈现小幅稳定增长，2015 年预计超越 2000 亿美元市场规模。② 其中，电影、动画、电视节目、游戏、书籍等文化创意产业的市场规模在 12 兆日元左右，这一规模仅次于美国，位居世界第二（2012 年）。近年来，因为少子、高龄化和经济不振的问题，其规模一直在负增长。③ 在影像产业中，影像软件的市场规模约 0.5 兆日元，电影约 0.2 兆日元，电视节目及相关服务约 3.5 兆日元，其他通信业务等约 0.2 兆日元，音乐软件约 0.5 兆日元，ktv 市场约 0.5 兆日元，音乐会门票为 0.2 兆日元，广播电台相关服务为 0.1 兆日元，移动电话、网络通信约 0.1 兆日元。游戏产业的市场规模为：游戏软件约 0.3 兆日元，网络游戏约 0.4 兆日元，手机游戏约 0.2 兆日元，街机游戏约 0.5 兆日元。图书、报纸、图像、教材的市场规模如下：书籍约 0.8 兆日元，杂志约 1.2 兆日元，广告传单约 0.2 兆日元，报纸约 1.6 兆

---

① 生越由美：『デジタルコンテンツの視点かんらみた文化産業と知的財産』「パテント」2008 第 8 期、58 頁。
② 日本经济产业省、商务情报政策局、文化情报关联产业课：《文化产业的现状和今后的发展方向》（2014 年 1 月）。
③ 日本经济产业省、商务情报政策局、文化情报关联产业课：《文化产业的现状和今后的发展方向》（2014 年 1 月）。

日元，其他约 0.9 兆日元。① 此外，文化产业对日本其他行业产生了巨大经济波及效果，据日本民间机构的初步统计，文化产业对于制造业等非自身产业的波及规模达到了自身规模的约 1.7 倍。② 但是另一方面，从日本文化产业向海外拓展的情况来看，虽然其文化创意在海外受到很高评价，但是向海外输出率仅 5%，与成长中的亚洲诸国的需求仍有很大差距，其中向海外输出动画的比例最高，达到了全部输出节目中的 47%，而电视节目仅占总输出的 0.5%。③

当代日本文化产业呈现上述蓬勃发展有多种原因，其中地方政府自下而上的积极推动、中央政府的积极鼓励政策、文化产业业界和协会的努力呼吁都是重要的推动原因。而究其法律原因，日本文化法治体系的完备和成熟是重要的根源所在，这些法律体系为日本的公共文化服务和文化产业提供了重要依据，同时也为政府与文化产业关系的法定化提供了可能性。

对于正在大力发展文化产业的中国而言，在寻找与高度发达的科技和历史多样性的文化相适应的文化产业新业态和构建新的文化产业方面，日本的法治建设值得深思。一言以蔽之，日本文化产业发展的重要经验之一就是文化政策的法治化。在第二次世界大战结束之初，日本出于对二战教训的反省，政府不介入文化发展领域，但是到 20 世纪 80 年代，日本开始认识到文化作为产业发展的重要性，政府开始对文化事业振兴发挥重要作用。2002 年，终于出台了两部文化领域的基本法律，并为日本文化政策推动文化产业奠定了重要基础。

相比之下，中国文化产业发展相对滞后，文化产品缺乏创新，导致在世界文化市场上竞争力的疲乏。作为 GDP 世界第二的大国，文化产业作为国家的"软实力"象征却并没有在中国得到相应的发展，这与中国作为传统文化大国的身份不相匹配。究其法律上的原因，改革开放以来，中

---

① 日本经济产业省、商务情报政策局、文化情报关联产业课：《文化产业的现状和今后的发展方向》（2014 年 1 月）。

② デジタルコンテンツ協会的数据（デジタルコンテンツ白皮书（2013），日本经济产业省、商务情报政策局、文化情报关联产业课：《文化产业的现状和今后的发展方向》（2014 年 1 月）。

③ 日本经济产业省、商务情报政策局、文化情报关联产业课：《文化产业的现状和今后的发展方向》（2014 年 1 月）。

国首先集中解决的是经济发展领域的问题，法律所关注的重点在于如何促进、维护市场经济体制，而文化领域的立法则相对滞后，事实上文化立法在数量上还不足人大立法的1%。这一现象直到20世纪末才取得理论突破，进入21世纪，"十三五"规划纲要将公共文化建设发展到更高的阶段，公共文化服务保障法律呼之欲出，但是文化产业领域的立法仍然相对滞后，这使得中国促进文化产业政策的稳定性和可持续性打了不少折扣，新的文化业态也不能得到蓬勃发展，因此，中国应当尽早出台文化产业促进法，并形成有中国特色的中国文化产业法治体系，为中国文化产业的规范与创新做出积极贡献。

2016年正值中国传媒大学文化发展研究院建院十周年，本书借此东风得以出版，首先要感谢文化发展研究院院长范周教授的高瞻远瞩，社会科学文献出版社周琼女士更是对本套丛书倾注了大量心血，编辑李兰生老师与我们多次校对书稿的内容，在注释体例等问题上严格把关。本书的五位合作者与我分别承担了以下章节的写作。魏晓阳：中国传媒大学文化发展研究院，承担第一章写作；郭薇：日本北海道大学法学研究科助教，承担了第二章、第五章的写作；张鹏：中国社会科学院法学所助理研究员，中国社会科学院知识产权中心研究员，承担了第三章写作；顾昕：日本北海道大学博士，承担了第四章写作；黄宇骁，日本北海道大学法学研究科博士前期课程在读，承担了第六章和第七章写作；邓乾坤：日本北海道大学法学研究科博士生在读，承担了第八章的写作。对以上作者的辛勤付出在此表示衷心的感谢！此外，北海道大学顾昕博士对于本书的作者征集和统稿付出了巨大努力，没有他的帮助，本书恐怕难以在这么短时间内顺利成册。最后，在读研究生张灵雨、李淑雅、郭会贤三位同学对本书的文字进行了精心校对，也一并对他们表示感谢。

魏晓阳

于西山庭院揽月园

2016年3月

目　录

第一章　日本文化法治概述

当代日本的文化法治最早可以追溯到明治维新时期，因此，直至今日日本文化法治经历了上百年的历史。这一个多世纪的发展历程可以第二次世界大战作为重要的分界点：第一个阶段从明治维新开始到第二次世界大战之前，文化法治随着西方法律的移植而进入日本，日本从此开始了文化行政的有限建构。第二个阶段是第二次世界大战至今，文化权上升为宪法所保护的基本权利，日本也由此发展了比较成熟和完备的文化法治。本章将对日本文化法治的历史变迁做详细梳理，同时总结和概括当代日本文化法治，并在此基础上提出可资中国借鉴之处。

一　二战前日本文化法治历史变迁

当代日本的文化法治肇始于 150 多年之前的明治时期。刚刚经历过明治维新的日本，无论国家体制、社会结构还是法制建设，都开始向西方学习，但是因为面临从闭关锁国到向世界打开国门的转型，包括政府在内的整个社会都还不能对自身固有的文化和传统做出正确评价，加之明治政府为巩固中央政权采取了神佛分离、废佛毁释的政策，导致各地的很多神社寺庙内的文物或者遭到破坏，或者流失海外。在一部分人士的倡导下，明治政府开始学习欧美保护文化的做法，于 1871 年 5 月发布了太政官布告《古器旧物保存办法》。该布告一开始仅仅向各县知事分发，因此，没有很好地发挥保护文物的作用。之后明治政府为了加强保护，又在内部增设了专门机构，例如宫内省于 1884 年设立了保护书籍古玩字画的图书寮，1888 年设立了临时全国宝藏调查局，通过该局对全国的文物、书画、雕刻、美术工艺以及奈良和京都的寺庙里的佛像和佛画进行调查，并在此调查基础上，于 1897 年制定了日本历史上最早的关于文化财产保护的法律——《古社寺保护法》。该法突破了原来太政官布告中仅仅保护个别美术品的局限，将保护重点放在了寺庙的维护方面，同时将价值很高的寺庙建筑物视为"特别保护建筑物"，而价值更高的寺庙建筑物则视为"国宝"。以上寺庙维护都由国家来提供保护经费。[1] 寺庙同时被赋予管理的责任和将其管理的物品提供给博物馆展览的义务。[2]

以上神社寺庙及其中的美术工艺品受到《古社寺保护法》的良好保护，但是对历史古迹名胜等的破坏却不见改进，国会贵族院随即提出了"保护历史遗迹及天然纪念物"的建议，刚成立不久的保护历史遗迹自然纪念物协会和一些著名植物学家和历史学家也提出了强烈建议并引起了舆论和政府关注，政府最终于 1919 年第 41 届帝国议会上通过了由议员提案的《历史古迹名胜天然纪念物保护法》，并于同年 4 月 10 日公布，6 月 1 日开始实施。可以说，《历史古迹名胜天然纪念物保护法》是受《古社寺保护法》影响而制定的，但是该法拓宽了《古社寺保护法》的保护范围，将神社寺庙拓展到了历史古迹名胜和天然纪念物的范围，其中，"天然纪念物"指本身拥有突出独特的价值，又因其固有之稀少而具备代表性的自然特质或文化意义的地理事物，包括动物植物、地形地貌、遗址遗迹等等。需要补充说明的是，该法还指定了各省知事大臣来具体管理保护事宜，同时规定如果变更现状需要获得文部大臣的许可。

以上的《古社寺保护法》主要以神社寺庙所有的建筑物及宝物类为保护对象，而对于城市公有建筑和私人或法人所拥的有美术品等的保护却没有相关规定，加之昭和初期世界经济危机给日本带来的恐慌，很多私人拥有的国宝级的美术品流向海外。在此背景下，1928 年第 56 届议会提出了《国宝保护法》草案，并于 1929 年 3 月 28 日公布，同年 7 月 1 日开始

---

① 政府一年给与寺庙的经费为 15 万日元到 20 万日元之间，占国家预算的 0.05%，寺庙在接受上述补助金后，使用补助金的利息进行寺庙的维护和修缮。枝川明敬：『わが国における文化産保護の史的展開——特に、戦前における考察』「文化情報学：駿河台大学文化情報学部紀要第 9 巻第 1 号」（2002 年 6 月）。

② 〔日本〕枝川明敬：『わが国における文化産保護の史的展開——特に、戦前における考察』「文化情報学：駿河台大学文化情報学部紀要第 9 巻第 1 号」（2002 年 6 月）、42 - 44 頁。

实施，因此，《国宝保护法》（1929 年法律第 17 号）成为日本战前的第三部文化财产保护法。该法规定：无论个人所有还是国家所有，除神社寺庙以外的所有住宅、书院、茶室都被视为保护对象；未经主管大臣许可，禁止将国宝出口或带出日本（主要指带到中国台湾和朝鲜）；除维修等情况之外，改变现存状态需经主务大臣许可。此外，《国宝保护法》还规定：国宝所有者负有在皇室、官立和公立博物馆及美术馆陈列其所拥有的该国宝的义务，展期不超过一年，展览期间国家对其提供金钱补偿。当神社寺庙无力承担国宝修理维护费用时，国家予以资助。在必要的情况下，也可以资助神社寺庙之外的国宝持有者。需要补充说明的是，为了预防没有被视为"国宝"的美术品流向海外，政府内部设立了国宝保护会、历史遗迹名胜天然纪念物调查会等咨询机构，其重要使命是为文部大臣在国会上就相关事务进行答辩时提供咨询。

日本国会还于 1933 年通过了一部临时法律《重要美术品保护法》。20 世纪 20 年代至 30 年代，日本经济状况恶化、日元贬值，导致很多尚未被认定为国宝的古代美术品大量流向海外市场。为了防止这些尚未认定，但具有很高艺术价值的美术作品流向海外，日本于 1933 年 4 月 1 日颁布了《重要美术品保护法》。该法律规定：对于那些尚未认定为国宝的美术品，如果主务大臣（文部大臣）认定其在历史上或美术上具有特别重要的价值，那么非经主务大臣许可，该美术品不能出口。此外，根据该法的规定，政府内部还设立了重要美术品等调查审议会，其重要职责就是进行认定、输出、移动等许可和认定及取消。

二战前日本文化法治的另一部重要法律是《著作权法》（1899 年 3 月 4 日法律第 39 号）。早在 1887 年，明治政府开始向欧美西方学习，制定了《版权条例》，该条例承认作者拥有版权，并规定在其注册登录的前提下给予法律保护。同年，明治政府颁布了《剧本乐谱条例》（1887 年敕令第 78 号）及《照片版权条例》（1887 年敕令第 79 号），两个条例也赋予了其他类型著作物的作者权利。1893 年，政府将《版权条例》正式更名为《版权法》（1893 年法律第 16 号）。1899 年日本加入了伯尔尼联盟《保护文学和艺术作品伯尔尼公约》，日本保护著作权的法律也开始和国际接轨，并按照该公约的要求于 1899 年制定了《著作权法》，同时废止

《版权法》《剧本乐谱条例》和《照片版权条例》。这部《著作权法》分为以下五个部分：著作人的权利、出版权、伪作、罚则和附则，而权利主体也仅局限在作者和出版社，旨在禁止他人未经许可的"复制"行为，一言以蔽之，是以"复制禁止权"为中心构建起来的著作权法体系。与现代的著作权法相比，这部法律虽然有诸多局限性，例如它没有规定著作人格权，也没有禁止二次著作物的利用，同时只保护出版社，而并不保护表演者、唱片制作人等邻接权主体，但是另一方面，日本能在19世纪末就注意学习和移植近代知识产权法律体系，保护国内的出版产业等相关产业发展，这为日后日本的文化法治成熟奠定了良好的基础。

　　然而，20世纪30年代后，随着日本加入第二次世界大战，政府主导的战时体制也试图将国民的精神和文化引向极端国家主义方向，而国民的文化艺术活动逐渐沦为宣传战争的工具。另一方面，随着战争的深入，很多宝贵的古迹和文化财产破坏严重，虽然政府于1943年12月通过了"关于建设国宝和重要美术品防空设施"的内阁决议，但是次年2月，政府已经停止了重要美术品等的认定工作和名胜古迹天然纪念物的指定工作，文化法治的实施也逐渐停滞。

二　二战后日本文化法治变迁

　　日本战败初期，在美国占领军的直接主导下，日本开始了以修改宪法为首的一系列民主和法律改革。出于对战争时期文化政策的反省，战后初期的政府和社会都认为国家介入文化领域是有碍个人自由和民主化进程的，因此，日本仅在文化领域制定了一部特别法律，即1950年颁布的《文化资源保护法》（1950年法律第214号）。该法的制定契机是1949年著名的法隆寺金堂发生了火灾，包括壁画在内的大量宝贵文物被损毁，在引发巨大社会舆论的背景下由议员提出了制定新的文化财产保护的法案，《文化资源保护法》由此酝酿而生。如上所述，在二战之前，日本的建筑物、工艺美术品、古迹名胜保护分别受到三部法律——《古社寺保护法》、《国宝保护法》和《重要美术品保护法》的保护，而《文化资源保护法》制定之后，将以上分别由三部法律保护的建筑物、工艺美术品、古迹名胜保护统一收录在该法之内，同时将无形文化资产、民俗资料和埋藏文化财产也纳入了该法的保护范围。此外，战前三部法律所确立的文化行政框架也被该法沿袭，例如《古社寺保护法》规定由各省知事大臣具体管理保护事宜，如果变更现状需要获得文部大臣的许可等制度也被《文化资源保护法》所采纳。

　　自 20 世纪 70 年代初期以后直至今日，整个日本社会以及政府都对文化的认识发生了巨大变化，而文化法治也随之发生了很大变革。这体现在两个方面：第一是在文化艺术和公共文化服务方面，第二是在文化的产业属性方面。

（一）文化艺术和公共文化服务法治变迁

　　首先我们来看文化艺术和公共文化服务方面。学术界对此的研究走在社会的前沿，例如 1981 年野村综合研究所发表了《关于文化行政的发展模式》报告。该报告结合公共文化服务职能的特点，将"文化"的特征定义为以下三个方面：第一，文化体现人类集团的特性，即文化的同一性、独特性和地域性这一共同体的共通理念，它将通过该共同体特定的价值观和生活样态得以体现。第二，文化主要指人类的精神活动。文化活动有别于物质活动的发展和进步，因此，艺术、思想、宗教和伦理领域通常被看作文化活动。第三，高水平的成果。公共文化服务旨在促进和维系高水平的教育、学术、艺术成果。[①] 再如 1992 年 3 月 28 日日本文化经济学学会正式设立，其研究旨在探讨公共机关或私人在资助文化服务过程中的相关问题。而在法学领域，行政法学者兼子仁在 1997 年出版的《行政法学》中，首次提出"文化资源的特殊法说"。该学说从特殊法的原理，即应对现代社会的特殊社会关系而形成的具有特殊原理的法体系出发，将"包括教育法、体育法、学术活动法、大众传媒法、著作权法、宗教法在内"，建立在"精神文化自由的宪法原理上的复合特殊法体系"定义为广义的文化资源（与此对应，狭义的文化资源指以文物保护法为主的制度）。[②] 直至今日，日本的公法领域基本延续了上述文化资源的特殊法说。

---

① 〔日本〕小林真理：『文化権の確立に向けて—文化振興法の国際比較と日本の現実』、勁草書房、2004、32—33 頁。
② 兼子仁：《行政法学》，岩波书店 1997 年出版，第 298 页。

社会对于公共文化服务的需求也日益高涨，为应对新兴文化场馆的建设和运营，地方政府开始先于中央政府自主制定各自地域的文化振兴条例，其中北海道政府最早于 1975 年制定了《北海道钏路市文化振兴条例》，其余各地行政长官也陆续制定了文化振兴条例，以积极推进公共文化场馆的建设，谋求以文化事业的建设推动城市规划建设。这一时期制定和出台文化振兴条例的大致有以下各地：秋田市和东京都（1938 年），三重县津市（1984 年），神奈川县横须贺市（1985 年），熊本县（1988 年），北海道（1994 年），富山县（1996 年），太宰市（1997 年），士别市（1998 年）。

此外，民间的艺术团体也开始积极呼吁和推动制定文化振兴法。1984 年日本艺能演出团体协会公开建议制定《演艺文化基本法》。该协会包括演奏家、舞蹈家、演员、话剧导演和舞台监督等表演艺术工作者，1990 年之后该组织开始着手具体的制度设计。1992 年，由跨党派的国会议员组成的音乐议员联盟将促进有关艺术文化振兴的基本立法列为该联盟未来关注的议题之一。

上述来自地方政府、学界、民间团体、国会议员等各种机构和组织的努力终于在 2001 年成功促使《文化艺术振兴基本法》出台。需要指出的，该法是以议员提案形式提交国会审议并通过的，而时至今日，日本主流的立法形式是内阁立法，即由政府各部门根据其职能范围制定相应领域的法案，再通过内阁提请国会审议，与此相对，议员提案方式的立法数量比较少，且同时需要社会舆论的有力支持和各方利益的协调才能通过，因此《文化艺术振兴基本法》的颁布充分说明整个日本社会及政府对文化领域和公共文化服务认识达到了高度统一。

（二）文化产业法治变迁

其次我们来看二战后日本文化产业法治变迁的概况。就日本的文化产业而言，经历了两个阶段的发展：第一个阶段是 20 世纪 60 年代至 90 年代末。在这段时间内，日本政府逐渐认识到发展文化产业的重要性。60 年代末，日本正经历高速经济发展时期，当时的社会普遍过分重视物质性的价值。为了纠正这一错误倾向，构建成熟的日本社会，日本政府提出应当让国民对精神价值更加关心，同时开始致力于改变文化行政，并进行产业层面的文化意识改革。自此之后，日本逐渐吸收和引进了国际公认的文化产业概念。第二个阶段是 21 世纪初至今。在这段时间内，文化产业逐渐上升成为国家发展战略。2002 年，日本政府确立了"知识产权立国"的国家方针，并发表《知识产权立国宣言》。该宣言指出要把研究活动和创造活动的成果作为知识财产进行战略性保护和活用，并把强化国家产业的国际竞争力作为国家的战略目标。同年 12 月，《知识产权基本法》公布。2004 年，日本又通过了《促进文化创意产业创造、保护以及活用的法律》（以下简称《文化产业振兴法》）。

在当代日本，文化产业的内涵在通常情况下包括了音乐、电视、电影、出版、录影等受著作权保护的产业①，但是 2006 年来，建筑、视觉艺术、舞台艺术、体育、广告和文化观光也被包括在新兴文化业态之内，例如日本学者佐佐木晃彦将文化产业分为以下种类：观光娱乐、卡拉OK、国营竞技、钓鱼、玩具、美容、广告、花卉产业、健身俱乐部、管弦乐队、外食产业。② 另一位日本学者池上淳提出文化产业分为狭义的文化产业、文化关联产业和文化周边产业三种形式。狭义的文化产业是那些将创造性的想法变成了具体的商业化产业的产业，例如艺术文化产业、学术和宗教；文化关联产业是为狭义文化产业提供支持的产业，包括教育产业、文化手段产业（乐器、绘画等工具，电影放映机，剧场、博物馆等）、音乐 CD 出版电影制作、出版、印刷等行业。文化周边产业在文化关联产业的外延之外，包括了文化流通产业、广告业、体育产业、终身学习产业、旅游业、厨师业等。③

需要提出的是，新数字技术的发展为日本的文化产业新业态的内涵带来根本性的变化，一批新型的文化创意产业应运而生。在这种形势下，日本国会于 2004 年通过的《文化产业振兴法》第二条对文化创意产业做了定义："在本法中所称的'文化创意'是指电影、音乐、文艺、写真、漫画、动画、电脑游戏等以及其他的文字、图形、色彩、声音、动作和影

---

① 〔日本〕生越由美：『デジタルコンテンツの视点かんらみた文化产业と知的财产』「パテント」2008 第 8 期、58 页。

② 〔日本〕佐佐木晃彦：『文化产业论』，北树出版、2006，转引自生越由美：『デジタルコンテンツの视点かんらみた文化产业と知的财产』「パテント」2008 第 8 期、53 页。

③ 〔日本〕出口弘、田中秀幸、小善友介：『コンテンツ产业论——混淆と伝播の日本型モデル』东京大学出版会 2009 年 9 月版、114－115 页。

像，或者指上述形式的组合，或者指通过电子计算机为媒介的程序（指为提供上述形式的信息通过电子计算机的指令组合成的内容），它们都是通过人类的创造活动而生成的产物，属于文化教养或娱乐范围。"这部法律的通过为日本文化产业的发展充分发挥了保驾护航的作用，在其通过后的两年间，建筑、视觉艺术、舞台艺术、体育、广告和文化观光也被包括在日本新兴文化业态之内，而这些新兴的文化产业与既有的文化业态又为日本共同创造了巨大的社会财富。

三　当代日本文化法律概况

涉及当代日本文化领域的法律包括以下几个方面：宪法、基本法律、相关机构组织的法律法规、地方条例和国际公约。以下做简要介绍。

（一）《日本国宪法》

《日本国宪法》从自由权、社会权、财产权三个方面保障国民从事和享受文化及服务的权利。《日本国宪法》规定："全体国民都作为个人而受到尊重。对于谋求生存、自由以及幸福的国民权利，只要不违反公共福利，在立法及其他国家政治中都必须受到最大的尊重"（第13条）、"思想及意志的自由不受侵犯"（第19条）、"保障集会、结社、言论、出版及他一切表现的自由"（第21条）、"在不违反公共福利的范围内，任何人都有居住、迁移以及选择职业的自由"（第22条）、"保障学术自由"（第23条）、"财产不受侵害（第29条）。首先是自由权的保障。上述有关自由权的规定保护公民的文化活动以及成果不受他人以及公权力的侵害。日本学术界普遍认为由于艺术活动是表现人类内心世界的手段，应受到思想自由以及言论自由原则的保护。[①] 司法判例也认为：作为言论的艺术文化活动受到日本言论自由的保护，同时作为思想活动也适用宪法追求幸福的权利以及思想自由。[②]

从社会权来看，《日本国宪法》第25条规定："全体公民都享有健康且满足最低文化需求的生活的权利；国家应当促进社会福利，社会保障以及

---

① 〔日本〕种谷春洋：『学問の自由』收录于芦部信义编「宪法2人权」，有斐阁、1978年9月版、397頁。

② 日本最高法院判决，昭和45年4月24日。

公共卫生水平的提高。"日本宪法学者认为，该项权利属于生存权的社会权利①，因为充实和发展相关的社会保障制度、满足公民最低文化需求的生活也是社会福祉的一部分，因此国家有义务保障公民的生存权和社会权。此外，《著作权法》旨在让日本国民更好地享受文化发展带来的种种益处，这也是实现《日本国宪法》第13条"幸福追求权"所必要的制度设计之一。

从财产权来看，《日本国宪法》第29条规定："财产不受侵害；财产权的内容应与公共福利适合，并由法律规定之。"该项权利为《著作权法》提供了最高依据，因为这部法律创设了"著作权"这一财产权，而创设财产权的合理性则来源于上述条款。此外，如果将"表现自由"视为一种公共财产，那么著作权制度就构建了公共财产的表现空间，以确保信息自由且通畅地传播，这也正呼应了《日本国宪法》第21条"表现自由"条款的要求。

（二）基本法律

日本国会曾在21世纪初通过了一系列与文化相关的基本法律，分别为2001年的《文化艺术振兴基本法》、2002年的《知识产权基本法》和2004年依照《知识产权基本法》的基本理念制定的《文化产业振兴法》。

1. 《文化艺术振兴基本法》

2003年日本实行《文化艺术振兴基本法》（2003年法律第148号），该法被认为是一部显示"文化立国"理念的法律，它首次以基本法的形式明确规定了日本文化艺术振兴政策的基本理念以及中央和地方政府的相关职能，从而为包括公共文化服务在内的文化活动提供了法律的依据。该法适用于一切文化和艺术的领域，其主要目的是规定日本振兴文化艺术的基本理念，在鼓励文化产业自主发展的基础上明确国家和地方政府的职责，并赋予政府一系列振兴文化艺术的义务，包括推进国际交流、培养艺术家、保护著作权、支援民间活动等。

2. 《知识产权基本法》

2002年日本国会制定了《知识产权基本法》，并于2003年3月1日实行。该法与《著作权法》等知识产权法律不同，主要是明确国家、地

---

① 〔日本〕佐藤功：『日本国宪法概说』第5版、学阳书店、1996年9月、236页。

方政府、大学和各相关企业对创造、保护和活用知识产权的义务和职责，因而属于行政法范畴。根据这部法律，推进知识产权的保护和发展成为政府的基本义务，例如政府有义务创造一个令企业能够有效正当利用知识产权的良好环境，有义务确保培养知识产权领域创造性人才、推进知识产品研究开发等。特别需要指出的是，该法规定日本政府需在内阁下设立"知识产权战略总部"，并每年制订"知识产权推进计划"。

3. 《文化产业振兴法》

2004 年由日本国会议员发起制定并通过了《文化产业振兴法》（2004 年法律第 81 号），该法是依照《知识产权基本法》的基本理念，直接针对保护和推进新型的文化业态而制定的，但是在以下两个方面肩负独特使命：第一，明确国家、地方政府和文化产业从业人员三者的责任义务。第二，规定了振兴文化产业的必要事项，包括保护权利人权利、拓展海外市场、构建公平贸易环境、支持中小企业等。

（三）专门法律

1. 《文化资源保护法》

如上所述，二战以后初期，日本文化领域的立法仅有一部《文化资源保护法》，该法第 1 条明确规定其宗旨为："保护并充分发挥文物的功能，从而提高公民的文化水平，为世界文化的进步做出贡献。"2005 年《文化资源保护法》修改后将文化景观、民俗技术也列为该法的保护对象。所谓"文化景观"，是指人与自然相互作用而产生的景观，包括人类在自然中创作出来的庭园、和产业相关的田园、牧场，甚至虽然没有人为改变却赋予其文化含义的自然景观，譬如具有宗教色彩的圣山也属于文化景观。所谓"民俗技术"是指生产、生活中使用铁、木材等材料做成生产工具或生活用品的制作技术，在修改之后，《文化资源保护法》几乎涵盖了日本境内所有的人类活动以及创作活动的产物，连社会的风俗习惯也被纳入了该法保护的范畴，例如该法在第 2 条第 3 项中以列举的方式罗列了文化资源的类型，包括具有较高历史和艺术价值的实体文化资源、无形文化、民俗文化、名胜古迹等自然景观、文化景观以及传统的建筑群六大类，其中实体文化资源具体包括建筑物、绘画、雕刻、工艺美术、书法、典籍、古代文献以及其他具有实体的文化成果，无形文化包括戏曲、音乐、工艺技法以及其他的无形文化。

2.《文字·活字文化振兴法》

2005年7月日本公布实施了充实图书馆、提高学校语言教育能力的《文字·活字文化振兴法》。该法将读文章、写文章、出版文章的活动称为"文字·活字文化",其宗旨在于丰富国民心灵、建设充满活力的社会,内容包括提高学校教育中"读、写"的语言能力,推进公共图书馆建设等。此外,该法还将每年读书周的第一天(10月27日)设立为"文字·活字文化之日"。

3.《推进海外文化遗产保护国际性合作法律》

世界范围内的优秀文化遗产是人类共同的宝贵财产,但面临着人为损害、自然衰退、灭失等风险。为了推进与国际合作协同保护这些优秀文化遗产,日本于2006年出台了《推进海外文化遗产保护国际性合作法律》。该法规定了保护文化遗产的基本理念、国家责任、教育研究机构的责任、财政措施、基本方针等。依据该法,2007年日本外务省和文部科学省联合制定了《有关推进海外文化遗产保护国际协作的基本方针》,具体规定了推进保护文化遗产的基本方向、国家和相关机构的职责等。

4.《著作权法》

现行《著作权法》是于1970年在对二战前旧《著作权法》进行全面修订的基础上颁布的。新法对原有的著作权进行了全方位的改革,包括:明确保护著作人格权;依据对著作物的利用形态,增设了展示权、颁布权、演奏权、口述权和二次著作物利用权等权利;著作权的保护期限由死后30年延长至死后50年;大大突破了"权利限制"的规定,譬如扩大了出于私人利用目的进行复制的范围,允许在图书馆的复制行为、在教育机构的复制行为;增设了著作邻接权制度,新增加了对表演者、唱片制作人、放送事业者的保护;强化了对权利侵害的救济制度,将罚金的数额由5万日元提高到30万日元;新增了对损害赔偿额的推定规定,增加了斡旋制度。

20世纪80年代,随着录音、录像、复制技术的飞速发展,复制权利人作品的行为不再只有少数主体才能做到,私人用户使用现代化技术也能轻易完成,例如唱片租赁业的兴起给传统音乐市场带来了巨大冲击,使得唱片销售大受影响。为了使租赁收入的一部分适当回到创作者(词曲作者和唱片录制者）手中，日本于 1984 年修改《著作权法》并导入了出租权。此次修改规定不限于商用唱片，对于所有著作物的复制物（除了书籍和杂志），著作权人均可以禁止出租给公众。此外，这段时期的新技术手段的发展也催生了很多新的著作物形态，也直接导致了旧著作权法体系的崩溃。为了应对这些变化，日本《著作权法》导入了一系列新权利，以完善以"复制禁止权"为中心的体系。例如，日本 1985 年修改的《著作权法》明确保护了计算机软件，1986 年的修改明确了数据库的保护，同年还在世界范围内首次规定了著作权人具有"交互式传播"的权利，即"信息网络传播权"，而世界知识产权组织（WIPO）十年后才在条约中予以规定，日本成为世界上首个规定此权利的国家。再如，1988 年修改的著作邻接权的保护期限由 20 年延长为 30 年，1991 年再次延长至 50 年。日本还在 1992 年针对数字复制建立了"私人录音录像补偿金制度"，该制度规定对数字复制机器和复制媒介的生产商、进口商收取一定比例的补偿金用于支付版权人，并对补偿金的授权额度做了相应规定。

进入 20 世纪 90 年代后半段，《著作权法》每一至二年就在个别条文上修改一次，例如 1996 年将照片类著作物的保护期限由作者"公开发表后 50 年"，延长至作者"死后 50 年"，惩罚金额上限由 100 万日元提高至 300 万日元；计算著作权侵权数额时，法院可以要求被告提供必要文书。1997 年该法新增了著作权人、表演权人、唱片制作人的"送信可能化权"。1999 年新设了"转让权"，扩大了"上映权"等。2000 年针对视觉听觉有障碍的人，扩大了其特有的权利限制规定的范围；法人侵犯著作权案的罚金上限由 300 万日元提高到 1 亿日元；原告没有详细计算损害数额时，法院可以依据具体情况认定相应数额。2002 年，增设了表演者的著作人格权和广播电视台的"送信可能化权"。

随着互联网时代的到来，《著作权法》也做出了适应互联网技术变革的调整。2007 年该法新增了针对修理电脑或手机硬盘等数据记录装置的从业人员的规定，如果上述从业人员临时性保存其中内容，其行为不构成侵犯著作权。2009 年该法又规定：如果私人用户明知网上电影、音乐等录音录像制品为盗版作品而下载，即便其用于个人欣赏和学习，也构成了侵犯著作权，2012 年又强化了对该项行为的惩罚，认为该项行为将会触犯刑法，受到刑事处罚。2012 年《著作权法》再次修改，规定破解技术限制手段的行为不论破解后是否出于个人利用的目的，均构成了违反《著作权法》。

5. 《图书馆法》等法律

《日本国宪法》第 26 条规定："全体国民，按照法律规定，都有依其能力所及接受同等教育的权利。"1974 年颁布实施的《教育基本法》第 3 条规定："每一个国民为了能够磨炼自己的人格，度过丰富的人生，必须在一生中，利用所有的机会，在所有的场所进行学习，谋求实现能适当发挥其学习成果的社会。"该法第 12 条规定："国家和地方自治体必须通过设立图书馆、博物馆、公民馆及其他社会教育设施，利用学校的设施，提供学习的机会和信息，以及采取其他适当的方式，致力于社会教育的振兴。"根据以上两条法律，《图书馆法》（1950 年 4 月 30 日法律第 118 号）、《博物馆法》（1951 年 12 月 1 日法律 285 号）、《关于促进美术馆的美术品公开的法律》（1998 年 6 月 10 日法律第 99 号）、《独立法人日本艺术文化振兴会法》（2002 年 12 月 13 日法律第 163 条）等与公共文化服务和文化艺术振兴的法律相继制定并实施。

（四）地方条例

《文化艺术振兴基本法》在第 3 条至第 6 条里规定了国家以及地方自治体和公共团体有义务完善文化艺术发展的相关制度，并给予财政方面的扶持。该法律颁布实施后，日本全国各地的自治体为了贯彻该法律相应出台了文化振兴条例。根据文化厅编写的《地方文化行政的状况》，直至 2014 年，共有 26 个都道府县，5 个人口数 50 万以上的政令指定城市，9 个人口数 20 万—50 万的中型城市，75 个市区乡村制定和出台文化振兴条例。都道府县（总计 51 个）一级近半数有自己的文化振兴条例。①

四　日本文化政策的法治化

《文化艺术振兴基本法》《知识产权基本法》《文化产业振兴法》三部基本法律为日本的公共文化服务和文化产业提供了重要依据，同时为政府与文

---

① 『地方における文化行政の状況について』、文化庁 2015 年 9 月、16 – 20 页。日本文化厅网址：http://www.bunka.go.jp/tokei_ hakusho_ shuppan/tokeichosa/chiho_ bunkagyo-sei/pdf/h25_ gyosei.pdf（2015 年 12 月 17 日）。

化产业关系的法定化提供了可能性，以下将从日本中央政府的几个主要机构制定和实施的文化产业振兴政策来分析文化新业态发展的政策原因。日本中央政府的三个机构——内阁知识产权战略本部、文部科学省和经产省都针对文化产业制定了一系列发展规划和政策，但是这些发展规划和政策都是在以上完备的文化法律框架下制定出来并严格遵照执行的，以下将做详细介绍。

（一）知识产权战略本部相关政策

《知识产权基本法》第 24 条规定："为集中而有计划地推进创造、保护和活用知识产权的政策，在内阁设置知识产权战略本部。"知识产权战略本部由此于 2003 年 3 月正式成立，它在制定日本文化产业政策的许多政府机关中级别最高，直接由日本首相担任长官，副长官分别是内阁府特命担当大臣、内阁官房长官、文部科学大臣、经济产业大臣，同时邀请日本律师协会会长、东京大学校长以及文化产业相关公司的负责人作为成员等。根据《知识产权基本法》第 23 条，其主要职责是每年制定一次"知识产权推进计划"，从而在整体上保护和发展日本的各种文化产品。在该计划中，政府一般会在总结当年的文化产业发展的基础上对其政策进行反思和评价，并调整来年的施政政策，同时委任指派给各省厅（部委）具体操作。以2015 年"知识产权推进计划"为例，首先总结了游戏、电影和动漫等日本文化产业在国外发展的成就和不足，指出虽然这些产业在海外的竞争力比较强，但并不能说没有危机。其次，该计划对迄今为止实施的一系列海外文化推进政策进行了评价和反思，指出政府在向海外宣传本国文化时应当注意到文化的双向性，即"在向海外推广日本文化的同时，也应当接受海外文化进入日本，构筑双方互惠的关系，同时确保本国产业发展的持续性"。最后，该计划指出了来年新推出的政策，共包括 11 个专门项目，其中有 3 大支柱和 8 大政策，并明确委派具体执行这些项目的政府部门。①

（二）文部科学省相关政策

日本的文部科学省作为中央政府的一个职能部门，其所管领域相当于我国的教育部、文化部、国家体育总局和科技部等管辖的领域。因此，弘

---

① 参见〔日本〕知的财产权戦略本部：『知的财产推進計画 2015』。https://www.kantei.go.jp/jp/singi/titeki2/，2015。

扬与宣传日本的文化艺术自然与文部科学省有关。文部科学省中直接主管文化政策的内设机构是文化厅。该机构设置于1968年，其成立的法律依据为《文部科学省设置法》（第26条），其主要职责是"谋求文化的振兴和国际文化的交流，适当管理宗教行政事务"（《文部科学省设置法》第27条）。

《文化艺术振兴基本法》指令政府需要实施的一系列文化政策主要由文部科学省文化厅负责。该法第7条第1项规定："为综合推进文化艺术的振兴政策，政府应当制定文化艺术振兴基本方针。"根据该条授权，内阁和文部科学省迄今为止制定了4次基本方针，最近的一次是2015年5月22日内阁通过的"第4次基本方针"。该方针主要布置了2015年至2020年6年间的文化政策，是根据2011年制定第3次方针后的相关形势变化而做出的略微修正。方针中有两点十分引人注目：第一，方针明确地提出了日本"文化艺术立国"的口号；第二，方针具体制定了到2020年时文化发展应当达到的数字目标。在具体政策方面，基本方针列举了今后需要文化厅实施的五大重点战略和十项基本政策。其中五大重点战略分别为：①有效支援文化艺术活动；②培养文化艺术活动的人才以及完善面向少年儿童的文化艺术政策；③确保文化艺术的隔代传承并有效应用于地域振兴；④促进国内外文化多样性和相互理解；⑤加强文化艺术振兴体制建设。十项基本政策分别为：①振兴文化艺术各领域；②振兴地方文化艺术；③推进国际交流；④培养在世界上崭露头角的艺术家；⑤促进国语的正确理解；⑥普及和完善日语教育；⑦保护和利用著作权；⑧充实国民文化艺术活动；⑨充实文化艺术基地；⑩扩充其他基础设施。①

（三）经产省相关政策

根据《经产省设置法》第3条，日本经产省的主要任务是提高民间经济活力、发展对外经济关系、确保产业发展和能源需求等。如果说文部科学省偏向于文化政策，那么经产省就明显偏向于经济政策，其内容侧重文化的经济价值、文化产业的国际推广和国际交流。此外，《文化产业振兴法》中赋予日本政府的一系列义务主要也是具体由经产省实施的。为

———————————

① 参见〔日本〕文部科学省文化厅：『平成27年度我が国の文化政策』。文化厅长官官房政策課、2015、3-4页。

了促进文化新业态通过海外市场获得新生，同时应对日本近年来内需减少的严峻经济环境，经产省于 2011 年正式实施"酷日本"（Cool Japan）战略，该战略的主要目标就是将动漫、电视剧、音乐等文化创意以及以衣食住为代表的日本文化与生活方式的魅力变成附加价值，同时与汽车、家电和电子产品等传统优势产业结合，从而激发海外市场，创造就业机会，帮助日本企业成长。"酷日本战略"注重的是文化输出，通过向全世界宣扬日本的魅力而获得一系列经济和政治效应。近来，"酷日本战略"已经越来越成为一项国家战略，以下对该战略做详细介绍。

"酷日本战略"共分为三个阶段：第一，通过宣传日本的魅力，在海外掀起"日本热"；第二，在海外当地出售与日本相关的商品和服务；第三，配合旅游政策，吸引对日本有兴趣的外国客人到日本本土来旅游并进行消费。2013 年 6 月，日本又实施了《株式会社拓展海外市场支援机构法》，并于 2014 年专门设立开拓海外需要支援机构，强化了相关部门的合作。该机构同时为民间企业提供风险投资和海外发展所需要的流通网络、办事处等基础条件。截至 2015 年 3 月，政府已出资 300 亿日元，民间出资 106 亿元，为新兴文化产业的振兴提供了有力支撑。

在实施"酷日本战略"时，日本经产省的主要职责是：通过民间商业将"酷日本战略"推广到世界。经产省所制定的政策通常主要集中在以下三个领域：开发制作阶段、市场支援阶段、流通阶段。① 首先，在开发制作阶段中，经产省制定了以下四个方面的鼓励政策：第一，加强制片人的人才培养，资助他们去美国一流的电影学院留学。第二，鼓励设立"全日本娱乐制作公司"，以全球市场为目标对企划开发进行支援。经产省鼓励通过企划、立案、促销等手段将漫画、电影、电视剧、小说、游戏、玩具中的原作故事和角色形象进行重塑。经过全日本娱乐公司在全美国公开，最后由好莱坞将其供应给全世界。第三，在文化厅内设立国际共同制作补助金，同时与文化厅合作严格审核该补助金的申请，以此支援国际共同合作拍摄的电影的制作活动。第四，制定文化创意技术战略，推进

---

① 参见〔日本〕经济产业省商务情报政策局文化情报関连产业課：『コンテンツ产业の现状と今後の発展の方向性』、2015、15 頁。

CG 和 VFX 等数字文化创意技术的提高和普及。配合实施制作工程管理和云服务。需要补充说明的是，在开发制作阶段中，经产省特别注重 CG（计算机图像）和立体影像等文化创意技术是创造各种文化创意产业的基石，从而以此为基础推出了一系列文化产业技术战略政策。该战略的主要目标是明确文化创意产业技术前进的方向，促进技术的开发和跨领域跨业种的合作，形成产业实体、学校和政府共同研究体。

其次，在市场支援阶段，经产省设立了文化创意门户网站"Japacon"，以此向国内外宣传日本的文化产业的信息，在海外为日本企业创造商机。此外，为了把握在亚洲各国市场上的文化创意消费趋向以及流行走势，经产省还勾画了"亚洲流行趋势地图"，构建预测消费趋向的互联网信息系统。另外，也出台政策鼓励民间企业在海外创设电视台宣传日本文化并促进海外文化产业的勃兴。

最后，在流通阶段，日本政府举办了一系列展览，其中包括游戏、动画、漫画、周边、音乐、电影的国际贸易展览会——日本国际文化产品展"CoFeata"以及商业配对大会"Cool Japan Matching Grand Prix"等活动，以促进国际文化产业问题的交流和研讨。除此之外，日本政府为了提供面向产业化的风险资金，灵活运用"财政投资特别会计"设立了基金，该基金在 2013 年已使用 500 亿日元。

除上述三个领域外，经产省还于 2012 年 4 月和大出版公司出资建立"出版数字机构"，该机构将书籍电子化并提供给电子书店，形成收益分配等一条龙服务，以加速业界全体的效率化，并降低成本，强化了日本电子书业界的国家竞争力。另外，还建立了新的产业革新机构"GLOC-ZUS"，出资 12 亿日元支持日本中小企业利用网络向亚洲诸国销售漫画、杂志、小说等，同时委托该商务平台售卖并进行本土化及当地销售渠道开拓等工作，以网上发售平台的方式向亚洲新兴国家发布文化产品。

（四）促进地方文化产业新业态政策

在日本政府振兴文化产业的政策中，需要强调的是日本政府为促进地方文化产业的发展也采取了一系列推进措施，其中最为典型的是"札幌文化创意产业特区"政策。2011 年日本国会制定《综合特别区域法》，通过指定一些地区和城市为"特区"的方式，促进地方经济和文化产业发展的活性化。同年 12 月，北海道札幌市被指定为"文化创意产业特区"，目标是建成亚洲文化新业态产业中心都市。在这一特区内，国家和札幌地方政府采取了放送管制和激励手段的组合措施，主要为了吸引国外电影企业来当地进行拍摄活动，在促进札幌市电影产业发展的同时，也发展与之相关的旅游业等产业，并最终全面推动区域内的文化产业蓬勃发展。

目前，在该特区内实施的具体政策有：第一，市政府推进与各政府省厅之间的协议，以简化电影公司在当地的拍摄程序。例如，札幌市制定完善了包括道路拍摄许可（道路交通法）、道路的占用许可（道路法）等的行政基准，同时创设了联络官制度，通过该制度在企业和政府之间铺设桥梁，以简化本地拍摄的申请程序。第二，设立"综合特区推进调整费"，2012 年该调整费为 1.7 亿日元，2013 年增长到 1.8 亿日元，以此从财政上充分保障特区文化政策的推进。第三，为了让海外摄影队在札幌享受一站式服务，设立了"札幌影像机构（SAS）"。第四，积极鼓励北海道文化企业在韩国、马来西亚、印度、印度尼西亚等海外贸易展览会上参展，并利用在海外贸易展览会上建立的人脉关系积极促进其参加札幌的国际贸易展览会。以上"札幌文化创意产业特区"政策的实施有效推动了札幌地方经济的发展，据统计，截至 2015 年，吸引和实施电影的本地拍摄所带来的经济效益达 144 亿日元，札幌本地影像制作公司制作的影像产品的海外输出额达到了 2.3 亿日元，而为观看影像作品慕名来札幌旅游的人数已经达到了 115 万。①

五　日本文化法治经验可供中国借鉴

对于正在大力发展文化产业的中国而言，如何让文化走出国门、向世界展现中国的文化魅力，日本的文化法治经验值得我们深思。如上所述，日本早在明治维新时期就开始进行近代化的法律移植，文化法制也随之起步，《古社寺保护法》《国宝保护法》《重要美术品保护法》分别对寺庙、建筑物、工艺美术品和古迹名胜等加以保护，而 1899 年通过的《著作权

---

① 〔日本〕经济产业省商务情报政策局文化情报関連产业課：『コンテンツ产业の现状と今後の発展の方向性』、2015、32 頁。

法》已经开始保护著作物的作者权利，并构建了以"复制禁止权"为中心的著作权法体系，这为战后的文化产业法治成熟奠定了良好的基础。与日本相似，中国的文化法治也肇始于 19 世纪末，也同样由于近代西方国家的挑战危机和近代法律的移植而开始了文化法治的步伐，但是中国所背负的沉重历史包袱和移植近代法律的程度却与日本迥然相异。

中日两国在历史上同属亚洲儒家文化圈，但是中国曾经经历了两千多年的封建社会，而漫长的封建社会所带给中国的沉重历史包袱使得中国难以短时间内接受西方近代法律文化，因而在文化法治的移植方面也远不如日本彻底和全面。仅以文物保护法制为例，日本制定了《古社寺保护法》《国宝保护法》《重要美术品保护法》3 部法律，分别对寺庙、建筑物、工艺美术品和古迹名胜等加以保护，而中国仅在民国时期制定了一部法律——《古物保存法》，其余皆为低位阶的政令规章，从而难以对文物进行严格和强制保护。究其历史原因，可以看到在中国漫长的封建社会里，"一切法律、规章皆以维护皇权至尊的社会秩序为目的，对文物的规定也不例外，很多有着较高学术价值的诸多文物并未得到律令的保护"①。因此，为皇权服务的狭隘文物观念也导致广义概念上的文物保护法规的缺失，且有限的文物保护政令也并非以保护文物为目的。随着 19 世纪末近代西方的入侵和挑战，大量的文物被外国列强掠夺，包括敦煌文书在内的大量文物也流失海外，当时的清政府感受到了文物保护的重要性，因而于1909 年颁布了我国历史上第一个文物保护规章——《保存古迹推广办法》，该规章进一步拓展了文物界定的范围，即从皇室宗庙、陵寝等扩充到了包含名人画壁、雕刻塑像、金石书画等有美术价值和学术价值的文物，同时承认了文物私有，针对各类文物特点进行调查和制定保护措施，并指导地方官员进行文物的保护工作。②该办法颁布后，曾经责成各省督抚查照办理，对遏制大量文物外流发挥了一定作用。

辛亥革命推翻清王朝统治之后的 1912 年（民国初年），《保存古迹推

---

① 李建：《我国文物保护法制化的发端——论清末〈保存古迹推广办法〉及其历史作用》《山东大学学报》（哲学社会科学版）2015 年第 6 期，第 153–160 页。

② 李建：《我国文物保护法制化的发端——论清末〈保存古迹推广办法〉及其历史作用》《山东大学学报》（哲学社会科学版）2015 年第 6 期，第 153–160 页。

广办法》在保护文物方面仍然发挥了一定作用，各省仍然依据该办法采取了相应的文物保护措施，这不仅在一定程度上抑制了外国人对我国文物的肆意掠夺，而且奠定了民国时期文物保护法治的基础。民国政府很快于1916 年制定了第一部具有法律效力的文物保护法规——《保存古物暂行办法》，这部法规为当时文物保护工作者提供了一个法律依据，也在一定程度上限制了文物的私售与毁坏。1930，南京国民政府又制定了中国历史上第一部保护文物的根本法律——《古物保存法》，该法对古物的范围、保存、登记、采掘、流通以及保管机构的组织等做了概括性规定，同时，南京国民政府还在该法基础上制定了一系列文化保护的规章，其中包括：《古物保存法施行细则》《采掘古物规则》《古物出国护照规则》《外国学术团体或私人参加采掘古物细则》《暂定古物范围及种类大纲》《古物奖励规则》《非常时期保管古物方法》等。①

第二次世界大战之后，中日两国都从战争的硝烟当中重生，也共同经历了对文化的认知曲折。中国从 1949 年到改革开放之前经历了诸多波折，包括文化法治在内的多项法制建设陷于停滞，而日本也出于对二战教训的反省，担心政府介入文化发展领域被视为对民主化进程和个人权利的干预，因而在文化立法领域采取了消极态势。然而，中日两国在文化法治建设上仍相区别，对中国而言，日本的文化法治经验仍有可供中国借鉴之处：第一，日本早在 20 世纪 80 年代就开始认识到文化作为产业发展的重要性以及政府对文化事业振兴的积极作用，在学界、文化业界和整个社会的积极推动下，最终于 2001 年前后分别后出台了《文化艺术振兴基本法》《知识产权基本法》和《文化产业振兴法》这 3 部文化领域的基本法律，并为日本文化政策推动文化产业奠定了重要基础。与此相对，中国直到 20 世纪末才取得理论突破，逐渐认识到文化建设可以从公共文化建设和发展文化产业两个方面进行，进入 21 世纪，当日本颁布实施 3 部文化基本法律的时候，中国才刚刚认识到文化可以作为产业来发展以及文化法治的重要性。

第二，日本近代的文化法治建设为当代日本文化法治建设提供了一定

---

① 马树华：《中华民国政府的文物保护》，山东师范大学硕士学位论文，2000 年 5 月。

基础，从而为当代日本文化法治的完善和成熟奠定了良好根基。日本政府早在明治时代就迈开了文化行政的步伐，而日本战前文化行政具有以下特点：①文化行政从属于其他行政目的；②只有当向海外流失或遭到破坏时，文化行政做事后的弥补性保护；③因为没有文化行政的意识，很多行政行为是分散的，行政主体不断在变化，同时缺乏统一性。① 二战后日本总结了以往的文化行政薄弱之处，在文化政策的实施主体、执行和评价方面做了进一步完善，从而促成了文化政策的法治化。与此相对，"新中国的文化法治建设则经历了从无到有、从粗到细、从分散到体系的发展过程"②。事实上，改革开放以来，中国首先集中解决的是经济发展领域的问题，因此法律所关注的重点也多在如何促进和维护市场经济体制，而文化领域立法严重滞后，文化领域的立法数量总体偏少。"据不完全统计，截至目前，我国法律法规总数约 38000 多件，其中文化法律法规有 1042 件，占全部法律法规总量的 2.7%，其中文化法律仅占全部法律的 1.7%"③。因此，虽然在国家层面初步建立起了覆盖文化遗产保护、公共文化服务、文化市场管理、知识产权保护等领域的法律法规体系，例如《文物保护法》《非物质文化遗产法》《著作权法》3 部法律，10 多部行政法规，包括《传统工艺美术保护条例》《娱乐场所管理条例》《互联网上网服务营业场所管理条例》《文物保护法实施条例》《公共文化体育设施条例》《营业性演出管理条例》《长城保护条例》《历史文化名城名镇名村保护条例》《博物馆条例》等，但是以上与文化相关的法律呈现出法律层级低、文化建设各领域立法不平衡、政府相关文化政策令出多门、缺乏统一法治框架的局面。此外，虽然有以上文化法规，但是从文化行政角度来看，即使法律做了规定，如果实行行政行为的行政主体不够明确，同

---

① 〔日本〕枝川明敬：『わが国における文化産保護の史的展開——特に、戦前における考察』「文化情報学：駿河台大学文化情報学部紀要第 9 巻第 1 号」（2002 年 6 月）、46 頁。

② 中华人民共和国文化部："全国文化法治工作会议确立未来 5 年文化法治建设总体目标"（2015 - 5 - 21），http：//www.mcprc.gov.cn/whzx/whyw/201505/t20150521_ 441033. html，2015 年 12 月 21 日。

③ 中华人民共和国文化部："全国文化法治工作会议确立未来 5 年文化法治建设总体目标"（2015 - 5 - 21），http：//www.mcprc.gov.cn/whzx/whyw/201505/t20150521_ 441033. html，2015 年 12 月 21 日。

时没有足够的经费和人员的话，法律所设定的目标也不能够确保有效实施。

从世界范围来看，中国的文化产业发展相对滞后，文化产品缺乏创新，在世界文化市场上也没有强有力的竞争力，而中国作为 GDP 世界第二的大国，文化产业作为国家的"软实力"象征，却并没有相应的发展，这与拥有几千年的传统文化的大国身份不相匹配，中国理应学习包括日本在内的世界范围内的各国文化立法和法治实践经验，全面加强中国特色文化立法，促进社会主义现代化事业的繁荣。

第二章　日本公共文化服务保障法治

日本的公法学者主要从国家行政活动的角度来探讨公共文化服务①，本章也基本延续以上日本学界的分析立场，主要以国家的文化事业政策为切入点，梳理日本公共文化服务中的法治状况。本章的内容分为三个部分：第一节主要概述《日本国宪法》《文化艺术振兴基本法》《著作权法》《图书馆法》等文化场所的法律法规、地方文化条例以及关于原住民文化振兴的法律；第二节则是从实践的面向，讨论言论自由、专家以及商业主体与日本公共文化服务法治的关系；第三节将总结和展望日本公共文化服务的未来。

第一节　日本公共文化服务法制体系及其内容

在日本，公共文化服务的主要法律依据大致可分为以下 6 种：《日本国宪法》、《文化艺术振兴基本法》、《著作权法》、相关机构组织的法律法规、《文化资源保护法》以及关于原住民文化振兴的法律。② 以下，笔者逐一加以介绍。

一　《日本国宪法》

《日本国宪法》（1946 年 11 月 3 日宪法）从自由权和社会权两个方面

---

① 例如日本学者蚁川恒正将教育领域和艺术领域视为公共行政的对象，并认为"以振兴文化为目的，国家设立和管理各种文化机构，并直接或间接地参与和监督管理文化市场"。〔日本〕蟻川恒正：『国家と文化』「現代の法：現代国家と法」、岩波書店、1997、197頁。

② 以下第 2 节所使用的分类参考了〔日本〕小林真理：『文化権の確立に向けて―文化振興法の国際比較と日本の現実』、勁草書房、2004、第 3 章。

保障国民从事和享受文化服务的权利①。

首先，开展和从事文化艺术活动是公民所享有的基本自由。根据《日本国宪法》的规定，公民享有思想/良心自由（19 条），宗教自由（20 条），言论自由（21 条），学术自由（23 条），居住、迁徙、职业选择的自由（23 条）以及财产不受侵害（29 条），上述自由权的规定保护公民的文化活动以及成果不受他人以及公权力的侵害。由此可见，包括公共文化服务在内的文化活动以及成果不仅可以看作精神自由的内容，同时其也受到财产权的保护。关于财产权的保护，主要体现在著作权法的规制。

因为保障精神自由权的上述宪法条款未对文化艺术活动做出明文常规定，可以推断《日本国宪法》并未限制言论的表现形式。通常认为，由于艺术活动是表现人类内心世界的手段，应受到思想自由以及言论自由原则的保护。② 在判例中，法院认定作为言论的艺术文化活动受到《日本国宪法》第 21 条言论自由的保护。与此同时作为思想的表现形式之一，艺术文化活动的保障也涉及《日本国宪法》第 13 条追求幸福的权利以及第 19 条思想和良心自由③。

在公共文化活动中，文化活动的独立自治原则被认为是不可或缺的。为此，作为文部大臣参与制定《日本国宪法》和《教育基本法》的田中耕太郎曾就文化活动做出以下的论述：

"教育活动应该免受政治因素和官僚主义的干扰。虽说国家以及公共团体所运营的学校教育在广义上是行政行为的一环，但是教育工作者的活动和宗教人士、学者以及艺术家在本质上是相同的。也就是说，尽管教师的职位属于公务员系统，类似于法院和司法部之间的关系，教师与教育主管部门之间也不存在上下级关系。正因如此，教育基本法第十条第一项规定，教育工作者基于自身的独立判断开展教育活动，该活动不应受到行政权力的不当干涉。教育工作者并不是间接地通过行政机关的行为来实现其

---

① 《日本国宪法》（昭和 21 年 11 月 3 日宪法），日本电子政府法令数据库，http：//law. e-gov. go. jp/htmldata/S21/S21KE000. html，最后访问时间：2015 年 12 月 2 日。

② 〔日本〕種谷春洋：「学問の自由」、芦部信喜编集『憲法 2 人權』、有斐閣、1978、397 頁。

③ 日本最高法院 1968 年 4 月 24 日判决（案件号：昭和 43 年（あ）2781 号），『最高裁判所刑事判例集』24 卷 4 号 153 頁。

职能，而是与民间的宗教人士、学者、艺术家、医生以及律师相同，基于个人良心直接对国民全体负责（教育基本法第 10 条第一项后段）。"①

在以上的发言中，田中论述了学校教育的独立性。他认为，学校教育即使是国家的行政行为，教师也应当与法官一样具有独立性。这种独立性意味着从事教育活动的教师直接对国民负责，而不是服从上级的指令。田中在这里强调"教育工作者的活动和宗教人士、学者以及艺术家在本质上是相同的"，因而需要尊重艺术文化活动的独立性。

从性质来看，文化艺术是作者通过自由的创作行为追求真善美的活动。作为个人或团体的言论和思想的产物，文化艺术活动的内容和方法有时得不到多数人的支持。对此，宪法学者杉原指出，文化活动与服从多数人意见或利益的政策决策是不同的，如果要实现尊重和保障公民的文化生活，必须首先确保文化活动的独立自主②。

其次，《日本国宪法》中关于社会权的规定则为保障公共文化服务提供了直接的法律依据。《日本国宪法》第 25 条第 1 项规定，"全体公民都享有健康且满足最低文化需求的生活的权利"③。在《日本国宪法》中仅有第 25 条第 1 项直接提到了"文化"一词。《日本国宪法》第 25 条第 2 项则规定"国家应当促进社会福利、社会保障以及公共卫生水平的提高"，规定了国家在保障生存权方面的具体义务④。

日本的司法最初将文化权视为社会保障的一部分，认为国家应通过充实和发展相关的社会保障制度来满足公民最低文化需求的生活。在 1967 年，日本最高法院做出判决，认定国家可以通过《生活保障法》（1950 年 5 月法律第 144 号）来落实文化权，具体的保障标准由厚生福利大臣（主管社会的福利保障）结合文化以及公民经济水平的具体情况来制定。⑤ 该

① 〔日本〕田中耕太郎：『新憲法と文化』、国立书院、1984、104 頁。
② 〔日本〕杉原泰雄：「『文化国家』の理念と現実—日本国憲法下における『文化と国家』」法律時報 1999 年 6 号 134～135 頁。
③ 《日本国宪法》第 25 条 1 项，日本电子政府法令数据库，http：//law. e-gov. go. jp/html-data/S21/S21KE000. html，最后访问时间：2015 年 12 月 2 日。
④ 《日本国宪法》第 25 条 2 项，日本电子政府法令数据库，http：//law. e-gov. go. jp/html-data/S21/S21KE000. html，最后访问时间：2015 年 12 月 2 日。
⑤ 1967 年 5 月 24 日日本最高法院大法庭判决（案件号：昭和 39 年（行ツ）14 号），『最高裁判所民事判例集』21 卷 5 号 1043 頁。

判决虽然明确了文化权所具有的生存权性质，但在文化权的保障方式上却局限于经济层面。进入 70 - 80 年代，在当时的司法实践中，文化权的解释有所扩张。椎名慎太郎在论及文化权时，特别提到了伊场遗址保护诉讼原告的主张。① 他认为文化权是"宪法 13 条和上述 25 条保障公民在良好的历史和文化环境中生活的权利，即享有文化资源权"，并指出"该权利（即享有文化资源权）属于在广义上的公民/居民所享有的共同生活利益"。②

除了《日本国宪法》条文本身之外，相关的国际条约也影响了关于文化权的宪法解释。日本于 1976 年加入并批准了联合国通过的《经济、社会及文化权利国际公约》以及《公民权利和政治权利国际公约》。《世界人权宣言》第 22 条规定："每个人，作为社会的一员，有权享受社会保障，并有权享受他的个人尊严和人格的自由发展所必需的经济、社会和文化方面的各种权利。"③ 90 年代出版的宪法教材中，参照上述《世界人权宣言》第 22 条来解释《日本国宪法》第 25 条，认为第 25 条也包括教育权和生活利益，其保护的是个人追求更高生活水准的概括性权利④。也就是说，现阶段的文化权解释，除了《日本国宪法》第 25 条的明文规定，实际上也反映了上述国际人权条约的精神。基于这一解释，《日本国宪法》所保护的文化权同时包含公民获得休息（《世界人权宣言》第 24条）、享受学术和艺术成果的权利和自由参加社会文化活动的权利（《世界人权宣言》第 27 条）⑤。

二 《文化艺术振兴基本法》

《文化艺术振兴基本法》于 2001 年 11 月 30 日在参议院通过决议，同

---

① 日本最高法院第三小法庭 1989 年 6 月 20 日判决（案件号：昭和 58 年（行ツ）98 号），『最高裁判所裁判集民事』157 号 163 頁。本案的争点是研究者是否可以要求变更行政机关关于历史遗迹认定的行政决定。法院并未支持原告的主张，但是认定文化资源法的保护范围不仅仅是财产权利，也包括其保护和合理使用。

② 〔日本〕椎名慎太郎：『文化権の構造と特性』（山梨学院大学）法学論集 1991 年 12 月号 24～26 頁。

③ 《世界人权宣言》第 22 条，联合国网站，http://www.un.org/zh/universal-declaration-human-rights/index.html，最后访问时间：2105 年 12 月 2 日。

④ 〔日本〕佐藤功：『日本国憲法概説』第 5 版、学陽书店、1996、236 頁。

⑤ 《世界人权宣言》第 24 条；《世界人权宣言》第 27 条，联合国网站，http://www.un.org/zh/universal-declaration-human-rights/index.html，最后访问时间：2105 年 12 月 2 日。

年 12 月 7 日颁布实施。① 该法规定了日本文化振兴政策的基本理念，其规制对象几乎涵盖了日本国内所有文化事业以及文化产业。

事实上，《文化艺术振兴基本法》从起草到正式颁布实施却是几经周折。早在 1968 年，根据《国家行政组织法》第 3 条，作为文部省外置机构的文化厅成立，其职能便是"促进文化的普及和振兴，文化资源的保护和利用，以及实施与宗教相关的行政事项"②。在 1975 年，文化厅组织"关于文化行政长期综合规划座谈会"，1977 年该座谈会公开报告书《关于文化行政的长期综合规划》。该报告书中明确提出国家需要制定文化振兴法来规定文化行政基本方针。③ 而文化振兴法这一概念真正进入公众视野是在 1980 年。当时日本的大平首相就日本文化政策的未来成立研讨小组，该研讨小组的报告书指出为促进文化艺术的发展，国家有义务：（1）组织制定并完善有关文化活动的法律法规；（2）刺激民间的力量，从而形成有利于文化发展的社会风气；（3）尊重文化事业的自主性，资助非商业性的文化活动；（4）建设民间力量难以完成的大型文化设施，组织公共文化活动并长期提供公共文化服务。④ 但是，该报告书仅停留在政府建议的层面，未能在实际的立法中得到落实。

与此同时，民间的艺术团体也在 80 年代开始积极呼吁并着手拟定与文化振兴相关的法律草案。1984 年，日本艺能演出团体协会公开建议制定《演艺文化基本法》。⑤ 在 1992 年，由跨党派的国会议员组成的音乐议员联盟将促进有关艺术文化振兴的基本立法列为今后该联盟所关注的议题之一。可以说，上述民间团体直接推动了《文化艺术振兴法》的出台。

---

① 《文化艺术振兴基本法》（2001 年 12 月法律第 148 号），日本电子政府法令数据库。http：//law. e-gov. go. jp/htmldata/H13/H13HO148. html，最后访问时间 2015 年 12 月 2 日。

② 《文部科学省设置法》第 29 条第 1 项，日本电子政府法令数据库，http：//law. e-gov. go. jp/htmldata/H11/H11HO096. html，最后访问时间 2015 年 12 月 2 日。

③ 〔日本〕小林真理：『文化権の確立に向けて—文化振興法の国際比較と日本の現実』、勁草書房、2004、88 頁。

④ 〔日本〕政策研究会文化の時代研究グループ：『文化の時代』、大蔵省印刷局、1980、39 頁。

⑤ 日本艺能演出团体协会的会员包括演奏家、舞蹈家、演员、话剧导演、舞台监督等表演艺术工作者。

　　由此可见，自 70 年代起，行政、立法以及民间团体通过各种方式，尝试启动和制定文化振兴的相关法律法规。最终于 2000 年，由公明党牵头，《文化艺术振兴基本法》以议员提案形式正式提交国会审议。① 这样的议员提案能够得到成功，往往与强有力的利益集团和社会舆论的支持分不开，日本艺能演出团体协议会等社会团体的斡旋也起到了一定的作用。② 由此可见，《文化艺术振兴基本法》是一部得到了包括文化艺术人士在内的社会各界欢迎、由社会运动所推动制定的法律。

　　基于开展文化以及艺术活动在国民生活中的重要地位，《文化艺术振兴基本法》本着尊重文化活动实施者的自主性，明确国家以及地方自治体有推进文化建设的义务，并为文化活动的开展提供制度，财政以及税收等方面的便利和资助。《文化艺术振兴基本法》由前言、第一章总则（第 1~6 条）、第 2 章基本方针（第 7 条）以及第 3 章关于文化艺术振兴的基本措施（第 8~35 条）组成。第一，文化振兴的理念包括保障艺术工作者的自主性和创作活动，提供公民接触和参与文化活动的机会，提升日本的艺术文化水平，保护艺术文化的多样性，促进地方的文化艺术发展，积极推进文化艺术的传播和国际交流以及落实文化政策中的公民参与（第 2 条）。第二，具体到文化振兴措施，该法以列举的方式规定了以下的文化振兴政策：包含文学、音乐、美术、摄影、话剧、舞蹈以及其他艺术形式的振兴（第 8 条）；电影、动漫、电子设备等媒体艺术的振兴（第 9 条）；能剧、雅乐、歌舞伎等传统演艺的继承和发展（第 10 条）；落语、漫谈、歌唱等表演活动的振兴；生活文化、国民娱乐以及出版物的普及（第 12 条）；文化物等文化资源的保护和利用（第 13 条）；地方文化艺术的振兴（第 14 条）；促进国际交流（第 15 条）；艺术家等的教育和保护（第 16 条）；文化艺术的相关教育机构的设立

---

① 关于《文化艺术振兴基本法》制定过程的年表和媒体的报道，见〔日本〕田中耕太郎：『新憲法と文化』、国立書院、1984、85－86 頁。

② 需要指出的，直至今日内阁立法依然是日本主流的立法形式，由政府各部门根据其职能范围制定相应领域的法案，通过内阁提请国会审议。由议员提案而通过的立法数量很少。由此可见日本立法过程仍是国家主导的模式。关于日本立法活动的特征，参见〔日本〕大森雅辅、鎌田薫：『立法学講義』、商事法務、2011、315 頁。

（第 17 条）；日语研究教育（第 18 条）；充实对外日语教育（第 19 条）；著作权的保护以及利用（第 20 条）；充实公民的观赏文化艺术机会（第 21 条）；充实老年人以及残障人士的文化艺术活动（第 22 条）；充实青少年的文化艺术活动（第 23 条）；确保学校教育中的文化艺术活动（第 24 条）；确保剧场、音乐厅等场馆建设（第 25 条）；确保美术馆、博物馆、图书馆等场所的建设（第 26 条）；充实地方文化艺术活动的场地（第 27 条）、公共建筑以及其景观保护（第 28 条）；推进信息通讯技术的利用（第 29 条）；国家为地方以及民间团体所开展的文化艺术活动提供相应的信息（第 30 条）；包括税收优惠在内促进民间的文化艺术资助（第 31 条）等①。

　　2001 年出台的《文化艺术振兴基本法》首次以基本法的形式明确规定了文化政策的基本理念以及国家和地方自治体的职能，为包括公共文化服务在内的文化活动提供了法律上的保障。但是，该法也存在一定的缺陷。比如，该法的规定多表现为抽象的制度理念，并未就文化政策的内容、实施方式提供具体的标准。另外，有学者认为在该法中各文化活动之间的关系不够明确，根据这样的模糊规定，无法对政府的文化事业预算分配起到监督作用②。

三　《著作权法》

　　著作权法是规定和保护作品、演出、录音录像以及有线广播的著作权以及邻接权，促进文化发展的法律。公共文化服务以及相关的成果同样享有著作权的保护。日本《著作权法》中的作品是指"思想和感情的创作性表达，属于文艺、学术、美术或音乐领域"③，同时包括"演员、舞蹈家、演奏家、歌手以及其他实施、指挥以及参与表演的行为"，也即邻接

---

① 本段落的内容根据《文化艺术振兴基本法》的条文改写而成。其条文原文见《文化艺术振兴基本法》（2001 年 12 月法律第 148 号），日本电子政府法令数据库/http：//law. e-gov. go. jp/htmldata/H13/H13HO148. html，最后访问时间 2015 年 12 月 2 日。

② 〔日本〕小林真理：『文化権の確立に向けて―文化振興法の国際比較と日本の現実』、勁草書房、2004、96 頁。

③ 《著作权法》（1970 年 5 月 6 日法律第 48 号）第 2 条第 1 项，日本电子政府法令数据库，http：//law. e-gov. go. jp/htmldata/S45/S45HO048. html，最后访问时间：2015 年 12 月 2 日。

权的保护范围①。

由于著作权法所保护的是人类活动的精神产物，文化作为精神活动的一部分，其成果的使用和处分自然属于著作权法的规制对象。但是，《著作权法》的主要目的在于保障市场机制，以商业交易为前提。公共文化服务的目的则在于提高社会整体文化水平，注重文化成果的文化艺术价值。由于公共文化活动的产物其文化艺术价值与商业价值并不一定重合，因此有学者认为著作权法的规定无法充分保障公共文化服务的成果②。

四　相关机构组织的法律法规

依据《日本国宪法》中社会生存权的规定（第 26 条），《教育基本法》（1947 年 12 月 22 日法律第 120 号，2006 年 12 月 22 日法律第 120 号）将教育的概念扩大到学校之外的场所，第 7 条对社会教育做出了规定，"国家以及地方自治体应当设立图书馆、博物馆以及公民馆等设施，利用学校的设施以及其他适当的方式实现教育的目的"，其中"图书馆以及博物馆是促进社会教育的机关（第一项）"③。根据《教育基本法》的精神，《社会教育法》（1949 年 6 月 10 日法律第 107 号）进一步明确了地方负责设立举办教育、学术以及文化等项活动的公民馆（第 20 条），图书馆和博物馆（第 9 条）。④ 而《社会教育法》的第 5 章进一步对公民馆的设立、事业范围、运营方针、专属职员以及机构运营的评估标准做出规定⑤；而"有关图书馆以及博物馆的有关事项，由其

---

① 《著作权法》（1970 年 5 月 6 日法律第 48 号）第 2 条第 4 项，日本电子政府法令数据库，http：//law. e-gov. go. jp/htmldata/S45/S45HO048. html，最后访问时间：2015 年 12 月 2 日。

② 〔日本〕小林真理：『文化権の確立に向けて－文化振興法の国際比較と日本の現実』、勁草書房、2004、64－65 頁。

③ 《教育基本法》第 7 条，日本电子政府法令数据库，http：//law. e-gov. go. jp/htmldata/H18/H18HO120. html，最后访问时间：2015 年 12 月 2 日；以及该条文的立法解释，见文部省官方网站，http：//www. mext. go. jp/b_ menu/kihon/about/004/a004_ 07. htm，最后访问时间：2015 年 12 月 20 日。

④ 《社会教育法》第 20 条以及第 9 条，日本电子政府法令数据库，http：//law. e-gov. go. jp/htmldata/S24/S24HO207. html，最后访问时间 2015 年 12 月 2 日。

⑤ 《社会教育法》第 21 条至第 42 条，日本电子政府法令数据库，http：//law. e-gov. go. jp/htmldata/S24/S24HO207. html，最后访问时间 2015 年 12 月 2 日。

他法律另行规定"①。1950 年制定颁布的《图书馆法》以及《博物馆法》正是以《社会教育法》第 9 条为立法依据。上述一系列的法律法规之间的位阶关系参见图 2 - 1。

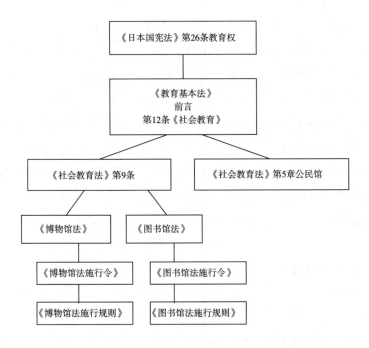

图 2 - 1 各法律法规间的关系

(一)《图书馆法》

作为日本国内图书馆法律制度的基本法律,《图书馆法》(1950 年 4 月 30 日法律第 118 号)于 1950 年 4 月 30 日颁布实施。尽管有过历次修订,其理念和原则基本保持不变。《图书馆法》第 2 条第 1 项规定:"本法的图书馆是指:收集图书、记录以及其他的必要资料,并加以整理和保存,供一般民众使用,以教育、调查研究以及休闲娱乐为目的的设施。"②《图书馆法》的客体是私立图书馆和公立图书馆。前者是由日本红十字会

---

① 《社会教育法》第 9 条第 2 项,日本电子政府法令数据库,http://law.e-gov.go.jp/html-data/S24/S24HO207.html,最后访问时间 2015 年 12 月 2 日。

② 《图书馆法》第 2 条第 1 项,日本电子政府法令数据库,http://law.e-gov.go.jp/htmldata/S25/S25HO118.html,最后访问时间:2015 年 12 月 2 日。

或是由民法第 34 条所规定的一般社团法人设立，而后者的设立主体则是
地方自治体。① 在运营理念方面，日本图书馆的活动遵循图书馆服务（Li-
brary service）的精神。图书馆服务精神是指图书馆应为公民的学习和娱
乐提供相应的服务，包括图书资料的充实，读书会/放映会等文化活动的
组织和实施以及与博物馆、学校等文化机构的合作等②。

在《图书馆法》中，也有关于图书馆专业工作人员的职务内容以及从
业人员职业资格的规定。根据《图书馆法》第 4 条，从事图书馆专职工作
的职员称为司书③。《图书馆法》第 5 条就司书的职业资格做出了规定，司
书或是司书助理应当持有大学（包括专科）以上学历，接受图书馆相关的
教育培训并取得相应的资格，从事图书馆的运营④。此外，根据《图书馆
法》第 14 条和第 15 条，公立图书馆还应设立图书馆协调委员会，聘用当
地的教育工作者以及有识人士作为委员，参与图书馆的运营⑤。目前，由
于地方人口减少，财政收入紧缩，当代的日本图书馆普遍面临经费紧张，
地方之间图书馆数量比例失衡，以及司书等专业人才不足等难题⑥。

（二）《博物馆法》

《博物馆法》（1951 年 12 月 1 日法律 285 号）于 1951 年 12 月 1 日颁
布实施，2013 年修订。其立法目的和法律地位与《图书馆法》相似。根
据《博物馆法》第 2 条，在法律上博物馆包括美术馆，两者同为社会教
育机构（《博物馆法》第 2 条）⑦。在机构的行政划分上，美术馆和历史博

① 《图书馆法》第 2 条第 2 项，日本电子政府法令数据库，http：//law. e-gov. go. jp/htmlda-
ta/S25/S25HO118. html，最后访问时间：2015 年 12 月 2 日。
② 《图书馆法》第 3 条，日本电子政府法令数据库，http：//law. e-gov. go. jp/htmldata/S25/
S25HO118. html，最后访问时间：2015 年 12 月 2 日。
③ 《图书馆法》第 4 条，日本电子政府法令数据库，http：//law. e-gov. go. jp/htmldata/S25/
S25HO118. html，最后访问时间：2015 年 12 月 2 日。
④ 《图书馆法》第 5 条，日本电子政府法令数据库，http：//law. e-gov. go. jp/htmldata/S25/
S25HO118. html，最后访问时间：2015 年 12 月 2 日。
⑤ 《图书馆法》第 14 条和第 15 条，日本电子政府法令数据库，http：//law. e-gov. go. jp/ht-
mldata/S25/S25HO118. html，最后访问时间：2015 年 12 月 2 日。
⑥ 〔日本〕KEIZAI 编辑部：『いま図書館で何が起きているか—図書館問題研究会常任委
員の皆さんに聞』KEIZAI2015 年 10 号 123－129 頁。
⑦ 《博物馆法》全文，日本电子政府法令数据库，http：//law. e-gov. go. jp/htmldata/S26/
S26HO285. html，最终访问时间：2015 年 12 月 2 日。

物馆被划为文化艺术机构，归文化厅管理①。其他的博物馆作为社会教育机构则属于文部科学省（相当于教育部）的职权范围②。

属于《博物馆法》规制范围的博物馆采用登记制。地方教育委员会所管理的公立博物馆和一般财团法人、社团法人、宗教法人或依据相关政令设立的私立博物馆登记在所在地的教育委员会③。国立大学的相关设施以及依据其他法律法规设立和运营的博物馆称为"准设施（博物馆）"。④需要注意的是，如东京国立博物馆、国立西洋博物馆以及国立科学博物馆等国立的博物馆不在登记的范围内。其他未登记的从事博物馆业务的机构，被称为"类似设施"。

《博物馆法》的规定仅限于已登记的博物馆。现在，日本全境近八成的博物馆都不属于《博物馆法》的规制范围。出现这一现象的原因在于，现行的《博物馆法》旨在促进地方以及民间博物馆的发展，所以主要针对的是地方自治体的教育委员会以及财团法人的博物馆。其他的博物馆，比如说国立博物馆的运营另有《独立行政法人国立博物馆法》（平成11年法律第178号）加以规制⑤。

根据日本文部科学省的统计⑥，1996 – 2011年日本全境的博物馆类型和数量分布状况见表2 – 1。

---

① 由日本文化厅负责的行政事业包括美术馆以及历史博物馆，事业内容及相关统计数据参见文化厅主页，http：//www. bunka. go. jp/seisaku/bijutsukan_ hakubutsukan/最后访问时间：2015年12月2日。

② 由日本文部省负责的社会教育事业中包括博物馆，事业内容及相关统计数据参见文部科学省主页，http：//www. mext. go. jp/a_ menu/01_ l/08052911/1312408. htm，最后访问时间：2015年12月2日。

③ 《博物馆法》第10 – 16条，日本电子政府法令数据库，http：//law. e-gov. go. jp/htmldata/S26/S26HO285. html，最终访问时间：2015年12月2日。

④ 《博物馆法施行规则》（昭和30年10月4日文部省令第24号），日本电子政府法令数据库，http：//law. e-gov. go. jp/htmldata/S30/S30F03501000024. html，最后访问时间：2015年12月2日。

⑤ 《独立行政法人国立博物馆法》第1条，日本中央省厅法令数据库，http：//www. kantei. go. jp/jp/cyuo-syocho/146kokkai/kobetuhou/18. html，最后访问时间：2015年12月2日。

⑥ 《文部科学省社会教育调查》，日本政府统计窗口主页。http：//www. e-stat. go. jp/SG1/estat/List. do? bid =000001047460&cycode =0，最后访问时间：2015年12月2日。

表 2 - 1 1996 - 2011 年日本博物馆类型和数量

单位：所

	年份	总计	综合博物馆	科学博物馆	历史博物馆	美术博物馆	室外博物馆	动物园	植物园	动植物园	水族馆
登记设施以及准设施	1996	985	118	100	332	325	11	33	18	9	39
	1999	1045	126	105	355	353	13	28	16	10	39
	2002	1120	141	102	383	383	11	31	17	10	42
	2005	1196	156	108	405	423	13	32	12	9	38
	2008	1248	149	105	436	449	18	29	11	10	41
	2011	1262	143	109	448	452	18	32	10	8	42
类似设施	1996	3522	177	283	2272	520	48	51	111	19	41
	1999	4064	212	330	2561	634	71	65	128	17	39
	2002	4243	225	342	2708	651	85	62	128	17	39
	2005	4418	262	366	2795	664	93	63	121	16	38
	2008	4527	280	380	2891	652	88	58	122	19	37
	2011	4485	288	363	2869	635	100	60	113	16	41

（三）关于美术馆的法律法规

在法律上，日本的美术馆与博物馆的功能相似，同为社会教育的机构。针对美术作品的展示，日本于 1998 年制定了《关于促进美术馆美术品公开的法律》（1998 年 6 月 10 日法律第 99 号）。该法将"绘画、雕塑、工艺品以及其他有形文化成果的动产"定义为"美术品"，规定美术馆是展示和保管美术品的博物馆。① 同时，该法规定了由文化厅长官管理的美术品登记制度。登记的对象包括被认定为重要文化财的美术品以及"依据世界文化的标准，在历史、艺术以及学术上具有特别重要的价值"的美术品。②

---

① 《关于促进美术馆美术品公开的法律》第 2 条第 1 项和第 2 项，日本电子政府法令数据库，http://law.e-gov.go.jp/cgi-bin/idxselect.cgi? IDX_ OPT = 2&H_ NAME = &H_ NAME_ YOMI = % 82% D0&H_ NO_ GENGO = H&H_ NO_ YEAR = &H_ NO_ TYPE = 2&H_ NO_ NO = &H_ FILE_ NAME = H10HO099&H_ RYAKU = 1&H_ CTG = 1&H_ YO-MI_ GUN = 1&H_ CTG_ GUN = 1，最后访问时间：2015 年 12 月 2 日。

② 参见《关于促进美术馆艺术品公开的法律》第 3 条。

为增加公众接触和观赏登记美术品的机会，该法新设了登记美术品公开合同制度。根据该制度，文化厅长官可以在必要时，出面代表美术馆的设立者与登记美术品所有者进行斡旋，促成美术馆设立者和登记美术品所有人签订美术品公开合同。① 美术品公开合同为期五年以上，规定登记美术品所有人须将该美术品交由合同方的美术馆管理，美术馆有义务在该美术馆内进行该美术品的公开展示。② 为增加公民接触登记美术品的机会，《关于促进美术馆美术品公开的法律》第 11 条规定，文化厅长官应当致力于公开和提供登记美术品所在信息以及制定其他促进公开的必要措施。③

日本通过上述登记美术品公开制度，促进登记美术品所有者和美术馆之间的合作。这种国家作为第三方介入艺术品流通市场的行政管理方式，体现了近年日本文化政策由消极放任转向积极支援④。需要注意的是，《关于促进美术馆美术品公开的法律》的客体仅限于指定重要文化资源⑤的美术作品以及"依据世界文化的标准，在历史、艺术以及学术上具有特别重要的价值"⑥ 的美术品，创作中的美术作品以及其创作活动不在其保护范围。

（四）《艺术文化振兴会法》

为保护和促进传统曲艺⑦，日本于 1966 年建立独立行政法人特殊法人国立剧场。1989 年 4 月国立剧场法的修订将其规制范围扩展到现代的舞台艺术。两年后的 1991 年该法再次修订，加入了资助文化艺术活动的内容，并设立了艺术文化振兴基金。伴随着该基金的启动，特殊法人国立剧场更名为特殊法人日本艺术文化振兴会。2002 年 12 月，《独立行政法人日本艺术文化振兴会法》公布实施，2003 年 10 月日本艺术文化振兴会

---

① 参见《关于促进美术馆艺术品公开的法律》第 9 条。

② 参见《关于促进美术馆艺术品公开的法律》第 4 条。

③ 参见《关于促进美术馆艺术品公开的法律》第 11 条。

④ 〔日本〕植村栄治：『指定管理者制度と芸術振興』、慶応大学アート・センター Booklet15 号 59－69 頁。

⑤ 关于重要文化资源的含义，将在本节的五《文化资源法》中加以介绍。

⑥ 《关于促进美术馆艺术品公开的法律》第 2 条第 1 项和第 2 项。

⑦ 曲艺包括歌舞伎、人偶剧首、舞蹈、和乐、民俗表演、雅乐等。

正式转为独立行政法人①。

《独立法人日本艺术文化振兴会法》（平成 14 年 12 月 13 日法律第 163 条）是本艺术文化振兴会的组织法。根据该法的规定，日本艺术文化振兴会从事资助艺术家以及艺术相关团体的艺术创作和推广活动以及其他以文化振兴以及推广为目的的活动。其活动范围既包括日本传统曲艺的公开展示、传承者的培养以及相关的调查研究，也涵盖现代舞台艺术、组织和促进相关的演出、表演者的教育以及调查研究②。

《独立法人艺术文化振兴会法》未对上述传统曲艺和现代的舞台艺术的具体内容做出界定。这一法律上的概括性规定，实际上为在法律上认可艺术文化振兴会资助现代舞台艺术活动的行为提供了法律解释的可能。以现代舞台艺术为例，艺术文化振兴会所资助的内容涉及音乐、舞蹈、话剧等多个领域，同时该组织也拥有艺术文化振兴资助项目，组织国立剧场/新国立剧场的演出活动，以及国立剧场的人才培训计划。③

在艺术资助方面，艺术文化振兴会成立了艺术文化振兴基金。该基金依照《艺术文化振兴基金助成金交付的基本方针》（1991 年 10 月 3 日艺术文化振兴基金运营委员会决定，以下简称《方针》）以及《日本艺术文化振兴会业务办法》（2003 年 10 月 1 日实施，以下简称《办法》）的规定进行资助相关的艺术文化活动④。首先，《办法》所规定的资助对象如

---

① 日本艺术文化振兴会成立的经过，参见该振兴会主页的年表，http：//www. ntj. jac. go. jp/about/introduction. html，最后访问时间：2015 年 12 月 2 日。

② 《独立法人日本艺术文化振兴会法》第 3 条，日本电子政府法令数据库，http：//law. e-gov. go. jp/cgi-bin/idxselect. cgi? IDX＿ OPT ＝2&H＿ NAME ＝&H＿ NAME＿ YOMI ＝% 82% C6&H＿ NO＿ GENGO ＝H&H＿ NO＿ YEAR ＝&H＿ NO＿ TYPE ＝2&H＿ NO＿ NO ＝&H＿ FILE＿ NAME ＝H14HO163&H＿ RYAKU ＝1&H＿ CTG ＝1&H＿ YOMI＿ GUN ＝1&H＿ CTG＿ GUN ＝1，最后访问时间：2015 年 12 月 2 日。

③ 请参见日本艺术文化振兴会网站，http：//www. ntj. jac. go. jp/about/introduction. html，最后访问时间：2015 年 12 月 2 日。

④ 《艺术文化振兴基金助成金交付的基本方针》，日本艺术文化振兴基金的事业内容主页，http：//www. ntj. jac. go. jp/assets/files/kikin/gaiyou/k-jigyou/k-houshin16 - 1. pdf，最后访问时间：2015 年 12 月 2 日；文部科学省大臣批准：《独立行政法人日本艺术文化振兴会业务方法》，https：//www. ntj. jac. go. jp/assets/files/about/document/gyomuhouhou2003. pdf #search ＝% 27% E8% 8A% B8% E8% A1% 93% E6% 96% 87% E5% 8C% 96% E6% 8C% AF% E8% 88% 88% E5% 9F% BA% E9% 87% 91% E4% BC% 9A% E6% A5% AD% E5% 8B% 99 + % E6% 96% B9% E6% B3% 95% 27，最后访问时间：2015 年 12 月 2 日。

下。第一，艺术家以及相关艺术团体的艺术创作以及艺术推广活动：（1）现代舞台艺术的演出，传统曲艺的公开展示及其他；（2）美术作品的展示，影像艺术的创作及其他；（3）先锋性或实验性的演出及其他展示等活动。第二，以振兴地方文化为目的的活动：（1）文化会馆，美术馆以及其他文化设施中举行的演出、展示以及其他活动；（2）传统建筑群、遗迹、民俗活动等文化资源的保护和继承活动。第三，除上述两项之外，文化团体开展的文化振兴以及推广活动：（1）爱好者、青少年、女性团体所举行的演出、展示等活动；（2）工艺技术以及涉及文化资源的修复、传承以及其他的文化保护抢救活动。根据上述规定，不仅是艺术家的创作活动，公民的艺术爱好等日常的文化生活也受到日本国家文化政策的保护和支持。① 最后，该组织也扶持在文化产业市场中处于弱势地位的艺术文化活动。这表现在《方针》将"不具备盈利能力的优秀文化艺术活动"，"有着出色的经验以及发展潜力，但财力预算不足的艺术文化团体的创作推广活动"纳入资助范围②。

五　《文化资源保护法》③

由于长期以来缺乏统一的文化政策体系，在 2001 年《文化艺术振兴基本法》出台之前，日本的文化法律体系主要由《文化资源保护法》（1950年 5 月 30 日法律第 214 号）和《著作权法》构成。《文化资源保护法》第 1条明确规定该法的宗旨在于"保护并充分发挥文物的功能，从而提高公民的文化水平，为世界文化的进步做出贡献"④。该法具体列举了文化资源的

---

① 《办法》第 2 条第 2 项，《独立行政法人日本艺术文化振兴会业务方法》，https：//www. ntj. jac. go. jp/assets/files/about/document/gyomuhouhou2003. pdf#search = % 27% E8%8A% B8% E8% A1% 93% E6% 96% 87% E5% 8C% 96% E6% 8C% AF% E8% 88% 88% E5%9F% BA% E9% 87% 91% E4% BC% 9A% E6% A5% AD% E5% 8B% 99 + % E6% 96% B9%E6% B3% 95% 27，最后访问时间：2015 年 12 月 2 日。
② 《方针》第 3 条第 1 项，《方针》第 3 条第 2 项，日本艺术文化振兴基金的事业内容主页，http：//www. ntj. jac. go. jp/assets/files/kikin/gaiyou/k-jigyou/k-houshin16 - 1. pdf，最后访问时间：2015 年 12 月 2 日。
③ 文化资源的原文为文化财，意为文化类的财产或资源。相比较文物或是文化遗产等通用的中文词汇，这里的文化资源所指代的内容更广，故保留原文。
④ 《文化资源保护法》第 1 条，日本电子政府法令数据库，http：//law. e-gov. go. jp/htmldata/S25/S25HO214. html，最后访问时间：2015 年 12 月 2 日。

类型作为其规制的对象。其内容大致可以分为：具有较高历史和艺术价值的有形文化资源，包括建筑物、绘画、雕刻、工艺美术、书法、典籍、古代文献以及其他具有实体的文化成果；无形文化，有戏曲、音乐、工艺技法以及其他的无形艺术文化活动；民俗文化、名胜古迹等自然景观、文化景观以及传统的建筑群六大类①。由此可以看出，《文化资源保护法》所保护的文化资源涵盖日本国内所有的文化创作活动，以及社会风俗习惯。

在有形文化资源（相当于我国所称的文物）中，国家将具有重要价值的文化资源指定为重要文化资源。其中，对世界文化的发展有重大意义的资源，则可以登记为国宝②。根据《文化资源保护法》的相关规定，国家参与重要文化资源的管理和修复，改变该文化资源的形态以及运输该文化资源出境必须得到文化厅长官的许可③。国家对于重要文化资源的管理主要体现在作品的买卖和展示方面。一方面，重要文化资源可以进行买卖，国家在重要文化资源的交易中享有优先购买权④。另一方面，重要文化资源的展示在原则上由所有人管理实施，由文化厅长官主办在国立博物馆等公共设施举行的展示会中，国家可以建议重要文化资源出展⑤。如果是该重要文化艺术资源的日常护理以及修复费用是由国家财政预算支付的话，国家则有权命令该文化资源到上述的展示会展示⑥。由此可见，为使更多的公众能够接触优秀的文化艺术作品，《文化资源保护法》重视和鼓励文化资源特别是重要文化资源的公开。

《文化资源保护法》第 2 条规定"作为文化资源需要具备较高的历史价值和艺术价值"⑦。那么，在法律上，应当如何理解该规定所提到的历史价值和艺术价值？是否只有悠久历史的艺术形式才能成为文化资源？从活动形式来看，在列举上述的艺术活动时，《文化资源保护法》并未使用

---

① 《文化资源保护法》第 2 条第 3 项，日本电子政府法令数据库，http：//law. e-gov. go. jp/htmldata/S25/S25HO214. html，最后访问时间：2015 年 12 月 2 日。
② 《文化资源保护法》第 2 条第 1 项。
③ 《文化资源保护法》第 30 - 40 条。
④ 《文化资源保护法》第 46 条。
⑤ 《文化资源保护法》第 48 条第 1 项。
⑥ 《文化资源保护法》第 75 条。
⑦ 《文化资源保护法》第 77 条。

"传统的"等限定词汇，可以看到该法对于文化资源的性质只做概括性的规定①。而从实体内容来看，《文化资源保护法》第3条将文化资源定义为"正确理解日本的历史和文化必不可少的部分"。② 综合上述2个法条对文化资源的界定，可以推断出，这里的历史价值并不是追溯实际的历史起源，而是指该文化资源对于理解日本的历史是否有所帮助。即依照《文化资源保护法》的精神，从传承和振兴艺术事业的角度出发，也不应以历史的长短区分对待文化艺术。

六 地方文化条例③

在中央出台的法律法规之外，地方出台的文化振兴相关条例是地方公共团体管理各地公共文化服务的主要法律依据。而地方公共团体管理文化服务事务的权限在《地方自治法》（1947年法律第67号）和《文化艺术振兴基本法》（2001年法律第148号）中做了规定。其中，本节已在上述《文化艺术振兴基本法》的介绍中提到其对于地方管理文化艺术活动的规定，以下不再赘述。

1995年之前，《地方自治法》将地方公共团体的文化事业列举如下：（1）学校、研究所、实验室、图书馆、公民馆、博物馆、体育馆、美术馆、物品陈列处、会议所、剧场、音乐厅以及其他教育、学术、文化、服务、信息处理和通讯电信相关的事业（旧法第2条第3项第5号）④；（2）建筑物、绘画、艺术表演、历史遗迹、名胜景区以及其他文化资源的保护和管理活动（旧法第14条）⑤。而1995年《地方自治法》进行了相关的修订，

---

① 《文化资源保护法》第2条。

② 《文化资源保护法》第3条。

③ 本书的地方法律法规部分所参考的文献包括：〔日本〕小林真理：『文化権の確立に向けて—文化振興法の国際比較と日本の現実』、勁草書房、2004、62－63頁；〔日本〕横山幸司：『都道府県・政令指定都市における文化振興条例の動向と今後の展望についての考察』、人間文化2009年4号20－26頁；以及〔日本〕根木昭：『文化政策の法的基盤』、水曜社、2003，162－162頁。

④ 1995年修订前的《地方自治法》第2条第3项第5号，http：//roppou. aichi-u. ac. jp/joubun/s22－67. htm，最终访问时间：2015年12月22日。

⑤ 1995年修订前的《地方自治法》第2条第3项第14条，http：//roppou. aichi-u. ac. jp/joubun/s22－67. htm，最终访问时间：2015年12月22日。

删除了上述的例示，仅在第 2 条概括性地规定地方公共团体管理"地方事务及其他事务"①。该修是为了保障地方自治，放宽《地方自治法》中地方事务的范围，并没有排除关于文化艺术活动的立法意图。因此，现行的《地方自治法》所规定的地方事务及其他事务可以理解为涵盖了公共文化服务。在地方，负责具体开展文化事业的是地方教育委员会，以及直属于地方首长的文化/交流课和观光部国际科等部门。

进入 1980 年代后，伴随着经济的发展，各地行政的文化服务蓬勃发展。表现为，各地行政长官积极推进公共文化场馆的建设，以文化事业的建设推动城市发展。这一时期制定和出台文化振兴条例的有：秋田县秋田市和东京都（1983 年），三重县津市（1984 年），神奈川县横须贺市（1985 年），熊本县（1988 年），北海道（1994 年），富山县（1996 年），太宰市（1997 年），士别市（1998 年）。

这一时期的地方文化振兴条例其所规定的文化活动主要是"提升广大市民文化水平的活动"、"自主的文化活动"、"与日常生活相关的"艺术文化和学术活动。实际列举的文化活动包括艺术文化、传统文化、文化教育、青少年的活动、乡土文化遗产等。除经济活动之外，几乎所有的社会活动都可成为地方文化振兴条例的内容。

地方文化振兴条例制定的第二次高峰出现在 2001 年之后，这与《文化艺术振兴基本法》颁布实施有关。为配合该基本法的落实，日本全国各地的自治体相应出台了自己的文化振兴条例。《文化艺术振兴基本法》在第 3 - 6 条规定国家以及地方自治体和公共团体有义务完善文化艺术发展的相关制度，并给予财政方面的扶持②。

根据文化厅编写的《地方文化行政的状况》（下文称为《文化状况》），直至 2014 年，共有 26 个都道府县，5 个人口数 50 万以上的政令指定城市，9 个人口数 20 - 50 万的中型城市，75 个市区乡村制定和出台文化振兴条例；都道府县（总计 51 个）一级近半数有自己的文化振兴条

---

① 《地方自治法》（最终修订：2015 年 9 月 4 日法律 63 号）第 2 条 9 项，日本电子政府数据库，http://law.e-gov.go.jp/htmldata/S22/S22HO067.html，最后访问时间：2015 年 12 月 27 日。

② 《文化艺术振兴基本法》第 3 - 6 条。

例，而到了市区乡村一级（总计 1718 个）制定了文化振兴条例的则是凤毛麟角①。另外，《文化状况》的统计也显示，多数市区乡村的文化事业活动单一，如美术馆以及博物馆的运营，属于狭义的社会教育领域，归教育委员会管辖②。

这一时期的文化振兴条例不少是出于观光业的宣传和促进产业发展的需要而制定的，同时公民自治也成为当代地方文化条例的重要主题。比如，川崎市和京都府出台的条例明确倡导公民自治，振兴地方文化③。有文献表明，近年来文化振兴条例的内容，从政府主导的场馆建设运营，逐步走向支援公民的自发文化活动④。

七　关于原住民文化振兴的法律

《关于爱努文化的振兴与爱努族的传统等相关知识的促进普及的法律》（1997 年法律第 52 号，简称为《爱努文化振兴法》）于 1997 年 5 月 14 日公布，同年 7 月 1 日实施⑤。基于文化作为爱努人精神的重要性，以及当下日本社会中爱努文化所处的弱势地位，该法旨在通过普及爱努的相关传统知识，振兴爱努文化，深化国民对爱努文化理解，从而建立尊重爱努民族精神的社会，保障和发展日本的文化多样性⑥。该法所规定的文化是指"爱努语言、音乐、舞蹈、工艺制品以及其他文化成果，同时也包

---

① 日本文化厅：『地方における文化行政の状況について（平成 25 年度）』、文化厅、2015、16－20 頁。

② 日本文化厅：『地方における文化行政の状況について（平成 25 年度）』、文化厅、2015、1－14 頁。

③ 《川崎市文化艺术振兴条例》川崎市文化艺术振兴条例第 1 条，川崎市政府主页，http://www.city.kawasaki.jp/templates/outline/cmsfiles/contents/0000002/2811/file14964.pdf#search =％27％E5％B7％9D％E5％B4％8E％E5％B8％82＋％E6％96％87％E5％8C％96％E6％9D％A1％E4％BE％8B％27，最后访问时间：2015 年 12 月 2 日；《京都府文化力による京都活性化推进条例》前言及第 1 条第 6 项，京都府政府主页，http://www.pref.kyoto.jp/bunsei/zyourei.html，最后访问时间：2015 年 12 月 2 日。

④ 〔日本〕横山幸司：『都道府県・政令指定都市における文化振興条例の動向と今後の展望についての考察』、人間文化、2009 年 4 月、35 頁。

⑤ 《爱努文化振兴法》全文，爱努文化振兴以及研究推进机构数据库，http://www.frpac.or.jp/about/files/law.pdf，最后访问日期：2015 年 12 月 2 日。

⑥ 《爱努文化振兴法》第 1 条。

括以上的文化为基础发展出文化形式"①。

《爱努文化振兴法》的颁布实施，被认为是纠正了 100 多年前日本明治时期以来政府对爱努族人采取的歧视政策，是日本政府尊重和保护爱努族这一弱势族群（Ethic Group）的法律表现②。该法的意义在于：一方面扶持爱努文化活动的开展，提高爱努族人生活水平；另一方面，通过传播爱努文化，促进一般日本民众对原住民共同体的理解，推进多民族的和平共处。

第二节　日本公共文化服务法律实施

国家、专业人士、市场和公众四者之间的良好互动对于保障公共文化服务的质量来说至关重要。就日本而言，公共文化服务属于行政行为，但其具体实施则交由如图书馆、美术馆以及各行业协会的专业人士完成。如今，日本财政紧缩，除了国家行政机关外，维系一定水准的公共文化服务需要社会团体或民间企业的协助。本节通过公众知情权、作品选择标准以及指定管理人制度的事例，介绍日本公共文化服务实施的法律面相。其中，公众知情权的讨论集中于国家公权力和公众的关系，作品选择标准涉及专业人士管理的问题点，而最后的指定管理人制度则体现了企业、社会团体等民间力量如何参与公共文化服务。

一　言论自由与公共文化服务——以"富山县立美术馆事件"为例

国家和艺术文化活动的关系可以分为两个层面：第一，国家作为社会的直接治理者，控制和管理文化艺术活动；第二，文化艺术活动作为公民个人以及集体表达思想、意见的方式，应当受到国家基于言论自由原理的保护。有学者指出，国家对文化活动的规制与表达自由之间的冲突，在于国家除了文化管理之外，同时也是文化艺术活动的赞助者（sponsor）③。

---

① 《爱努文化振兴法》第 2 条。

② 〔日本〕常本照树：『アイヌ新法の意義と先住民族の権利』、法律时报、1997 年 9 号 2 - 3 頁。

③ 〔日本〕駒村圭吾：『自由と文化—その国家的給付と憲法の統制のあり方』、法学教室 328 号 39 - 40 頁。

也就是说，国家不仅保障公民进行文化艺术创作展示的自由，同时也应当为文化艺术活动的实施提供基本的便利。

文化艺术活动中国家和公民的关系牵涉到知情权的保护。知情权是宪法理论中言论自由的延伸概念。在日本，通常认为知情权包含消极的保障和积极的保障两个层面：消极的保障是指国家不得侵害公民收集和发布信息的权利；而积极的保障则是指国家有义务积极地向公民公开和提供有关信息①。公共文化服务的提供在原理上属于知情权的积极保障。以下，通过富山县立美术馆案的事实经过和判决内容，分析在公共文化事业中国家和民众之间潜在的矛盾以及日本司法系统的回应。

富山县立近代美术馆案是日本第一起涉及美术馆的展品管理与公众知情权的案件，也是关于美术作品展示最为重要的判例之一。美术馆的工作包括选择、展示和购入作品。其中，作品的遴选以及其评价标准通常是争论的焦点。富山县立美术馆案便是关于展示作品的纠纷。1986 年 3 月 15 日到 4 月 3 日，富山县立美术馆举行名为 86 富山美术的展览，展出大浦信行所创作的版画作品"遠近を抱えて"。该作品通过拼贴（Brico-lage）昭和天皇的各种肖像画和人体解剖图、裸体像等图画，生动地反映了日本民众天皇观的变化。起初，富山美术馆给予了该系列作品高度的评价，永久收藏了全套共计 10 件大浦的作品。在展出过程中，并未发生任何对于该作品的抗议活动。展出 2 个月之后，1986 年 6 月 4 日的富山县议会教育常务委员会上，自民党和社会党的两位议员发言评判该作品对天皇不敬，会引发民众的不安和反感。在此之后，右翼团体开始在美术馆周边举行针对该作品的抗议示威游行，要求美术馆销毁该系列作品。7 月 18 日，美术馆决定不公开收录有该系列作品的图册，并于 8 月 20 日中止图册的阅览和借阅服务。1993 年 4 月，富山县立美术馆将该作品群转让给个人收藏家，并烧毁残留的 470 部收录有该作品的图册。1994 年 9 月，包括作者在内的富山县民以富山县为被告向富山地方法院提起国家赔偿诉讼，主张公众观赏艺术作品的权利受到侵害，要求美术馆重新购入收藏该

---

① 〔日本〕松井茂記：『日本国憲法（第 3 版）』、有斐閣、2007、477 頁。

系列作品，再次发行并保存收录该作品的图册①。

富山地方法院认为：基于积极的知情权保障，公民有权向国家请求信息公开。《地方自治法》中关于公共设施的规定以及《富山县立美术馆条例实施规则》的特别观赏制度，被看作关于请求县立美术馆收藏作品公开的具体法律依据。这些法律法规未对藏品不予公开做出相应的规定、同时，该作品群的公开展示以及图册的阅览并不会对人的生命、身体以及财产造成损害，危害公共安全，也无法明确地预见该行为将在短期内造成上述威胁。在不具备正当理由的情况下，美术馆不公开展示该作品群以及拒绝画册阅览申请的行为，实际上是对宪法所保护的知情权加从不恰当的限制。由此，法院判定富山县侵害了公众的知情权，关于应承担相应的损害赔偿责任。②

该案的判决忠实地遵循了日本宪法知情权的积极保障说，将县立美术馆条例实施规则的特别观赏制度和地方自治法中关于公共设施的规则看作知情权的具体规定。此外，该判决也从该案所涉及的社会现实出发，强调了作为社会权的知情权，拓展了传统上以政府信息公开条例的落实为中心的知情权概念③。

不过，法院在作品的转让买卖以及图册销毁的问题上却支持了美术馆做法的合法性。其理由在于，尽管不具备正当的理由，基于美术馆所拥有的作品所有权，在不违反财务会计程序的情况下，政府有权对于公共财产（本案中的美术作品）进行处分。日本宪法学者周治对于法院的该判断持批判态度，认为将所有权的原理凌驾于公共美术馆的作品公开展示职能的做法是危险的。他所提出的理由是：公共美术馆因为是以展示为目的购入作品，基于所有权，放弃或不公开该作品的做法，将极大地损害作者的表达自由，并容易导致国家对艺术文化作品的变相审查④。

---

① 以上的案件事实，参考田中伸尚：『天皇の芸術表現をめぐる自由の問題で初の司法判断——富山県立近代美術館事件（平成 10.12.16 富山地判）』法学セミナー 1991 年 1 号 4-5 頁。

② 富山地方法院平成 10 年 12 月 16 日判决（案件号：平成 6 年（ワ）242 号）判例時報 1699 号 120 頁。

③ 这一观点的有：〔日本〕右崎正博：『「知る権利」の法的構造』法律时报 2001 年 2 号 44-46 頁。

④ 〔日本〕周治：『国家による芸術支援と憲法』，收录于駒村圭吾＝鈴木秀美編「表現の自由 I —状況へ」、尚学社、2011、335-337 頁。

二 专家意见与公共文化服务——以"图书馆选书事件"为例

近年来，除了公众知情权的问题之外，在公共文化服务的过程中，专业人士判断（professional judgments）造成的权利侵害也是备受关注的法律问题。

传统的宪法理论倾向于强调在艺术领域中的专业自治。美国学者 Lee C. Bollinger 依据美国联邦最高法院的判决，主张公共机构在资助文化艺术活动时的内容判断应该遵循文化制度（cultural institution）的原理，专业人士的判断是文化制度的良好发展不可或缺的保障。[1] 蚁川恒正和驹村圭吾等人在上述理论的基础上，主张对于文化艺术领域，应当区别对待国家所制定的基本方针和具体审查的基本方针的解释。其中，后者属于专业人士的自由裁量，专业人士应基于文化艺术专业的职业伦理做出相应的判断。[2] 然而，这并不意味着专业人士的意见是绝对的。国家出于公共文化服务职能所资助的文化艺术活动中，有些是挑战现有的社会以及艺术观念而得不到一般艺术市场认可的作品或是创作行为，所请专业人士的判断并不一定宽容对待上述创作活动，甚至可能威胁艺术家的言论自由。[3] 例如上述的富山县立美术馆诉讼中，由于专业人士的判断而阻碍了该作品的艺术家以及观众的言论活动。

那么，应当如何规范公共文化服务中专业人士的裁量？在船桥市立图书馆销毁藏书而引发的国家赔偿诉讼中，专业人士的职能成为争论的焦点。该案件的基本事实如下：原告 X 属于名为新历史公民教科书制作会的社会团体。该团体依据其自身的价值判断，编辑和出版了一系列的历史以及公民教科书，X 是该批图书的作者之一。被告 Y 在船桥市公立图书馆担任图书员（拥有图书员专业资格），出于对 X 团体及其教科书内容的反感，Y 在 2001 年 8 月 10 日到同月 26 日期间，相继销毁了该图书馆所

① Lee C. Bollinger, "Public Institutions of culture and the first Amendment: The New Frontier", University of Cincinnati Law Review 1103 (1995): 1116 – 1117.

② 〔日本〕蚁川恒正：『国家と文化』，岩村正彦等编「岩波講座 現代法 1 現代国家と法」，岩波書店、1997、196 頁和 219 頁。以及〔日本〕駒村圭吾：『国家助成と自由』、小山剛・駒村圭吾編「論点探究 憲法」、弘文堂、2005、176 頁。

③ 〔日本〕石川健治：『文化/制度/自律』，法学教室 2008 年 3 号 60 – 61 頁。

藏 X 团体以及其相关人士执笔出版的图书共计 107 册, 并删除图书馆目录中的相关信息。依据船桥市公立图书馆的《图书资料处分标准》规定, 可处分资料图书包括: (1) 去向不明, 且经过三年仍无法查明去向的图书和资料; (2) 经图书馆催促, 历时三年仍无法回收的书籍和资料; (3) 因利用者的原因被破坏、毁损以及遗失并已赔偿的书籍和资料; (4) 因灾害、事故等不可抗力而缺失的书籍和资料; (5) 破坏、毁损严重且无法修复的书籍和资料; (6) 内容陈旧且丧失资料价值的图书和资料; (7) 由于新版或改订的出版而被替代的书籍和资料。本案所涉及的图书不属于上述该图书处分规定的范围内。之后, Y 的行为被新闻媒体曝光, 船桥市教育委员会于 2002 年 5 月 29 日对 Y 做出减薪处分。

　　一审法院和二审法院均认为, 尽管该图书的处分方式存在不恰当之处, 但原告无权要求图书馆重新购入自己的图书。在本案中, 关于图书馆的图书收藏和阅览方式, 除了涉及著作权人人格权的侵害之外, 在法律上作为著作权人的 X 无法主张任何具体的法律权利。这一判断的理论背景是保障所有权人的处分权, 同时也体现了日本法线对于图书馆独立裁量权的尊重①。然而, 最高法院却推翻了一、二审的结论, 认定在该案中著作权人的人格利益受到侵害。其判决的逻辑: (1) 参照宪法以及图书馆法的相关规定, 公立图书馆是为当地的居民提供包括思想、意见以及其他信息在内的书籍资料, 以提升居民文化素养为目的的公共场所; (2) 公立图书馆的图书专员, 负有为实现上述 (1) 的目的而公正对待管理图书馆书籍资料的职业责任; (3) 对于公立图书馆的书籍, 基于自身的评价和喜好而做出不公正的处分的行为, 违反了作为图书馆职员的职业上的义务; (4) 对于著作权人而言, 提供图书阅览服务的公立图书馆是向公众传播自身思想和知识的公共场所; (5) 由此, 公立图书馆的图书职员以著作权人的思想和意见的评价为理由, 不当处分图书的行为, 侵害了著作权人通过著作向公众传播其思想和意见的权益; (6) 著作权人的思想自由和言论自由是宪法所保障的基本人权, 因此在公立图书馆中, 可供阅览

---

①　东京地方法院 2003 年 9 月 9 日一审判决 (案件号: 平成 14 年 (ワ) 17648 号), 『最高裁判所民事判例集』59 卷 6 号 1579 頁; 东京高等法院 2004 年 3 月 3 日二审判决 (案件号: 平成 15 年 (ネ) 5110 号), 『最高裁判所民事判例集』59 卷 6 号 1604 頁。

书籍的著作权人享有上述（5）的利益，是值得法律保护的人格性利益；（7）作为公立图书馆图书专职人员，本案中的图书处分的行为，违反了作为图书专职工作人员的职业责任，基于个人的判断和喜好而使图书受到不公正处理的行为，侵害了该书籍著作权人上述（6）人格性利益，适用国家赔偿法①。

日本最高法院在该案中首次认定了图书馆的选书行为侵害著作权人的人格性利益。传统认为图书馆资料的提供和管理是图书馆的内部行为。但在船桥公立图书馆诉讼中，通过将图书馆定位为公共设施，限制了图书馆宽泛的裁量权。根据上述判决，图书馆的公共职能可分为：（1）对于信息接受者（居民）的信息资料提供；（2）对于信息提供者（著作权人）的信息以及思想传播。其中，在公立图书馆的资料选择上，法院所重视的是，作为供一般公众使用的公立图书馆所应当具备的广泛性，以及包容及支持居民的多样文化活动而需要的多样性。图书的管理和处分看似是图书馆客观的管理行为，然而就社会而言，公立图书馆的该行为也可能被解读为对于书籍资料的肯定／否定的评价，所以公立图书馆书籍的选择问题具有公共性。所以说，本案的判决思路不仅仅是针对特定的著作权人的保护，同时体现着对当地居民知情权的保障②。由此可以推断，特别在公立文化艺术设施的公开展示和阅览服务方面，专业人士的意见和判断并不是完全独立的，由于公众的利益有时会受到一定的限制。

三　商业运作与公共文化服务——以"文化场馆的指定管理人制度"为例③

早在 1999 年，日本国会便通过《关于促进在公共设施建设中引入民间

---

① 日本最高法院第一小法庭平成 17 年 7 月 14 日判决（案件号：平成 16 年（受）930 号），『最高裁判所民事判例集』59 卷 6 号 1569 頁。

② 持相同观点的判例评解有：〔日本〕齐藤博：『公立図書館の職員が図書の廃棄について不公正な取扱いをすることと当該図書の著作者の人格的利益の侵害による国家賠償法上の違法』民商法雑誌 2006 年 10 号 172 頁；〔日本〕山中伦太郎：『公立図書館司書による閲覧図書の不公正な廃棄が著作者の人格的利益の侵害に該当するものとして国賠法上違法とされた事例』法学論叢（京都大学）2006 年 10 号 101 – 102 頁。

③ 关于指定管理人制度的相关研究有：文化政策建议联盟 network 編『指定管理者制度で何が変わるのか』、水曜社（2004 年 11 月）以及小林真理編著『指定管理者制度—文化的公共性を支えるのは誰か』、时事通信社（2006 年 6 月）。

资本的法律》（1999 年 7 月 30 日法律第 117 号，简称 PFT 法），允许民间资本介入公共设施的建设①。2003 年《日本地方自治法》（1947 年 4 月 17 日法律第 67 号）修订，在地方公共团体的部分加入了指定管理人制度②。而 2006 年施行的《关于通过竞争机制改革公共服务的法律》（通称《市场化实验法》）其范围涵盖从国家到地方的行政活动，进一步促进了公共服务的民营化。无论是 PFT 法还是《市场化实验法》，更多侧重于政策的鼓励，指定管理人制度与公共文化设施的实际运营关系更为密切。根据《地方自治法》第 244 条第 1 项，这里的公共设施是指：地方公共团体所设置的，为增进居民福祉而建立的设施③。图书馆、美术馆以及博物馆属于公共设施。公共文化服务往往需要美术馆/博物馆/音乐厅等公共设施，上述的立法实际上为之后日本公共文化服务和民间力量的合作提供了法律上的依据。

原本，地方公共团体可以委托其他的公共团体和指定的公共团体管理公共设施。引入指定管理人制度后，扩大了受委托团体的范围。指定管理人制度具体规定如下：为实现公共设施设立宗旨的需要，根据相关条例的规定，地方公共团体可以指定他人等其他团体管理公共设施，这里的"相关条例"中必须明确规定指定手续、指定管理人所采用的管理标准以及业务范围等必要事项④。指定管理人采用任期制，地方公共团体在指定管理人时必须事先上报地方议会批准⑤。另外，指定的管理人必须在每年度末向地方公共团体提交管理工作的报告⑥，在必要时，地方公共团体可以要求管理人就管理工作的内容以及财务状况做出说明，也可以开展实地调查或是对管理人下达相应的指示⑦。

指定的管理人在管理公共设施的过程中受到上述诸多限制，但在门票

---

① 民間資金等の活用による公共施設等の整備等の促進に関する法律第 1 条，日本电子政府法令数据库，http://law.e-gov.go.jp/htmldata/H11/H11HO117.html，最后访问时间：2015 年 12 月 2 日。

② 《地方自治法》第 244 条，日本电子政府法令数据库，http://law.e-gov.go.jp/htmldata/S22/S22HO067.html，最后访问时间：2015 年 12 月 2 日。

③ 《地方自治法》第 244 条第 1 项。

④ 《地方自治法》第 244 条第 2 款第 2 项。

⑤ 《地方自治法》第 244 条第 2 款第 5 项和第 6 项。

⑥ 《地方自治法》第 244 条第 2 款第 7 项。

⑦ 《地方自治法》第 244 条第 2 款第 10 项。

等公共设施的服务收费上享有自主管理权。根据《地方自治法》第 244 条第 2 款第 8 项的规定，公共设施的收费标准原则上由指定的管理人自行设定，收益归指定的管理人所有，标准的制定方法和程序必须遵守相关地方条例的规定①。

指定管理人制度实施之后，并没有得到民间企业的积极响应。在 2006 年施行的调查统计中，以用于文艺演出表演的公民馆为例，指定管理人制度施行 3 年后，由指定管理人经营的公民馆占到 44.4%，其中由公司法人经营的仅为 11.9%。② 而到 2009 年，包括公民馆、美术馆、图书馆、剧场在内，采用指定管理人制度的公共文化设施中仅有 7.3% 是来自民间企业。③ 如上所示，由于地方公共团体控制着指定人的任期和预算，民间企业的自主经营受到较大的限制，这也可能是导致指定管理人制度在实施过程中遇到阻力的原因之一。

已有成功的商业运作表明，指定民间的管理人（企业）确实能给公共文化服务注入新的活力。从事书籍、音乐以及电影出租服务的日本文化企业 Tsutaya 与地方公立图书馆的合作便是很好的例子。2013 年，Tsutaya 被指定为佐贺县武雄市图书馆的管理人。在图书馆经营中，Tsutaya 运用自身丰富的商业经验，按生活习惯（life style）重新安排图书的陈列方式，并与咖啡连锁店星巴克合作，将公共图书馆改造为时尚的休闲中心。根据有关报道，改造后的武雄市图书馆开馆仅半年，来馆人数高达 519000 人，带动周边餐饮业的营业额上升 1.2 倍④。然而，在显著的经济效果背后，

① 《地方自治法》第 244 条第 2 款第 8 项。
② 〔日本〕植村荣治：『指定管理者制度と芸術振興』慶応大学アートセンター Booklet15 期 59－69 頁，61 頁。
③ 総務省：《公の施設の指定管理者制度の導入状況に関する調査結果》2009 年 10 月公布，http：//www. soumu. go. jp/main_ content/000184386. pdf#search＝% 27% E5% 85% AC% E7% 9A% 84% E6% 96% BD% E8% A8% AD% E3% 81% AE% E6% 8C% 87% E5% AE% 9A% E7% AE% A1% E7% 90% 86% E8% 80% 85% E5% 88% B6% E5% BA% A6% E3% 81% AE% E5% B0% 8E% E5% 85% A5% E7% 8A% B6% E6% B3% 81% E3% 81% AB% E9% 96% A2% E3% 81% 99% E3% 82% 8B% E8% AA% BF% E6% 9F% BB% E7% B5% 90% E6% 9E% 9C% 9C% 27，最后访问时间：2015 年 12 月 2 日。
④ 〔日本〕猪谷千春：『武雄市図書館「経済効果は広告換算だけで20 億円」プチリッチ層流入をねらうcccの町づくりとは?』，HUFFPOST 日本版 2014 年 3 月 14 日，http：//www. huffingtonpost. jp/2014/03/13/ccc_ n_ 4957242. html，最终访问时间：2015 年 12 月 2 日。

也存在令人担忧的情况。2015 年，日本媒体曝光 Tsutaya 所运营的公立图书馆采用的选书标准不合理，存在偏向于教参等实用类书籍，漏选有关地方民俗文化的书籍等问题，一些地方也因此取消了指定 Tsutaya 管理图书馆的计划①。由此可见，在实施的过程中，如何平衡商业运作和公共服务中的公民权益仍然是指定管理人制度的一大难题。

第三节　日本公共文化服务法治未来展望

一　数字化及互联网对日本公共文化服务法治的挑战

2000 年 7 月日本政府内阁设立信息通讯（IT）战略总部，同年第 150 次国会通过《高度信息通讯互联网社会形成基本法》并于 2001 年颁布实施。基于该基本法的精神，2001 年 3 月 29 日 IT 战略总部公布了《e-Japan 重点计划—关于高度信息通讯互联网社会形成的重点计划》。该计划书为日本各项行政活动中信息的数字化和互联网服务的运用设立了相应的目标。

对于公共文化服务领域，该计划书提出：为了提供更多元的文化服务，让公民能够不受时空的限制欣赏和利用文化资源，有必要实现艺术和文化资源的数字化。具体的举措是，由文部科学省牵头建立文化信息综合系统。该系统的内容包括：到 2005 年，建立涵盖国立博物馆等机构所藏文物、美术品、国立剧场的演出信息等文化设施信息的数据库，各公共文化机构开设自己的网站并提供相关的公共文化活动的信息；公立和私立的博物馆等公共文化机构实现信息共享，建立藏品信息的共同检索系统。②

---

①　〔日本〕猪谷千春：『Tsutaya 図書館と「理念あわなかった」図書館流通センターがCCC と関係解除へ』，HUFFPOST 日本版 2015 年 10 月 27 日，http：//www. huffingtonpost. jp/ 2015/10/27/tsutaya-ccc-trc_ n_ 8396072. html，最终访问时间：2015 年 12 月 2 日。

②　IT 战略总部：『行政の情報化及び公共分野における情報通信技術の活用の推進』e-Ja- pan 重点计划-关于高度信息通讯互联网社会形成的重点计划-2001 年 3 月 29 日发布，ht- tps：//www. kantei. go. jp/jp/singi/it2/dai3/3siryou45. html，最终访问时间：2015 年 12 月 2 日。

二　从文化重在保障和促进

综上所述，现行的日本公共文化制度旨在保障公民的社会权利，丰富公民的文化生活，从而尊重和保护个人尊严和价值。也就是说，传统的公共文化服务个人精神活动。近年来，随着日本社会结构的变化，公共文化制度有了新的社会功能。当下，日本的旅游业等服务业逐步取代制造业，成为重要的产业支柱。在这样的背景下，开展公共文化活动不仅仅是为了满足公众个人的需求，同时也是推动地方经济的手段之一。公共文化从生活需要成为日本国家发展战略的重要组成部分。

首先是经济层面。正如第二节（六）所示，2000 年后日本各地方出现了积极制定当地的文化条例开展文化事业的现象，早于国家尝试以文化活动带动当地经济。2007 年日本政府推出"COOL JAPAN"政策，积极扶持和推介日本本土文化或产业①。出自经济产业省的该政策，至少在两个方面与以往日本文化政策或是文化条例有所不同。第一，该政策以迎合海外市场，促进产业发展，推动就业为目的②。在此可以看到，在文化政策的制定实施过程中，精神活动和物质活动的传统两分法逐渐瓦解。今后的文化政策不单单满足日本或居住于日本的公民的个人娱乐生活所需，同时起到推动日本产业结构转型的作用。

第二，是社会效果。"COOL JAPAN"的政策认可和重视动漫产业等亚文化的价值，并积极在海外宣传日本国内的文化产业③。在此之前，美术馆、图书馆及博物馆的法律制度均以提高民众的文化素养为目的，采用的是自上而下（top-down）的普及型模式。相比之下，"COOL JAPAN"政策的主体着眼于大众文化，发掘民间草根的文化形态，通过文化艺术活

---

① 关于 COOL JAPAN 政策的落实状况，参见经济产业省（経済産業省）的相关主页，ht-tp：//www. meti. go. jp/policy/mono_ info_ service/mono/creative/（最后访问时间 2015 年 11 月）。

② 参见经济产业省商务信息制作局生活文化创造产业课：『クールジャパン戦略について』、経済産業省、2015 年 10 月、2 页，http：//www. meti. go. jp/policy/mono_ info_ service/mono/creative/151013CJseisakunitsuiteOctober. pdf，最终访问时间 2015 年 12 月 2 日。

③ 参见经济产业省商务信息制作局生活文化创造产业课：『クールジャパン戦略について』、経済産業省、2015 年 10 月、2 - 6 页，http：//www. meti. go. jp/policy/mono_ info_ service/mono/creative/151013CJseisakunitsuiteOctober. pdf，最终访问时间 2015 年 12 月 2 日。

动来激发社会或产业的活力。现任日本文部科学省文化厅长官清柳正规著书表示，通过开展文化活动，可以起到促进观光旅游发展，创造就业机会的作用，同时起到保护和扶植本土文化艺术的作用①。日本公共文化政策的走向不单单局限于个人的言论活动，其内容也与国家所采纳的经济战略密切相关。

---

① 〔日本〕清柳正规：『文化立国論—日本のソフトパワーの底力』、筑摩書店、2015，117－202 頁。

第三章　日本电影产业法治

日本电影产业的法治主要集中在三个方面，分别为：促进电影产业健康发展的产业振兴法律与政策、规范电影作品制作与流通中的商业主体的权利义务关系以及电影作品内容审查与发行控制的自主规制。这代表了公法、私法、软法三种法律形态在电影产业运行与发展中的规范作用。首先，由于电影作品作为大众娱乐形式的一种，承担了社会的文化功能，因此国家通过介入这一大众文化产品的供给，通过一系列法律手段与政策手段促进电影产业健康有序地发展。其次，从规范电影产业相关商业主体的私法规范来看，由于电影产业是围绕电影作品展开的，而电影作品在文化产品中属于可复制的文化产品，因此如何通过法律确保其复制与发行过程中的权利义务关系是该产业得以维系的一个基础。最后，由于电影作品作为人类思想的表达活动，为了维护宪法所保护的表达自由，同时兼顾未成年人保护、公民隐私权保护等其他宪法性权益，需要协调表达自由与发行审查的关系。这部分规范由行业自治组织予以解决，政府并不直接介入。本章将就上述日本电影产业法治中现存的三方面规范一一进行梳理，并展现法治发展与完善的方向。

第一节　日本电影产业概述

作为"大众娱乐之王"的电影在人类生活中发挥着特殊的作用。电影作品通过电影院这一媒介将人类与日常生活的情境隔离，并在这一媒介中通过电影作品所表现的内容让观众产生共鸣。观众的这种共鸣支持着电影产业不断地发展下去，同时又激励着更多具有"鲜度"的电影作品不断创作出来。随着电视走进千家万户，电影产业一度沦为"夕阳产业"，但是随着技术的进步，使得数字化贯穿于电影制作与流通的全流程，这些数字化表现形式又给电影产业带来了新的机遇。而数字化与互联网的融合所产生的新型传播途径也给电影产业带来了新的挑战。下文将概述在上述背景下日本电影产业现状，这有助于读者更加深刻地了解日本电影产业法治发展的方向，并为本章建构促进电影产业发展的法治模型打下基础。

一　日本电影产业运行现状

日本电影产业所面临的挑战主要是电影人口的减少。从日本电影票房收入（见图 3 - 1）、日本电影国内观影人数（见图 3 - 2）、日本电影屏幕数据（见图 3 - 3），均可以看出增长达到了一定的瓶颈阶段，缺乏更大的刺激增长的动力。

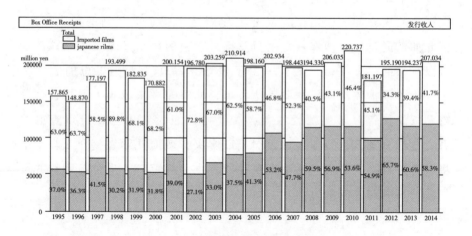

图 3 - 1　日本电影票房收入统计①

---

① 日本映画製作者連盟（映連）：『映画業界統計情報』，https：//www. unijapan. org/reference/statistics. html、最后访问日期：2015 年 12 月 6 日。

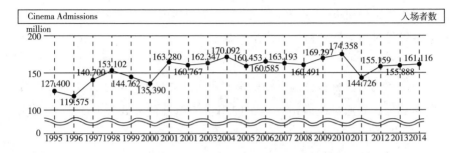

图 3 - 2 日本电影国内观影数据①

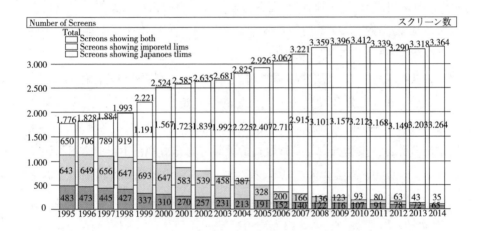

图 3 - 3 日本电影屏幕数据统计②

二 日本电影产业法治现状

日本电影产业的法治主要集中在三个方面，分别为：促进电影产业健康发展的产业振兴法律与政策、规范电影作品制作与流通中的商业主体的权利义务关系以及电影作品内容审查与发行控制的自主规制。这代表了公法、私法、软法三种法律形态在电影产业运行与发展中的规范作用。

① 日本映画製作者連盟（映連）：『映画業界統計情報』、https：//www. unijapan. org/refer- ence/statistics. html，最后访问日期：2015 年 12 月 6 日。
② 日本映画製作者連盟（映連）：『映画業界統計情報』、https：//www. unijapan. org/refer- ence/statistics. html，最后访问日期：2015 年 12 月 6 日。

首先，由于电影作品作为大众娱乐形式的一种，承担了社会的文化功能，因此国家通过介入这一大众文化产品的供给，通过一系列法律手段与政策手段促进电影产业健康有序地发展。具体包括：从国家战略高度看待电影产业发展，并制定一系列相应的法律、政策并予以实施；通过财政、基金扶持和灵活的投资体制带动电影产业的整体发展；积极向海外输出日本电影文化，并通过政府出资与民间捐款相结合的方式设立"艺术文化振兴基金"，对各领域的文化艺术活动进行资金援助。

其次，从规范电影产业相关商业主体的私法规范来看，由于电影产业是围绕电影作品展开的，而电影作品在文化产品中属于可复制的文化产品①，因此如何通过法律确保其复制与发行过程中的权利义务关系以及排他权关系是该产业得以维系的一个基础。而规制这个法律关系的就是日本的《著作权法》。《著作权法》中承认的一系列著作权的分支权能的许可转让关系构成了电影作品在制作、发行、放映以及二次、三次利用的全部法律关系。

最后，由于电影作品作为人类思想的表达活动，为了维护宪法所保护的表达自由原则，同时兼顾未成年人保护、公民隐私权保护等其他宪法性权益，需要协调表达自由与发行审查的关系，这部分规范由行业自治组织予以解决，政府并不直接介入。日本伦理委员会这一自治团体通过的类似软法性质的规范同样具有拘束力，因此也是日本电影产业法治的重要组成部分。

第二节　振兴日本电影产业的公法规范

在中央层面，制定电影内容产业政策的部门主要是文化厅与经济产业省。而知识产权战略本部在电影作品的知识产权问题上的作用也是十分重

---

① 根据 Schulze 的研究（Guenther G. Schulze, International Trade in Art、*Journal of Cultural Economics*, Vol. 23, No. 1 – 2, 1999, pp. 109 – 136; Guenther G. Schulze, International Trade, in Ruth Towse ed., *A Handbook of Cultural Economics*, 2003, Edward Elgar, 2003, pp. 269 – 275），其将文化产品分为以下三类：包括现场表演性质文化产品（live performing arts）；特有的不可复制的视觉性质文化产品（unique, non-reproducible; unique cultural goods）以及可复制的文化产品（reproducible art; reproducible culture goods）。其中现场表演性质文化产品包括音乐会、戏剧、歌剧等；特有的不可复制的视觉性质文化产品包括绘画、雕刻等；可复制的文化产品包括文学作品、录音作品、电影等。

要的。① 日本也存在不少接受政府部门委托，以国家机关的交付金等公共资金作为运营费用的外部机构。在内容产业领域比较重要的有：特定非营利活动法人电影产业振兴机构（VIPO）、财团法人图像情报教育振兴协会（CGARTS 协会）、国际交流基金、内容海外流通促进机构（CODA）、财团法人信息内容协会（DCAj）、社团法人信息媒体协会（AMD）、独立行政法人东京国立近代美术馆电影中心（NFC）、财团法人日本影像国际振兴协会（UNIJAPAN）、独立行政法人日本艺术文化振兴会、独立行政法人日本贸易振兴机构（JETRO）等。在地方层面，电影产业政策一般以电影委员会的活动为中心展开。特别是像神户、札幌等积极开展振兴电影产业的地域正在逐渐增加。振兴电影产业的主体往往并不局限于地方政府，各地的工商业联合会等民间主体参与的事例也不断涌现。以下将从日本电影产业振兴相关法律入手，并分别详细论述中央和地方层面在振兴电影产业方面的政策举措，以期全面地展现日本振兴电影产业的公法规范。

一　日本电影产业振兴的法律

（一）《文化艺术振兴基本法》

2001 年由议员立法制定了《文化艺术振兴基本法》。在《文化艺术振兴基本法》中规定了构成文化核心内容的艺术、传媒艺术（主要指电影、漫画、动画以及其他利用电脑或电子设备的艺术类型）、传统艺术、文化遗产等文化艺术振兴的基本理念，并明确了国家以及地方公共团体在振兴文化艺术方面的责任和义务。正是因为规定了文化艺术振兴政策制定的基本事项，更加有利于推动文化艺术振兴政策的制定与实施。同时它确立了振兴文化艺术的基本理念，明确了国家和地方政府的权责利，具体规定了与振兴文化艺术有关的基本政策。该法第 8 条与第 9 条在媒体艺术的振兴问题上赋予了国家相应的义务，具体包括：第 9 条规定为振兴电影、漫画、动漫及利用电脑等电子设备的艺术（即"媒体艺术"），国家应采取支持媒体艺术的制作和上映等必要政策。

---

① 菅谷实：『映画制作と政府』「映像コンテンツ産業論」、丸善出版，2002。

（二）《日本知识产权基本法》与相关法律的修改与制定

进入 21 世纪以来，认识到以知识产权保护为核心的内容产业的重要性，因此日本政府提出了"知识产权立国"的口号，并依据《知识产权基本法》在 2003 年在内阁设置了"知识产权战略本部"负责协调分散于各个政府部门的知识产权事务，综合性地推进知识产权立国战略的展开。《知识产权基本法》第 1 条开宗明义，阐明了制定该法的目的，即"随着国内外社会经济形势的变化，增强我国产业的国际竞争力的必要性进一步增大。鉴于此，为了开发并有效利用新的智力成果进而创造附加价值，并借此建设一个以其为基轴的充满经济活力的社会，特制定本法，对有关智力成果的创造、保护和应用的基本理念及与该理念的实现相关的基本事项做出规定，明确国家、地方公共团体、大学和企业的责任，并制定有关智力成果创造、保护及应用的推进计划。同时，通过设置'知识产权战略本部'，集中、有计划地实施有关智力成果创造、保护及应用的措施"①。在该法的第 3 条中强调了通过有关智力成果的创造、保护及应用的政策的推行来实现国民经济的健康发展及丰富文化的创造，即"通过培养富有创造力的人才并使其创造力得到充分发挥，通过努力实现对智力成果在国内外的、适应技术革新的迅速发展的、及时且合理的保护，通过完善为促进智力成果在社会经济中逐步得到积极、充分应用并使其价值得到最大限度发挥所必需之环境，同时为今后的新的智力成果的创造夯实基础，并进而为国民经济的健康发展和丰富文化的创造做出贡献"。而第 5 条规定了在这个过程中国家所应承担的义务，即"国家有义务遵循上述两条款所规定的有关智力成果的创造、保护以及应用的基本理念，制定并且实施有关智力成果的创造、保护及应用的措施"。

以此为基础，面对数字互联网时代著作权法律关系的变革，知识产权战略本部履行《知识产权基本法》的规定，多次对《著作权法》进行修改，其中包含不少对于电影作品强力保护性的规定。例如在 2012 年 6 月 20 日，《著作权法》修订法案通过，其中将明知是他人违法上传的有偿音

---

① 该法律的中文翻译见中村真帆《日本知识产权基本法》，《网络法律评论》2004 年第 1 期，第 219 页。

乐及电影作品而以个人使用为目的的复制行为纳入了刑罚规制范围，该条款已于 2012 年 10 月 1 日施行。据统计，仅在 2011 年一年未经著作权人许可从动画网站上下载的就达到了 12 亿次。① 这些违法上传与下载行为极大地影响了电影作品的市场价值，使得相关主体利益受到了极大侵害，因此电影及音乐产业等通过立法游说极力推进对于个人违法下载行为的刑罚化规制。②

此外，针对影院盗录行为也制定了严厉的刑罚规定。在影院盗录新片往往是后续盗版侵权的源头，对电影权利人及影院经营者的影响非常严重，因此在 2007 年制定了《防止电影盗录的法律》③，其中规定了在电影院中对于电影的录音录像的"盗录"行为不构成《著作权法》第 30 条第 1 款中的以私人目的使用的例外规定，原则上均为违法行为，并在达到相关要件时构成著作权侵害罪，承担刑事责任。

（三）《促进文化创意创造、保护以及活用的法律》

2004 年由议员立法动议制定了《促进文化创意创造、保护以及活用的法律》，也有学者将其称作日本的"文化产业振兴法"。④ 该法第 1 条开宗明义阐述了该法的立法目的，即综合而有效地推进关于促进内容的创造、保护与活用措施；服务于国民生活的改善；服务于国民经济的健康发展。在该法第 2 条中明确列举了"内容"的定义，即指电影、音乐、戏剧、文学、摄影、漫画、动画、计算机游戏、其他文字、图形、色彩、声音、动作或影像，或这些元素的组合，或使这些元素通过电子计算机来表现的程序，是人类创造性活动所产生的，具有知识、品味和艺术价值或娱乐功能的东西。⑤ 该法第二章从人才培育、先进技术的推广、内容产业知识产权的保护、流通的促进、促进保存、消除利用机会上的差别、丰富地

---

① 動画サイトの利用実態調査検討委員会：『動画サイトの利用実態調査検討委員会—報告書—』2011 年 8 月。

② 张鹏：《2012 年日本著作权法修改中违法下载行为刑罚化规定评介》，《中国版权》2013 年第 2 期。

③ 平成 19 年 5 月 30 日法律第 65 号。

④ 贾旭东：《日本文化产业促进法研究》，载《中国文化产业发展报告（2009）》，社会科学文献出版社，2009。

⑤ 贾旭东：《日本文化产业促进法研究》，载《中国文化产业发展报告（2009）》，社会科学文献出版社，2009。

域环境以及增进国民理解等诸多方向明确了施策的方针。并在第三章规定
了内容产业振兴的必要措施，包括：构筑多渠道的资金筹措制度、防止权
利侵害行为的发生、促进海外事业的展开、构筑公平交易环境、扶植中小
企业、照顾消费者以及内容事业参与者的促进措施等。

二　文化厅主导的电影产业振兴政策

文化厅作为文部科学省的直属局，担负着文化振兴、普及，文化资源
的保存、运用，著作权，宗教法人相关行政事务等职责。文化厅主导的电
影、影像政策主要是作为"艺术文化振兴"的一环而实施的。文化厅全
部预算主要是用于两部分：其一是"文化资源保护的充实"；另一部分是
"艺术文化的振兴"。近年围绕"艺术文化的振兴"的预算比重逐年增加。

文化厅围绕"艺术文化振兴"所制定的产业政策主要是以《文化艺
术振兴基本法》为依据。依据该法第 7 条第 1 款的规定，政府为了综合性
地推进文化艺术领域政策的制定，必须制定文化艺术振兴的基本方针，于
2002 年 12 月制定了《与文化艺术振兴相关的基本方针》（以下简称《方
针》）。《方针》中指出，在 2002 年后的 5 年间要明确文化艺术的必要性、
文化艺术中国家的作用等基本问题。最新为 2015 年通过的第四次《关于
文化艺术振兴的基本方针》（以下简称《基本方针》）①，实施期限为 2015
年至 2020 年，为期 6 年。为切实提高《基本方针》的可操作性，日本政
府加大统筹、科学布局、细化措施、综合推进，从多个层面推动日本文化
艺术的持续振兴和发展。② 在基本方针中重点强调了著作权的保护和利
用，即日本政府认为，著作权是文化艺术振兴的基础，必须切实加以保
护，以便其得到公正合理使用。针对数字、网络社会出现的著作权保护新
课题和新问题进行调查研究、综合研讨，根据需要适时完善相关法律制
度，构筑著作出版物合理规范流通的科学体系。对于权利人不明的著作物
的使用，在对其进行数字归档的同时，采取必要措施加强著作权保护。通

---

① 文化庁：『文化芸術の振興に関する基本的な方針－文化芸術資源で未来をつくる－
（第 4 次）について』，http://www.bunka.go.jp/seisaku/bunkashingikai/sokai/sokai_
15/toshin_150416/index.html，最后访问日期：2015 年 12 月 6 日。
② 欧阳安：《日本如何践行文化基本法》，《中国文化报》2015 年 11 月 9 日。

过举办讲座和论坛、加大学校教育和网络宣传、提供著作权保护教材等各种方法，大力普及与著作权相关的知识，提高全社会的保护意识。加强官民联动以及与世界各国的合作，进一步做好侵权国家的工作，通过支持侵权国家或地区成立著作权保护组织、加大打击盗版力度、提高著作权保护意识，对权利人行使权利追索进行支援，尽量防止和消灭海外盗版情况的发生。

除了制定基本方针，在 2002 年开展了"电影振兴的恳亲会"，并接连召开了 13 次会议，最终形成的报告成为现今诸多日本电影产业振兴政策的先导。"恳亲会"主要由电影导演、编剧、电影制片人、记者、大学教授、政府人员等代表组成，在吸收持不同立场的电影工作者作为委员的同时，分别组成"人才养成""制作""发行、放映""保存、普及"四个分会，并在各分会中围绕"作为综合艺术的电影""国民生活中的电影""作为 IT 时代重要的影像作品的电影""作为向海外宣传日本文化的电影"这四个主题开展了积极的讨论。在"恳亲会"的讨论中达成的共识，成为日本电影产业政策的主要来源。其中在 2003 年 4 月提交的《为了日本电影的振兴——日本电影的再生》的报告书中围绕"作为文化遗产的电影胶片保存""电影节创作环境的创造""人才养成重要性的体系建构""电影作为艺术类型的正当性评价"四个方面制定了日本电影产业振兴的 12 点政策。具体包括：创立日本电影胶片保存制度、制定新的支持制片的体制、协助电影产业落户地方、增加对于非电影馆的利用以增多上映机会、促进多类型电影的放映、国内电影节的普及与宣传、对于海外宣传的支援、电影产业人才的培养、电影广场的开发、对艺术领域的电影作品给予恰当的评价、向儿童普及电影鉴赏能力、设立电影胶片中心。

除了上述较为宏观的振兴战略外，文化厅也依托艺术文化振兴基金创设了日本电影制作支援制度以及青年艺术家海外留学等制度。艺术文化振兴基金是文化厅直属的独立行政法人日本艺术文化振兴会为了支援文化活动而创设的基金。自 2007 年以 653 亿日元（其中国家出资 541 亿日元、民营企业出资 112 亿日元）作为资本金，并通过对于该资金的运用来资助文化活动的开展。对于电影作品来说，区分为影院作品、纪录片与动漫电影，并考虑到各类电影作品的上映时间、形式、制作费用等分类进行资助与否的审查。其中补助的类型包括日本电影制作补助金与电影国际共同制作补助金。其中电影制作补助金是依据 2015 年 6 月 30 日修改后的《文化艺术振兴费补助金交付纲要》确定的,该纲要的补助对象包括高水平的舞台表演艺术以及电影创作活动（剧场用电影作品、纪录片、动漫电影），在补助经费额度上对于 1 小时以上的剧场用电影作品,如果可补助对象经费（包括制作企划费、演职员费用、制作费,不包括宣传经费等）在 1 亿日元以上的,最高可以补助 2000 万日元;在 5000 万日元以上的,最多可以补助 1000 万日元。对于动漫电影作品,长篇（1 小时以上）的,如果可补助对象经费在 8000 万日元以上的,最高可补助 2000 万日元;对于短篇（1 小时以下）的,可补助对象经费在 1000 万日元以上的,可补助 300 万日元;可补助对象经费在 300 万日元以上的,可补助 100 万日元。电影国际共同制作补助金是依据 2015 年 6 月 30 日修改后的《文化艺术振兴费补助金（国际共同制作电影支援活动）交付纲要》确定的,该纲要以促进电影国际交流为目的,由文化厅长官对于国际共同制作电影作品的活动所产生的一部分费用类别给予补助金支援。其中给予补助的费用类别包括:制作企划费、演职员费用、制作费。对于上述费用补助金将以该费用总额的 1/5 为标准,每件申请最高额度不超过 5000 万日元给予补助。

三　经济产业省主导的电影产业振兴政策

经济产业省（旧通商产业省）对于电影产业与广播电视产业的政策权限来源于其机构组织设置方案,即根据《日本通商产业省组织机构条例》第 98 条的规定,通商产业省文化相关产业课授权处理电影产业相关事项;《日本经济产业省组织机构令》第 87 条规定,经济产业省文化信息相关产业课授权处理包括电影产业在内的影响产业的发展、改善与调整的相关事项。依据上述规定,经济产业省每年都进行内容产业强化的预算,以保证其职能可以正常实现。

经济产业省主导的电影产业政策主要在流通领域、确保公平竞争、制作领域、人才培育和消费者五个方面展开。

第一,在电影作品的流通领域,通过促进日本电影作品走向国际,给予一系列的政策支持。具体来说包括对于日本影人参与国际电影节以及参与国际电影共同制作给予重点支持。另外也依托独立行政法人日本贸易振兴机构（JETRO），对于日本电影在他国的盗版行为进行协调。

第二，在确保公平竞争方面，面对电影界旧有的封闭性与排除竞争的商业惯例①，通过增加多馆型影院的放映屏幕增加电影作品的放映机会，以及打破发行—放映的垄断关系，积极促进放映市场的多样性。在制片公司与流通商之间特别是在动漫电影作品的交易中鼓励使用标准合同模板，确保交易的公平性。

第三，在电影制作领域，特别是在电影制作经费的筹措上，经济产业省通过一系列法律法规的修改（包括信托法、有限责任合伙法等），使得电影投资基金得以建立，增加电影作品制作的资金来源。

第四，在人才培养方面，对于电影产业不可或缺的组织、人力、财务、技术等专业化人员的培育给予支援。并依托日本动画协会、日本电子娱乐产业协会等所辖协会培养专业化人才。

第五，在消费者领域，主要是通过降低电影票价，以及附带其他服务促进观众更多地走进影院观看电影作品，并培育消费者的电影文化。②

2008 年日本经济产业省主导制定了《内容产业全球化战略》③，在经济产业省所管辖的政策制定层面，将内容产业的国际化列入了国家战略，从增强竞争力、促进内容产业贸易的角度展开了一系列政策措施。作为内容产业支柱之一的电影产业在《内容产业全球化战略》中首先明确了基本方向，就是在面对全球市场上以美国好莱坞系电影产业占有压倒性优势的情况下，发挥日本电影产业的特长，从而加速日本电影国际化的步伐。在具体政策措施上主要包括：（1）促进电影作品的出口。一直以来，向海外推广日本电影的主要手段是参加海外电影展，但是由于语言与文化背

①　三菱総合研究所：『映画産業に関する商慣行改善調査研究報告書』，2001 年 2 月，http：//www. meti. go. jp/policy/media_ contents/downloadfiles/0716cinema. pdf，最后访问日期：2015 年 12 月 6 日。

②　沈成恩：『自由貿易時代の文化産業政策に関する研究：放送と映画の国際化政策を中心に』，上智大学大学院博士論文 2006。

③　经济产业省：“コンテンツグローバル戦略最終取りまとめ”，http：//www. meti. go. jp/report/data/g71015aj. html，最后访问日期：2015 年 12 月 6 日。

景的差异，真正可以打入外国市场并赢得票房收入的影片仅占一小部分。因此需要开拓新的出口模式，比如通过与好莱坞系的电影发行商合作，在制作电影作品时即引入外资资金参与，从而确保海外发行渠道，在国际共同制作的过程中更好地结合其他国家观众可以接受的文化背景，从而实现票房收益的提高。（2）积极开展电影作品重新制作权的许可。对于在日本国内广受好评的电影作品，可以将其在外国市场的重新摄制权进行交易，从而获得更高的价值。实践中日本电影作品的权利人往往不大重视重新摄制权的价值，故而经常以低价就将此权利许可于他人。通过许可他人或以共同制作的方式在海外国家重新摄制电影作品可以很好地解决语言、文化等障碍，增强电影作品的附加收益。（3）增加对于海外共同制作的补助。如果仅仅将已经制作的电影作品翻译后出口，很难真正打入外国市场，而在电影作品企划之初就引进外国投资人，在剧本选择、演员配置、资金筹措等方面考虑全球化视野，这样将获得更大收益。而重新摄制权与国际共同制作的搭配模式也是今后一段时间产业政策支持的主要方向。

对于动漫电影作品来说，作为"酷日本"战略的一部分，除了上述促进传统电影作品全球化的种种举措外，还鼓励日本动漫电影公司在北美、欧洲等地设立海外公司。尽管在海外设立公司可能会增加人力成本，但是对于确保海外发行放映渠道等也具有战略意义。

四　知识产权战略本部主导的振兴电影产业政策

依据《知识产权基本法》的规定，知识产权战略本部负责推进知识产权的创造、保护与利用的政策制定。其中与影像内容产业相关的知识产权战略主要包括：应对盗版问题；创新环境的营造；知识产权流通的促进；专门化人才的培育等。在 2015 年制定了最新一期的《知识产权推进计划》①。在该版推进计划中将内容产业的国际化列为三个重点支柱之一，并在八个具体政策措施中将数字互联网环境下知识产权保护措施的完善纳入其中。而重点支柱的主题与具体施策的主题都与电影产业密切相关。

---

① 知的财产戦略本部：知的财产推进计画 2015，https://www.kantei.go.jp/jp/singi/titeki2/kettei/chizaikeikaku20150619.pdf，最后访问日期：2015 年 12 月 6 日。

五 地方政府主导的电影产业振兴政策

地方主导的电影产业政策活动一般是依托电影委员会实现的。在 2000 年各地相继成立了电影委员会 [大阪市 (2 月),神户市 (9 月),北九州市 (9 月),横滨市 (10 月)]。这些电影委员会一般由各地的工商联、旅游促进协会、市政府宣传机构等牵头,吸纳民营企业加入,共同促进地方电影产业的发展。为了协调联络各地方的电影委员会,于 2009 年成立了"日本电影委员会"(Japan Film Commission,JFC),JFC 设立的目的就是建立全国性电影产业的网络,依靠国家与地方政府、电影公司、行业协会等促进地域文化发展、电影专业化人才培育,将地方电影推广到全国及世界。

第三节 日本电影产业相关主体之间的私法规范

从电影产业相关商业主体的私法规范来看,由于电影产业是围绕电影作品的一系列商业活动展开的,因此如何通过法律确保其复制与发行过程中的权利义务关系以及排他权关系是该产业得以维系的一个基础。而规制这个法律关系的就是包括日本《著作权法》在内的一系列私法规范。其中《著作权法》中承认的一系列著作权的分支权能的许可转让关系构成了电影作品在制作、发行、放映以及二次、三次利用的全部法律关系。

一 日本著作权法中电影作品的概念与归属

(一) 电影作品的定义

电影作品属于电影的作品类型,在《著作权法》第 10 条第 1 款中明确列举了"电影作品类型"。[①] 同时在《著作权法》第 2 条第 3 款有关"电影作品"的定义中指出了"电影作品"的三要件即产生与电影效果类似的视觉或视听觉效果的表现;固定于载体上;属于文学、艺术、美术以及音乐范围内思想或感情的创造性表达。[②] 其中第一要件需要存在视觉效果,而视觉效果的产生是由于影像每帧的运动而导致的,无声电影也满足

---

① 《著作权法》第 10 条第 1 款第 7 项。
② 金井重彦、龍村全:『エンターテインメント法』、学陽書房、2011、106 頁。

这一要件的规定。第二要件要求电影作品固定于有体物，具体包括胶片、光盘等有形载体。对于在电视台直播的节目，由于播放的同时该直播节目即消失，因此不满足电影作品的构成要件。第三要件要求电影作品属于文学、艺术、美术以及音乐范围内思想或感情的创造性表达。由摄像机固定的仅表达风景的摄制品也不属于电影作品的范畴。① 在电影作品范围内不仅包括传统上用于电影院放映的作品，动漫电影、电子游戏中的影像等也属于该范围。

其中对于电子游戏中的视频影像是否产生"与电影效果类似的视觉或听觉效果"问题，在日本最高法院"二手电子游戏软件案"② 中认为，电子游戏中的视频影像也产生了与电影效果类似的视觉或视听觉效果，且固定于软件这一载体之上，因此构成《著作权法》第 10 条第 1 款第 7 项中所定义的"电影作品"。由最高法院判例可知，是否构成"电影作品"，不一定仅仅将其表现形式限于传统的在实体院线放映的"电影作品"形式，而应该将其作扩大解释。只要是借助人体视觉上的生理原理，通过影像每帧的快速运动产生连续画面，并借由该画面的连续播放产生文学艺术领域的创造性表达的，就应相应地给予《著作权法》中"电影作品"的保护。

（二）电影作品的权利归属

1. 电影作品的作者

摄制一部电影作品是一个比较复杂的、系统的智力创作过程，要有提供资金和组织拍摄的制片人，要有电影剧本的编剧、电影音乐的作词与作曲者，要有导演、摄影、演员、特技设计、美工（包括服装、道具设计）、灯光、布景等等。但是在著作权法意义上，上述电影作品摄制过程的参与者们并不都构成电影作品的作者。在日本著作权法理论上存在"现代作者"（modern author）与"传统作者"（classic author）的分类，其中只有"现代作者"才构成电影作品的作者。而"现代作者"一般是指对于电影作品的产生做出创造性贡献的制片、导演、演出、摄影、美术等

---

① 金井重彦、龍村全：『エンターテインメント法』、学陽書房、2011、107 頁。
② 最判平 14.4.25 判时 1785.3。

主体。而"传统作者"一般是指小说、剧本、音乐等的作者。这些作者并不是整体性地对于电影作品的产生做出创造性贡献。

根据《著作权法》第 16 条的规定：电影作品的作者是指除去依据小说、剧本、音乐而改编或复制的作品的原作者以外的，对于电影作品的产生做出创造性贡献的制片、导演、演出、摄影、美术等主体。尽管该条中列举了参与电影作品的制作、导演、演出、摄影、美术等，但是并不是穷尽性质的，最终的判断标准是看是否对于电影作品在整体上做出了创造性的贡献，而不仅仅是在某一构成电影作品一部分的元素上做出创造性贡献。① 其中制作是指电影制片人所从事的工作；导演是指对于电影院放映的电影作品进行导演行为；演出是指对于电视台所用影视作品中的导演行为；摄影是指摄影导演行为；美术是指美术监督或特殊美术监督的行为。在同条中同时列明了"传统作者"，即小说、剧本、音乐等的作者。这些作者并不是整体性地对于电影作品的产生做出创造性贡献，因此小说、剧本、音乐等作为独立于电影作品的著作权保护客体而存在。

在电影作品作者的认定过程中，司法实践的争议点往往在于认定哪一主体构成了"对于电影作品在整体上做出了创造性的贡献"。在东京地方法院做出的"宇宙战舰 YAMATO 案"② 中，原告漫画作家起诉被告动漫电影的制片人，认为被告制作的动漫电影"宇宙战舰 YAMATO"的电影作品作者应该为原告，并因此诉请法院认定被告的行为侵犯了原告的著作权人格权。而法院则最终认定：被告主导了该动漫电影作品摄制伊始的企划，到最终摄制完成的全过程，其间对于剧本的改编、人物角色的设定、音乐作品的创作、录音等一系列创作活动都给予了具体的指示，并做出终局性的选择与决定，因此被告对于该动漫电影作品的摄制在整体上做出了创造性贡献，构成该动漫电影作品的作者。而原告仅仅是作为剧本构成要素的动漫作品的作者，尽管他亲自委托了被告作为电影导演摄制影片，但是之后的整体性创造性工作都是由被告完成的，因此原告只能作为剧本的作者，而不能作为著作权法上"电影作品"的作者。从该案法院的上述

① 金井重彦、龍村全：『エンターテインメント法』、学陽書房、2011、112 頁。
② 東京地判 14.3.25 判时 1789.141。

认定中可以看出，"对于电影作品在整体上做出了创造性的贡献"往往是从实质角度看相关主体在电影作品制作的全过程中参与的程度，而不仅仅局限于某一电影作品要素是由何种主体创作的。

2. 法人作为电影作品的作者

除了自然人可以成为电影作品的作者外，《著作权法》也承认法人可以作为作者，因此当电影作品的作者满足法人作者的构成要件时，法人也可以作为电影作品的作者。根据《著作权法》第 15 条规定，"法人作品"需要满足：由法人或其他雇主提议从事法人业务范围内工作的雇员；依据职务上的任务做成；依法人等的名义进行发表。在上述情况都得到满足的情况下，作品的作者不是直接创作该作品的雇员，而是该法人主体。近年由于电影公司专属的电影导演逐渐减少，一般都是作为自由职业者的电影导演从事电影创作，因此由于这种自由职业的电影导演并未从事某一电影公司的业务，因此电影公司不能够作为电影作品的法人作者。①

3. 电影作品的归属

一般作品的著作权归属都是以作者为著作权人，即遵循著作权法上的"创作人主义"。② 但是电影作品的著作权归属是"创作人主义"的例外，在《著作权法》第 29 条第 1 款中规定，当电影作品的作者承诺参与电影作品制作后，电影作品的著作权人就是电影制片人，而不是由电影作品的作者自然地依据"创作人主义"成为电影作品的著作权人。本条的立法宗旨就在于：从现实情况看，电影作品的作者与电影制片人一般都会签订关于电影作品著作权利用相关的合同，从而就电影作品的著作权归属进行约定，使得电影作品的著作权人为电影制片人。而即使没有上述约定，立法上考虑到电影制片人往往对于电影作品的摄制投入巨额资金，为了鼓励这种将资金投入电影作品的创作活动，降低电影作品利用过程中由于参与主体过多导致的权利错综复杂化，故而将电影作品的著作权归属于电影制片人。③

其中电影制片人是指《著作权法》第 2 条第 1 款第 10 项所述发起电

---

① 金井重彦、龍村全：『エンターテインメント法』、学陽書房、2011、113 頁。
② 潮海久雄、『職務著作者制度の基礎理論』、東京大学出版会、2005、1 頁。
③ 金井重彦、龍村全：『エンターテインメント法』、学陽書房、2011、114 頁。

影作品的制作，以及承担最终责任的主体。"发起"是指根据自己的决定制作电影作品的行为，对于并不是自己进行企划，而是委托外部策划公司进行策划的行为，只要决定是由制片人做出的，就满足"发起"要件。而"责任"是指由自己承担经济上的负担。对于电影作品的作者是否承诺参与电影作品的制作这一要件，一般理解为只要电影作品的作者承诺参与电影作品即可，不要求双方对于电影作品著作权的归属有具体的约定。该承诺不仅限于书面，口头的承诺也具有法律效力。

关于哪一主体可以构成"电影制片人"经常是纠纷所在。司法实践中产生了一系列具体认定"电影制片人"判断标准的案例。在东京地方法院做出的"超时空要塞 Macross 案"[1] 中，原告动漫影片制片人请求法院确认其对于该动漫影片具有著作权。法院认为：发起电影作品的制作并不意味着从最初阶段就需要参与了某部电影作品的企划，本案中在原告参与动漫影片制作后，制作经费全部由原告支付，并在原告的指挥支配下按合同完成了向电视台提供动漫影片的义务。尽管被告作为广告代理商最初参与了该动漫影片的企划，并在获得电视台播放权方面尽到了一定的努力，但从原告参与制作活动起，该影片才真正决定了其制作的开始。因此本案动漫影片的著作权人为原告。从该案中可以看出，一般从电影制作的进程与管理的责任所在，制作所必需的资金材料的筹措，导演、演职员的选择与雇佣，是否负担了制作费用等方面来综合考察某一主体是否构成"电影制片人"。[2]

此外，电影作品的著作权归电影制片人所有是指当电影作品制作完成时，电影作品的著作权才原始地归电影制片人所有。而对于尚未完成的电影作品，并不归电影制片人所有。[3] 对于尚未摄制完成的影片的著作权归属问题，在东京高等法院"三泽市势电影案"[4] 中确立了由导演作为未摄制完成影片的著作权人的规则。该案中被告作为电影制片人与案外第三人三泽市政府签订了接受三泽市政府委托摄制电影作品的合同，之后被告又

---

① 东京地判平 15.1.20 判时 1832.146。
② 金井重彦、龍村全：『エンターテインメント法』、学陽书房、2011、115 页。
③ 金井重彦、龍村全：『エンターテインメント法』、学陽书房、2011、115 页。
④ 东京高判平 5.9.9 判时 1477.27。

聘用原告作为电影导演摄制电影作品。但最终电影作品并未拍摄完成，原告放弃继续摄制电影作品，因此对于尚未完成的电影作品，原告主张其应当享有著作权。对此，法院认为：电影作品的制片人为了满足《著作权法》第29条第1款中规定的由制片人构成著作权人的要求，必须是针对已经完成的电影作品，对于未完成的电影作品由电影作品的作者享有著作权。该案中原告作为电影导演对于电影作品整体性的创造做出了实质性贡献，因此是该未完成影片的著作权人。

4. 电影作品的著作权人格权归属

根据《著作权法》第29条第1款的规定，电影作品的作者不享有电影作品的财产性权利，但是对于电影作品作者的精神性权利，由于著作权人格权由作者一身专属，不可转移（第59条），因此电影作品的著作权人格权仍归属于电影作品的作者。著作权人格权一般包括公表权（第18条）、署名权（第19条）以及保持作品完整权（第20条）。对于公表权，当电影作品的著作权归属于电影制片人时，即推定电影作品的作者对于电影作品的公开发行、公开放映予以同意（第18条第2款第3项）。因此电影作品的作者一般只能行使署名权与保持作品完整性权。其中保持作品完整权一般是指违反作者意图对作品进行改编的行为。因此他人制作电影作品的压缩版或者删除电影作品一部分的行为都要经过电影作品作者的再次许可。

二　电影作品相关主体的法律属性

1. 制片人

制片人的概念在《著作权法》第29条第1款中是以电影作品的著作权归属的形式出现的。一般来说电影制片人是指为了将自己的创作意图在电影作品中实现而策划与指挥电影作品的制作，并最终性地决定电影作品的完成，且对于电影作品的制作过程全权负责的主体。日本的电影作品一般都是通过制作委员会的形式产生的，而在制作委员会中出资最多的公司一般作为主要负责的主体。

2. 原作者

原作者一般指电影作品剧本改编所依据的小说、漫画等的作者。在著作权法上小说作为第28条上的"原著作物"，而依其改编的剧本及依据剧本拍摄的电影属于同条所述之"二次著作物"。在电影作品的归属问题上，原作者属于"传统作者"的一种，并不属于电影作品的作者。[1]"传统作者"与电影作品的著作权人在院线放映、电视放映、光盘销售以及作品角色形象商品化等方面享有同等的权利。电影制片人等利用电影作品时也需要取得原作者的许可。

3. 剧本

根据小说作者的授权，剧本的作者所制作的电影故事、情节、人物、回目等设计和原作者一样也享有著作权，并且同样属于"传统作者"的范畴，因此电影制片人在依据剧本作者创作的剧本而摄制电影作品时，也需要得到剧本作者的许可。

4. 导演

电影导演是在电影摄制过程中统筹全体演职人员、指导演员表演、胶片的摄制与录音等全部工作的创作性灵魂人物。由于电影导演构成著作权法第16条所述之"整体性对于电影作品的产生做出创造性贡献"的主体，因此构成电影作品的作者，是典型的"现代作者"。

5. 表演者

表演者是塑造电影作品中人物形象的主体。在著作权法上表演者享有著作权邻接权。[2]《著作权法》中的邻接权也包括表演者的人格权权项，即署名权[3]和保持作品完整权。[4]而著作权邻接权的财产权角度则包括录音录像权[5]，广播、有线广播权[6]，传播可能化权[7]以及发行权[8]。

表演者许可他人就其表演活动进行广播或向公众传播、进行录音录像以及复制录有其表演的录音制品，其权利都是一次性用尽的。一旦表演者同意将其表演录像或录音录像，那么后续权利皆为终结。表演者无权就已

---

① 《著作权法》第16条。
② 《著作权法》第89条。
③ 《著作权法》第90条之二。
④ 《著作权法》第90条之三。
⑤ 《著作权法》第91条。
⑥ 《著作权法》第92条。
⑦ 《著作权法》第92条之二。
⑧ 《著作权法》第95条之二。

获授权的录音制品进行广播、转播、向公众传播以及复制等获得报酬。这一原理一般称为表演者"一次性主义"（one chance doctrine）。在许诺自己的表演纳入电影作品的情况下，表演者已经取得了一次获得对价的机会，因此对于上述财产权项不再享有再次排他权。此外，对于表演者一般也不认为构成"整体性的对于电影作品的产生做出创造性贡献"的主体。但是作为例外，如果主要演员并不是单纯地依据剧本表演，而是对于电影作品怀有一定认识，并在摄制过程中存在创造性表现的情况下，也可以被评价为"整体性的对于电影作品的产生做出创造性贡献"的主体，此时表演者在享有著作权邻接权的同时，也可以作为电影作品的共同作者，受到著作权的保护。①

三　电影作品制作过程中的法律适用

电影作品的制作过程往往由企划、摄影准备、摄影、剪辑四个流程组成。在企划阶段需要做出电影制作的企划、决定电影的概要与方向性、选择导演与剧本等、制作剧本、筹集资金。在摄影准备阶段需要完成预算、演职员的日程、设备、美工等的安排、摄影日志的制定、场景的选择、赞助商的决定等。在摄影准备工作完成后，就进入了电影作品的摄制阶段。在摄制完成后需要对胶片以及录音进行剪辑，完成后期制作工作。其中在企划过程中制片人起到了核心作用，制片人决定了电影的概要与方向、融资方法、面向的观众层、导演、演职员的选择等重要问题。②

在企划阶段涉及几个重要的合同关系：第一是原作者与制片人的合同。制片人在利用原作者的小说等改编成剧本摄制电影作品的过程中需要取得原作者的许可。从原作者处通过合同关系取得电影化权的转让（《著作权法》第 61 条）或电影化权的许可（《著作权法》第 63 条）是主要途径。当原作品已经信托给日本文艺家协会集体管理时，制片人需要依据该协会章程中所列获取许可的条件交付使用费。此外原作者具有同制片人对于电影作品相同的权利，因此在电影作品制作完成，进一步通过光盘、电

---

① 金井重彦、龍村全：『エンターテインメント法』、学陽書房、2011、111 頁。
② 金井重彦、龍村全：『エンターテインメント法』、学陽書房、2011、120 頁。

视台、互联网传播时也需要再次经过原作者的许可。在原作品电影化的过程中如果出现了违反原作者意图的改编的情况，原作者可以依据保持作品完整性权主张制片人的行为构成著作权人格权的侵害。由于在电影作品企划阶段制片人能否筹集到足够拍摄电影作品的资金尚不明确，因此业界主要采取期权形式由制片人与原作者签订合同，即在签订期权合同后，制片人向原作者支付一部分电影化原作品的对价，因此制片人获得在一定期限内（一般是一年）独占性的电影化原作品的权利，在一定期限届满后，制片人可以选择继续支付剩余对价，进而取得完全性的电影化原作品的许可，同时也可以选择放弃继续电影化元作品。

第二是编剧与制片人的合同。由于编剧也作为传统作者的一种享有独立于制片人电影作品著作权的权利，因此制片人需要委托编剧改编原作品，同时取得编剧的许可以使用其改编的剧本。其中对于已经信托给日本剧本作家协会或者日本剧本作家联盟集体管理的剧本，制片人需要依据这两个集体管理组织制定的收费标准缴纳许可费，取得使用许可。

第三是制片人与实际制作人的合同。一般来说制片人会委托制作人承接电影作品的实际制作。这一合同的性质属于《民法》第632条中的加工承揽合同，制作人承担完成电影作品制作的义务，制片人承担向制作人支付报酬的义务。对于委托作品的著作权到底是归属于制片人还是实际制作人，一般来说从实际制作人承诺参与电影作品制作时起，电影作品的著作权就归属于制片人。一般在该委托制作电影作品合同中也会规定报酬、支付方法、电影的交付期、交付方法、验收标准、报告义务等。[①]

在摄影准备阶段，主要是与导演、演员以及电影音乐的作者签订合同。此外道具、服装等也完成准备。其中与电影导演签订的合同是最为重要的一步。因为之后的演职员往往也由导演决定。由于这一合同在性质上属于《著作权法》第29条第1款中的参与电影作品制作的承诺，因此导演由于签订这一合同进行了承诺，便构成电影作品的作者，属于"现代作者"的一种，故而丧失对于电影作品的著作权。导演也不可能像原作者、编剧等"传统作者"一样在电影作品的后续利用中享有再次获取报

---

① 金井重彦、龍村全：『エンターテインメント法』、学陽書房、2011、123頁。

酬的机会。①

对于制片人与演员签订的合同，往往不局限于演员参与电影作品的表演，还涉及宣传广告活动的协助等。由于表演者并不构成电影作品的作者，因此在该合同中也需要事先对于表演者所享有的邻接权等做出约定。

对于电影作品中使用的音乐作品，区分为使用既有音乐作品与为电影作品独立创作的作品两种情况。对于前一种情况，一般需要确认该既有的音乐作品是否依据日本《信托法》规定交付日本音乐著作权协会（JAS-RAC）或其他著作权集体管理组织管理。如果使用的音乐作品是国内作品的话，在该作品交付 JASRAC 管理时，制片人需要依据 JASRAC 的规程缴纳使用许可费，并取得使用许可。在使用的音乐作品为外国作品时，制片人需要通过该音乐作品在日本的发行人取得外国原作者的许可。由于对于既有的音乐作品并未重新进行录音，因此来源于录音制品的音源制作者同样享有录音制品的邻接权。该邻接权的权项包括商用录音制品播放等的报酬请求权。②此外该音乐作品录音的表演者同样享有邻接权③，同样需要获得其许可。实务上表演者一般将该邻接权转让给了录音制品生产商，因此需要利用既有音乐作品的制片人只需要取得录音制品生产商的许可即可，不用再次联系表演者获得著作权邻接权的许可。④

对于专为电影作品新创作的音乐作品，音乐作品的著作权人一般均免除制片人依据 JASRAC 规程支付录音权与上映权使用费的义务，但是该免除仅限于录音权与上映权，对于电影作品制作光盘等二次使用方法仍需要再次支付许可使用费。对于原创音乐作品的表演者所享有的著作权邻接权，根据《著作权法》第 91 条第 2 款的规定，在经过表演者的许可将其表演纳入电影作品的录音时，对于电影作品上映时使用该音乐作品或之后的光盘化等二次利用时表演者不再享有收取许可费的权利，但是当脱离电影作品，仅仅使用音源时则需要经过表演者的再次许可。

在摄影过程中，主要涉及的法律问题就是在取景过程中对于他人作品

---

①　金井重彦、龍村全：『エンターテインメント法』、学陽書房、2011、126 页。
②　《著作权法》第 89 条第 2 款、第 96 条以及第 97 条之三。
③　《著作权法》第 89 条第 1 款、第 90 条之二以及第 95 条之三。
④　金井重彦、龍村全：『エンターテインメント法』、学陽書房、2011、128 页。

的纳入问题。根据《著作权法》第 46 条规定：依据美术作品著作权人的许可而永久置于户外场所的美术作品的原作品或者建筑作品，除以下情况外，可通过任何方式使用。（1）复制雕塑并通过转移所有权的方式向公众提供复制件；（2）仿制建筑作品并通过转移所有权的方式向公众提供仿制品；（3）为了将之永久摆放在公共场所之目的而复制；（3）专为销售复制件之目的而复制艺术作品。其立法理由就在于：对那些伫立在公共场所，或者是在公共场所视力可及范围内的建筑物，建筑作品的版权不应被解释为版权人有权阻止他人对建筑物制作照片、绘画，或者其他图片并加以散发或公开展示。如果一个电影导演将一个建筑物的镜头包含在其电影中就要为建筑作品的版权付费的话，将会使交易成本陡增，影响公众的自由利用。而另一方面，建筑师有独立的方式来收回创新成本，他的经济获利主要是由获得委任来提供的，后来通过摄影摄像等对建筑作品的复制对其影响是十分小的。[①]

　　在电影作品制作过程中，另一个重要问题就是如何规制制片人在委托他人进行实际制片活动中滥用市场支配的行为。[②] 在传统电影作品或动漫电影作品的制作过程中，较为普遍的情况是由制片人向第三人分包具体制作工序，因此存在大量的委托合同关系。这种委托法律关系受到《分包对价延迟支付防止法》（简称《分包法》）的规制。同时，当制片人具有市场支配地位时，其在委托他人具体制作电影作品过程中实施的权利滥用行为也受到《反垄断法》的规制。具体来说，在 2004 年 4 月起实施的修改后的《分包法》中，将"信息成果制作的委托"包含在该法的规制范围内[③]，而此处的"信息成果制作的委托"包括电影作品的制作委托。[④]当制片人与被委托者之间达到一定条件时[⑤]，委托人负有制作要约书、制

---

① 张鹏：《室外公共场所艺术作品合理使用规定解释论上的展开》，《知识产权法政策学论丛（2012 年卷）》，知识产权出版社，2013。

② 金井重彦、龍村全：『エンターテインメント法』、学陽書房、2011、150 頁。

③ 《分包法》第 2 条第 5 款。

④ 《分包法》第 2 条第 6 款。

⑤ 具体来说包括：委托人的资本金超过 5000 万日元，同时被委托人的资本金低于 5000 万日元；或者委托人的资本金在 1000 万日元到 5000 万日元之间，被委托人的资本金低于 1000 万日元。

作及保存详细交易明细等的义务。① 同时法律禁止委托人进行如下行为：拒绝受领制作成果、延迟支付委托对价、减少支付委托对价、不当退货、不当低价支付、强制附带购买产品或服务以及要求被委托人输送不正当利益。② 对于违反上述禁止行为的，公平交易委员会可以进行调查③，并提出停止上述禁止行为的劝告。④ 对于委托者并未遵守书面制作要约书等义务的，可以课以 50 万日元以下的罚金。⑤ 在《分包法》规制分包行为中的不正当竞争行为之外，公平交易委员会也制定了《服务委托中的滥用市场支配地位的反垄断法指南》，该指南对于电影作品制作的委托交易也同样适用。因此在以信息成果为交易对象的委托交易中，延迟支付对价、对价减额支付、明显的低于相应对价、重新完成作品、赞助费等不正当利益要求、强制购买商品、有关信息成果相关著作权归属与行使上的单方面不正当行为等，都可能构成该指南中所规制的滥用市场支配地位行为。特别是与有关信息成果相关的著作权归属与行使上的行为经常导致该指南的适用。具体来说：委托者以该信息成果（比如电影作品）是在委托交易活动中产生的，并且由委托者支付了制作成本为理由，而单方面要求将该信息成果的著作权转移给委托者所有；对于电影作品的二次利用等的收益分配，即使著作权已经转移到委托者所有，但对于受托者提出的对于电影作品的二次利用，委托者无正当理由不给予回应或拒绝的；单方面决定委托者与受托者就电影作品二次利用收益分配方案的。对于上述情况，如果委托者对于电影作品的二次利用向受托者支付了对价，或进行了对价数额的交涉，不认为其上述行为构成滥用市场支配地位。⑥

四　电影作品流通过程中的法律适用

电影作品最为传统的营利模式就是在影院放映的方式。在影院放映一般是先对电影胶片进行复制，然后由各个影院放映复制好的胶片。在这一

---

① 《分包法》第 2 条之二、三，第 4 条之二以及第 5 条。
② 《分包法》第 4 条。
③ 《分包法》第 9 条。
④ 《分包法》第 7 条。
⑤ 《分包法》第 10 条。
⑥ 金井重彦、龍村全：『エンターテインメント法』、学陽書房、2011、150 頁。

流通过程中涉及著作权法上的复制权①、颁布权②与上映权③。其中颁布权是指电影作品的著作权人对于电影作品的复制件，不论有偿还是无偿，对其向公众转让或出租的控制权。其中也包括以向公众传播为目的，即使不是向公众转让或出租的行为也在颁布权的范围之内。因此发行公司向放映公司提供电影胶片复制件的行为属于颁布权的控制范围。在上映权之外同时承认颁布权的存在，其目的就在于如果存在颁布权的话，在电影作品上映之前的阶段就可以对电影作品的复制件进行控制。④ 例如院线使用的电影胶片复制件的发行过程、上映时间、上映场所等都可以在上映之前进行分配。依据日本最高法院在"二手电子游戏软件案"⑤中的观点：颁布权同样适用一次用尽原则。对于以合法手段获得的电影作品的复制件，再度转让时不再受颁布权的控制。⑥

电影作品除了在传统的电影院线放映外，对其二次及三次的利用逐渐成为获取利润的重要方式。其中包括电影光碟的贩卖、电影光碟的出租、电视台的播放、互联网上的传播、商品化活动、重新摄制影片等。在电影作品制作为电影光碟时会签订电影光碟化的许可合同，并会就许可的地域、范围、种类、对价、期限、原作者、剧本作者的许可、影院播放后一定期限内不许销售等做出约定。通过电视台的播放以及通过互联网的放映行为，均需要取得著作权法上向公众传播权⑦的许可。⑧

在流通环节另一个重要法律问题就是如何依据《著作权法》遏制盗版影片的传播。而从《著作权法》的司法实施角度看，近年来主要就是要解决云计算、云盘等大规模存储及分享技术可能对于电影作品权利人利益损害的问题。伴随着数字化技术的发展，作品的复制行为更加简便，多功能数字载体的普及也使得均还原成二进制数字代码的复制品与原件在质

---

① 《著作权法》第 21 条。
② 《著作权法》第 26 条。
③ 《著作权法》第 22 条之二。
④ 胡雲紅：『映画の著作物に関する国際条約及び中日著作権制度：頒布権を中心として』「横浜国際社会科学研究」2006 年第 11 卷第 3 号。
⑤ 最判平 14.4.25 判时 1785.3.
⑥ 金井重彦、龍村全：『エンターテインメント法』、学陽書房、2011、133 頁。
⑦ 《著作权法》第 23 条。
⑧ 金井重彦、龍村全：『エンターテインメント法』、学陽書房、2011、138 頁。

量上几乎不存在任何差距，复制成本更加微乎其微，加之互联网技术的勃兴，使得在前数字时代不可想象的跨越"时间"、"地点"与"载体"的作品利用行为成为现实。而这一新传播途径中大量涉及电影作品在云平台上的传播活动。不可否认的是，在这一过程中更多地包含了服务提供商的贡献，并体现出了难以清晰区分最终用户"直接行为"与服务商"间接行为"界限的商业模式。如果放任此种服务的存在，将导致权利人通过排他权行使价格差别的手段难以奏效，因此比较法上也存在通过将服务提供商拟制为"直接行为主体"，进而使得无法适用"私人复制例外"来解决这一问题。但是此种做法旨在扑杀为最终用户提供技术便利与网络服务的商业活动，将导致利用者本应享受的随着技术进步带来的作品效率性的跨越"时际"、"区际"与"载体"的利用活动难以成为现实。因此如何界定扩大私人用户合法利用作品行为范围的服务提供商的责任构成问题已成为数字网络时代著作权侵权判断领域"哥德巴赫猜想"式的难题。对此，日本著作权法的立法与司法实践中一是针对提供具备实质非侵权用途设备的行为，为了平衡服务提供者、著作权人、利用者之间的利益关系，可以规定数字复制载体等的生产者或者提供者给著作权人或者邻接权人支付适当复制补偿金①；二是通过"卡拉 OK"法理的运用全面拟制性判断"直接侵权主体"，将服务提供商拟制为"直接行为主体"，进而免于著作

---

① 普遍认为嚆矢于 1965 年西德著作权法的私人复制补偿金制度尽管在前数字时代有效地解决了利益平衡问题，但是在数字时代反而各国都在思考如何限缩其在多功能数字设备上的适用空间（尽管在 2001 年的欧盟信息社会指令下许多欧盟成员国都在其国内法中导入了该制度，但是其运行却面临着较大的问题。突出体现在用于私人复制目的的记录载体销售价格以及销售量持续下降导致的私人复制补偿金总额持续下降；著作权集体管理组织以及著作权人主张针对计算机以及智能手机等多功能数字载体也纳入补偿金征收范围，但却遭到载体生产商与消费者的强烈抵制，双方僵持不下；由于数字技术保护措施与数字信息管理技术以及新型在线交易服务（iTunes、Spotify 等）的勃兴，使得利用者直接获得权利人许可的商业模式日渐丰富，并在低成本下运行，因此废除补偿金制度的呼声高涨），特别是从针对多功能数字载体征收补偿金与否的实质争论角度看，主要是无法避免较少设备使用频率者对于较多设备使用频率者的交叉补贴（cross subsidize）现象的发生。在前数字时代的补偿金设置上，可以通过空白磁带的补偿金征收，实现复制频率较多的复制者与复制频率较少的复制者在征收补偿金上的自然差别。而对于多功能数字载体征收补偿金的话将无法产生自然区别，因此交叉补贴现象明显。此外，不仅在利用人间交叉补贴现象广为存在，在权利人间也存在着这一现象，由于征收上来的补偿金与应该取得补偿金的权利人间难以产生准确的分配，（转下页注）

权限制规定对其的适用。[1]

五 电影制作与流通过程中的资金筹措与收益分配

从经济学角度来看，电影产业具备以下几个特征：其一是初期需要巨额投资，因此如何筹措资金与分担风险成为电影制作的重要课题；其二是从影院放映到电视台播放的过程中依据电影作品的"鲜度"存在多个市场上的窗口期（windows）。[2] 因此如何依据电影作品的"鲜度"设置相应的差别性定价，实现利润的最大化成为关键问题。[3] 以下将从电影制作与流通过程中资金筹措与收益分配相关的主体、资金筹措的方法和收益分配的方法三个角度进行详细论述。

（一）资金筹措与收益分配中的主体

传统上，从主体上看，电影产业主要由制片公司、发行公司和电影院线构成，三者分别实现了一部电影作品由制作到发行再到放映的商业流程。近年，伴随着多媒体化进程，电影作品不再仅以电影院线上映为唯一的向受众传播的途径，通过向消费者销售或出租电影光碟（二次利用），或向电视台及视频分享网站授权定时或交互式播放电影作品（三次利用）也成为电影作品市场营利模式中不可或缺的重要部分。

其中制片功能的实现主要依靠电影公司担当制片人，筹集资金，并组织导演、编剧、摄影、美工等摄制人员与演员等表演人员完成电影胶片的

（接上页注①）故而造成某一著作权人对于其他著作权人的补贴（Jeremy F. DeBeer, Locks & Levies, 84 Denv. U. L. Rev. 143, 168, 2006）。而有学者主张的对于非营利性 P2P 文件传送行为一律设置著作权限制规定，并对于网络接续控制上征收补偿金的观点（William W. Fisher III, *Promises to Keep: Technology, Law, and the Future of Entertainment*, Stanford University Press, 2004），仍旧难以避免交叉补贴现象的发生。此外在技术措施与数字许可较为普遍的时代，仍旧征收补偿金，相当于对消费者二重收费，增加了利用作品的成本。总而言之，对于数字载体征收私人复制补偿金的实践各国都在踌躇中盘桓，很难做出划一的决定。

[1] 有关日本卡拉 OK 法理的详尽介绍请参考李扬《日本著作权间接侵害的典型案例、学说及其评析》，《法学家》2010 年第 6 期。

[2] 菅谷実、松岡宏泰：『映画産業の基本構造』「映像コンテンツ産業とフィルム政策」、丸善出版、2009。

[3] 中村清：『デジタル技術革新と放送メディア市場における差別価格形成』「早稲田商学」2002 年第 384 号。

制作工作。从专业化分工上又可将制片公司分为负责电影策划与资金筹集的前期制作公司、实际进行摄影工作的制片人以及后期剪辑等的后期制片公司。而当下投资较大的日本本土电影一般均采取制片委员会方式统筹制片工作。具体来说就是多家制片公司共同出资投资一部电影作品的制作，并原则上按照出资比例分配放映收入以及电影作品二次利用及三次利用的收入。其中往往是电视台、出版社、广告公司、玩具制造商等与电影的宣传、运作、后期产品制造等息息相关的主体更多地参与到制片委员会的构成中来，而一般与内容产业关联不大的商社等在电影制作领域的投资并不多见。

除了资金来源上以制片委员会方式构成外，电影摄制的实际参与主体往往是电影公司的制片部门或负责制片工作的子公司以及独立制片公司。上述主体往往通过从制片委员会获取制片费的方式获取报酬，并在规定的预算范围内兑现自己的制片义务。

而在一部电影作品摄制完成后，对其胶片进行大量复制，并在市场上宣传该作品的工作往往由发行公司完成。此外，电影的发行过程也并不是单纯的复制胶片随意向电影院销售的过程，其中为了院线能够取得最大票房收入，发行公司也要筹划在哪个档期向哪些院线放映哪些影片，以期实现最大的经济效益。这也是发行公司在电影产业中最重要的商业功能。对于日本本土电影来说，参与制作的电影公司自然承担该影片发行职能的情况比较常见，但对于外国电影作品来说，除了好莱坞电影自动分配好的在日本本土专门负责好莱坞影片发行的公司负责该影片发行工作外，一般都是日本本土发行公司经过商业判断，买断某部外国影片在日本的放映权，并与院线交涉决定该影片的档期及宣传工作等。

电影作品的放映一般由实体院线承担，院线从发行公司处获得电影胶片的复制件，并在电影院进行放映，获得票房收入。其中院线获得的票房收入如何在电影作品市场化过程中在各参与主体间分配是极其重要的问题。传统上院线将票房收入的一半左右作为获得发行公司影片胶片的对价支付给发行公司。但近年往往根据不同作品或不同电影放映公司的情况做出个别化的上缴比率决定。而发行公司扣除发行服务费及宣传广告费用后，将该收入全部上缴制作公司。随着信息技术与互联网的发展，电影作品的传播不再囿于传统的实体院线这一单一载体，电影作品的二次利用及三次利用的途径逐渐拓展。与票房收入回收投资这一方式相比，通过发行光盘或有线电视放映等二次、三次利用途径更能够获取利益。

（二）电影作品制作中的资金筹措方法

正是因为电影的制作往往耗资巨大，资金筹措成为一部电影作品能否成功出品的重要问题。[①] 一般来说存在以下五种方法[②]：其一是制作委员会方式。这也是日本电影作品制作中最常采用的方式。该方式主要是由众多企业共同出资制作电影作品。从出资方的构成来说，除了发行、制片等电影公司、电视台、出版社、广告代理商等传媒领域的企业外，商社、玩具生产商等二次、三次商品化企业往往较多地参与到制作委员会中。从法律性质上看，制作委员会属于民法第667条上的合伙，其决议由合伙企业的合意构成。[③] 对于电影作品的著作权，如果没有其他特别约定的话，由合伙企业共有。[④] 制作委员会的主导权一般由制片人掌握，而电影作品所获利润一般依据出资比例分配。采用制作委员会方式的优点在于：由于众多企业参与出资，分散了电影作品的商业风险；参与制作委员会的发行公司、放映公司、商品化权利用公司等分别可以获得各个市场上就电影作品的窗口期享有的窗口权；电视台、出版社等传媒企业的加入，可以在更大层面上更好地宣传电影作品；由于制作委员会的性质为合伙关系，因此相比于公司制等制度成本较低。采取制作委员会方式的缺点在于：合伙组织的成员承担无限连带责任[⑤]；电影制作经营等决策采取合意制[⑥]；由于对于著作权的归属采取共有，因此可能导致对其利用的交易成本较高；由于采取合伙制因此较难吸引制作委员会成员以外的主体参与投资活动。其二是匿名合伙方式。该种方式是指由电影公司作为显名合伙

[①] 内山隆、野中明、新井貴夫：『資金調達（ファイナンシング）』「映像コンテンツ産業とフィルム政策」、丸善出版、2009。

[②] 杉山慶子、鈴木雄一：『知的財産を活用したコンテンツ制作時の資金調達：映画産業における資金調達手段としての完成保証制度に関する考察」「情報処理学会研究報告．マルチメディア通信と分散処理研究会報告」、情報処理学会2006。

[③] 《民法》第670条。

[④] 《民法》第668条。

[⑤] 《民法》第675条。

[⑥] 《民法》第670条。

人，而其他众多的投资人作为匿名合伙人。依据《商法》的规定，采取匿名合伙时，出资人可以依据出资比例或合同约定获得收益，但所有合伙企业的财产归电影公司所有①，对外仅由电影公司承担全部责任②。这种方式下制度成本较低，对于投资人来说仅承担其出资的有限责任③。其三是有限责任合伙的方式。该种方式是通过缔结有限责任合伙合同成立有限责任合伙企业（LLP），投资人可以向有限责任合伙企业出资，并仅承担其出资的有限责任。而利益与决议权的分配也可以依据该合同较为灵活地处理。其四是从金融机构融资。一般来说采用该种方式需要向金融机构提供可供抵押的不动产，而不具备此种担保能力的公司则较难采取此种方式。其五是著作权信托的方式。④ 依据 2004 年 12 月修改的日本《信托法》，著作权也可以作为信托的标的。因此电影作品的著作权人可以与信托公司签订信托合同，作为委托人的电影作品著作权人可以将信托资产的受益权向第三人转让，从而获得转让对价用于电影作品的制作。由于电影作品的著作权项下存在多种排他权权能，就这些分支权能可以向不同的主体进行转让，实现依据电影作品市场窗口期的不同而向众多主体融资的功能。⑤

（三）电影作品发行收入的收益分配

电影作品通过最终在院线获得的票房收入，在制片人、发行人、放映人之间按照一定比例进行分配。首先是放映公司的票房收入按照其与发行公司的合同约定，按照一定比例上缴发行公司。这一比例一般为 40% - 70%。对于这一发行收入，发行公司首先扣除发行成本（prints and advertising）的费用，再按照一定比例计算出发行手续费。其中发行手续费是发行公司的收入。这一比例一般为 15% - 50%。制片方式如果是采用制作委员会方式的话，这一制作收益将根据各制作委员会构成公司的出资比例在其间分配收益。对于电影作品二次及三次利用的收益，一般都是由制

---

① 《商法》第 536 条第 1 款。
② 《商法》第 536 条第 3 款。
③ 《商法》第 536 条第 4 款。
④ 渡辺宏之：『知財ファイナンスと信託』「季刊　企業と法創造」2004 年通卷第 3 号。
⑤ 金井重彦、龍村全：『エンターテインメント法』、学陽書房、2011、124 頁。

片人依据许可费率取得收益。[①]

六　动漫电影制作与流通中的特殊法律适用问题

众所周知，在电影类型中，日本以动漫电影著称于世。在日本国内院线放映的电影作品中，动漫电影的放映票房一直占据领先位置。而在电影作品出口领域，日本的动漫电影作品在各大电影节屡获嘉奖，成为宣传日本文化的最佳途径。在动漫电影作品的制作过程中涉及制作公司、原作者、剧本、导演、声优等的参与，此外由于动漫电影的制作涉及电脑制作，因此操作高科技手段的职员广泛地存在。[②]

其中动漫电影作品的原作品一般都是漫画的创作者，原作者由于同样属于"传统作者"，因此动漫电影作品的上映、电视转播、光盘销售等一系列利用行为也要经过原作者的许可。

声优作为表演者，是动漫电影作品区别于传统电影作品中表演者类型的一种，这些为虚拟的角色进行配音的人同样构成著作权法上的表演者，享有作为著作权邻接权的表演者权。因此作为表演者的声优一旦许可他人就其表演活动进行广播或向公众传播、进行录音录像以及复制录有其表演的录音制品，其权利都是一次性用尽的，一旦表演者同意将其表演录像或录音录像，那么后续权利皆为终结。表演者无权就已获授权的录音制品进行广播、转播、向公众传播以及复制等获得报酬。但是在司法实践中也存在承认声优就动漫电影光碟化后的收益取得许可费的权利。在东京高等法院做出的"声优光碟化许可费请求案"[③] 中，原告作为声优在接受被告作为制片人的委托为电影中角色形象配音后，被告将该电影作品不仅在院线进行放映，而且也出版了光碟进行销售。原告诉请法院支持其主张的令被告支付原告光盘收入相应的许可费。法院认为：在被告与原告之间签订的聘用合同中没有就原告可以引起表演而获得的许可费做出明确的约定，而是依据业内惯例进行确定。根据原告与被告签约之际的行业惯例，被告应该为院线使用目的以外的收入途径另行向原告

---

①　金井重彦、龍村全：『エンターテインメント法』、学陽書房、2011、143 頁。

②　金井重彦、龍村全：『エンターテインメント法』、学陽書房、2011、144 頁。

③　东京高判平 15.8.25 判时 1899.116。

支付许可费。因此被告负有向原告就电影作品光碟化所取得的收益支付许可费的义务。

　　动漫电影作品的流通过程也是由制作、发行、放映构成的。在制作过程中首先是企划阶段，在该阶段一般是由电影公司、广告代理商、玩具公司、游戏软件公司、动漫电影制作公司等联合企划。在资金的筹措上一般是以电视台、电影公司和广告代理商等组成制作委员会的方式分担融资成本。由于相比于传统电影作品，动漫电影作品的后期玩具、电子游戏等的开发占据了全部收入的较大比例，因此在策划阶段相关商品化主体就积极地介入其中。[①]

　　在制作阶段，一般都委托动漫制作公司进行，动漫制作公司在接受委托后，对于某些环节也再次进行分包。近年，具体的制作过程向韩国及东南亚诸国进行委托的事例也不断出现。

　　在流通过程中，动漫电影与传统电影在发行和放映上不存在实质区别。唯一不同的就是角色形象、名称等的商品化权是否重要，有时甚至先于动漫电影作品的发行与放映就在市场上推出角色形象的玩具等。

第四节　日本电影发行中的自主规制

　　电影作品作为人类思想的表达活动，为了维护宪法所保护的表达自由原则，同时兼顾未成年人保护、公民隐私权保护等其他宪法性权益，需要协调表达自由与发行审查的关系，这部分规范日本交给了行业自治组织予以解决，政府并不直接介入。日本伦理委员会这一自治团体通过的类似软法性质的规范同样具有拘束力，因此也是日本电影产业法治的重要组成部分。

一　作为自主规制团体的电影伦理委员会

　　对于适用于放映的电影作品的内容日本也采取审查制度。在战后的1945 年，当时的联合国军最高司令部（GHQ）对于电影作品的放映采取

---

　　①　金井重彦、龍村全：『エンターテインメント法』、学陽書房、2011、147 頁。

严格的审查。伴随着民主宪法与对于表达自由的尊重，与其他大众传播途径一样，电影作品的内容审查也逐渐转变为由第三方机构中立地进行自主审查的模式。1949 年电影界制定了《电影伦理规程》，并为了实施和管理该规程内的事项设立了"电影伦理规程管理委员会"，这一机构一般称为"旧电影伦理委员会"（旧映伦）。[①]

但是由于这一新设立的机构主要是电影产业界内的主体组成，其管理委员大多也仅从电影产业界内的人士中选出，特别是 1956 年电影《太阳的季节》的放映，以及随之而来的一系列"太阳系电影"的放映[②]，使得"旧电影伦理委员会"的审查模式受到了广泛的批评。意识到单纯依靠电影产业内部人士对于电影内容进行审查的弊端后，电影界认识到应该增加外部人士中立地参与电影内容的审查，1956 年 12 月新的"伦理管理委员会"成立，并由电影界以外的人士组成的自主审查机构负责电影内容的审查。

新的伦理审查委员会由包括委员长在内的 5 名伦理委员组成，同时电影界中也选出 7 名审查委员。每年大概需要进行 600 余部长篇电影的院线用片、预告片以及电影海报的审查工作。该审查委员会的运营费用全部依靠电影审查费支撑，不从外部接受任何款项，以保证该机构的中立性。

从电影内容审查的规范来看，包括自主规制性质的《电影伦理纲领》[③]《电影分级与审查方针》[④] 在内的一系列行业自律规范。并出于保护青少年身心健康的目的，采取了依据年龄将电影作品的观看人群进行分级的制度。

二 《电影伦理纲领》与《电影分级与审查方针》

对于电影作品内容的伦理审查，主要包括以下六个方面的考量。其一是表达自由问题。表达自由问题是电影作品制作和上映过程中参与主体最

---

① 遠藤龍雄：『映倫 - 歴史と事件』、ぺりかん社、1973。

② 『太陽族映画に反発各地で観覧を禁止』、朝日新聞、1956 年 8 月 3 日付朝刊。

③ 见于日本伦理审查委员会官方网站，http：//www. eirin. jp/img/code-of-ethics. pdf，最后访问日期：2015 年 12 月 6 日。

④ 见于日本伦理审查委员会官方网站，http：//www. eirin. jp/img/sorting_ judgment_ poli-cy140317. pdf，最后访问日期：2015 年 12 月 6 日。

为重要的权利，同时在电影作品的放映中也要避免对于他人人权的侵害行为。因此在尊重他人人权的同时，最大限度地维护通过电影作品所实现的表达自由是电影作品伦理审查中的一项重要的原则。

其二是尊重人权问题。具体包括：尊重基本人权是电影界人士最应履行的责任；电影作品的内容不应损害人的尊严；要尊重男女平等的理念；要尊重个人与团体的名誉、隐私等权益；不应根据种族、民族、出身与职业歧视性对待他人。对于少数群体以及社会弱势群体的权利也应充分尊重。

其三是要兼顾未成年人保护。具体来说：应尊重不同年龄段观影者的权利，以不妨碍各年龄段观影者身心健康成长为标准；为此对于各年龄段适宜播放影片问题，设置电影伦理委员会委员长的咨询机构"青少年电影审议会"，从事电影分级事务。

其四是法律与政治问题。具体包括：尊重和平与民主；不宣扬军国主义、恐怖主义等危害和平与民主的思想；尊重他国主权，特别谨慎地使用他国元首、国旗与国歌；不要无端否定与揶揄法律与判决。

其五是宗教与社会问题。其中包括：尊重他人信教自由，避免无端侮辱、重伤、增加对立的表达；只要是没有出现明显的人权侵害情形，应该尊重他国或地区文化的多样性；要避免明显反伦理的表达或者否定公序良俗的表达；对于动物的生命或自然环境要给予尊重。

其六是有关性、暴力、犯罪以及药物等的表达。其中包括：对于与性相关的表达，要注意不要超出观看者的限度给予性的刺激；特别要留意对于未成年人性行为以及性的裸体表达；对于与暴力相关的表达，要尊重人的生命，避免过度刺激的残酷描写，也不要过于详细地描写杀人、伤人场面；注意不要给观看者留下过分的恐怖感和恶心情绪。对于犯罪表现的描写，要避免肯定犯罪行为或将犯罪者视为英雄的表达；在刻画恶劣的犯罪行为或违法的赌博行为等反社会性行为时，要避免模仿、引诱等描写方法；在描写杀人、卖淫等行为时不可美化或正当化上述行为。对于药品的描写，要减少对于毒品的描写，避免对其肯定或赞赏性质的描写，避免对于毒品的非法交易进行过于详尽的描写。

与上述六个领域相对应，在电影内容审查时，对于以下法律法规要给予充分的考量。具体包括：（1）与电影所表达的内容相关的法律：《刑法》第 175 条，儿童卖淫、儿童淫秽物品相关行为等的处罚以及儿童保护等的法律，关税法，禁止进口货物相关规章，风俗营业等规制与业务正当化相关法律，青少年安全、安心使用互联网的环境净化相关法律，个人信息保护相关法律，其他有关名誉权、隐私权、人权保护、著作权、商标权等的法律法规。（2）相关自治体条例与国际条约。各自治体有关青少年健康成长的条例与实施细则；《世界人权宣言》、废除任何形式的种族差别的国际条约、儿童权利公约等。（3）考虑到立法目的与精神，还有未成年人禁止吸烟法、未成年人禁止饮酒法、防止卖淫法、青少年相关毒品法律、爱护和保护动物法。

电影伦理委员会为了实现其对于电影内容的审查职能，采取了依据青少年年龄阶段对于电影作品的分级放映机制。首先在电影分级上，依据不同标识区分观影者的年龄限制。具体来说："G"，表示任何年龄段的群体都可以观看的电影作品；"PG12"，表示未满 12 岁的少年观看的话，需要经父母或监护者的同意，或在其指导下观看；"R15 +"，表示未满 15 周岁禁止观看；"R18 +"，表示未满 18 周岁禁止观看。其中审查的方针主要包括：尊重表达自由，尽量减少对电影内容的删除与修改；尊重社会一般通识与善良风俗；考虑到电影作品所应起到的文化、艺术与教育功能，同时要遵守电影作品内容所涉及的法律法规与司法判例。

三 电影伦理委员会的实际制度运营

在日本，所有的影片必须经过电影伦理委员会的审查之后方可上映。审查过的影片标有"映伦"字样与编号，未经审查的影片不得在"日本全国演出以及放映环境卫生同业工会联合会"所属影院放映。而在审查流程上，日本国内电影（邦影）与外国电影（外影）有所不同。对于日本国内电影的审查流程为："申请"，须依照申请格式填写，并附带剧本申请之；"剧本申请"，若台词等表现在人权或道德规范上，有其不适当情形，便会回报给原申请人，并做进一步协议；"分镜申请"，若在检查时分镜有不明微妙的描写、效果等情形，会拍摄影片该影格部分进行审查，并与原申请人做进一步协议；"分级审查"，完成上述审查的影片，便会依照内容做进一步分级检定区分。而对于外国电影的审查流程为：
"申请"，在经由海关检验合格后，须依照申请格式填写，并附带相关资料申请；"审查"，在附加日语字幕的情况下，于电影院放映的状况下进行审查；"预备审查"，若原申请者要求，也可对未加日文字幕的原片进行放映审查。

第五节　日本电影产业的未来展望

对于日本电影产业的未来，首先是伴随着电影作品制作与流通过程中数字化的进展，可以料想将来的电影制作与流通流程中大部分将由数字技术予以完成，这将会给产业运营与商业模式带来巨大冲击。如何应对数字化与互联网的发展成为日本电影产业的首要课题。而由于日本少子化现象凸显，特别是年青一代对于电影观影的比率一直较低，导致国内电影市场存在增长的瓶颈。因此扩大海外市场成为确保日本电影产业发展的支柱之一。文化政策手段可能会有效地维护电影作品的多样性，从而确保电影产业在文化艺术与商业存在之间寻找到最佳接点。这也是摆在日本电影产业法治进程中较为重要的课题之一。以下将从数字化与互联网的影响、日本电影国际化的课题以及文化艺术与商业存在之间日本电影产业的定位三个角度对日本电影产业的未来进行展望。

一　数字化与互联网的影响

伴随着电影作品制作与流通过程中数字化的进展，可以料想将来的电影制作与流通流程中大部分将由数字技术予以完成，这将会给产业运营与商业模式带来巨大冲击。可以想见在短期内电影作品的制作和流通参与人可以迅速地享受到因为数字化和互联网的结合带来的制作和流通成本的大幅降低，而从长期看，新的技术平台与流通平台的搭建，可以使不同产业间资本与技术相互渗透，传统的电影产业参与者不得不面临既往不曾面对的商业模式与产业竞争。① 从制作角度看，摄影和剪辑过

---

① 経済産業省：『映画産業ビジネスモデル研究会報告書』、平成 21 年 7 月。

程由于数字化的存在在成本削减上效果最为明显成熟的高清晰摄像设备的普及将导致电影作品的制作过程可能不会再集中于专门技术者，人人都可以成为电影制片人、导演、编剧的时代即将来临，而视频分享网络的平台也为作品的传播创造了有力的环境。从电影作品的复制、传输、放映角度看，传统电影胶片的拷贝成本与拷贝数量成正比，需要应对每家院线制作拷贝胶片，而数字化下这一成本可以在近乎为零的状态中实现。同时流通成本的急剧下降，并不影响传输质量，这对于著作权法提出了更高的要求。作品的复制行为更加简便，多功能数字载体的普及也使得均还原成二进制数字代码的复制品与原件在质量上几乎不存在任何差距，复制成本更加微乎其微，加之互联网技术的勃兴，使得在前数字时代不可想象的跨越"时间"、"地点"与"载体"的作品利用行为成为可能。在此现实的环境下，如何有效制止盗版作品的传播成为著作权法实效性确保的试金石。另一方面，变化不仅仅只在电影产业内部，对于与电影产业相关的电视产业等大众传播领域也产生了巨大影响，大众传播领域的融合趋势在数字互联网状态下有了成为现实的可能。在电影播放网络、电视传播网络、互联网络的三网融合现象将成为新一波经济增长点的同时，如何确保电影产业的商业模式能够继续存在，并保持以"鲜度"为利益点、创设不同窗口期的价格差别商业模式继续持续发展，成为数字互联网时代电影产业所面临的最大挑战。

二　日本电影国际化的课题

由于日本少子化现象凸显，特别是年青一代对于电影观影的比率一直较低，导致国内电影市场存在增长的瓶颈。因此扩大海外市场成为确保日本电影产业发展的支柱之一。[1] 只有确保一定市场规模才能保证电影投资的回收，并在此基础上促进电影作品多样化的发展。但是从总体上看，日本有关促进日本电影作品出口的产业政策措施，相比于法国等传统上重视艺术电影及本国文化多样性的国家，还是种类较少，并且在支援力度上也

---

[1]　経済産業省：『映画産業ヒシネスモテル研究会報告書』、平成 21 年 7 月。

较为薄弱。这也直接导致了相比于日本电影在国内的市场规模，其出口额所占比重不高（见表3-1）。

表3-1　日本电影产业的市场规模及出口额①

单位：亿日元

年份	2000	2001	2002	2003	2004	2005	2006	2007	2008	2009	2010	2011	2012	2013	2014
市场规模	1709	2002	1968	2033	2109	1981	2029	1984	1948	2060	2207	1812	1952	1942	2070
出口额	71	97	84	84	73	87	77	79	85	68	79	69	64	78	91

分析乌拉圭回合服务贸易协定谈判最终成果的各国承诺表中有关视听文化产品服务贸易的承诺可以发现，除了美国在视听文化产品的制作、配给、放映等各阶段全部进行了自由化承诺外[2]，印度、中国香港、日本、韩国尽管与美国相比自由化程度有所限制，但是对于文化产品服务领域自由化均持有积极态度，但相比欧盟各成员国、加拿大、澳大利亚则相对保守。因此在上述文化政策中，日本实际只设立了极少种类的电影贸易政策。因此应该借鉴其他文化产业大国的经验，制定更为丰富的产业政策措施。具体来说各国文化政策措施的实践主要包括：（1）补贴。欧盟在2001年对音像部门的资助共计为11.2亿欧元，以法国居首，占该数额的40%。[3]此外在法国，对每张电影票的征税历来都是用于资助法国和欧洲电影的制作。（2）本国内容要求，即对于广播及电视播放内容的规制措施，例如欧盟[4]、欧

---

① 日本映画製作者連盟『日本映画産業統計』各年版，http://www.eiren.org/toukei/index.html，最后访问日期：2015年12月6日。

② World Trade Organization, United States of America: Schedule of Specific Commitments: Audiovisual Services, General Agreement on Trade and Services, GATS/SC/90, April 15, 1994.

③ European audiovisual observatory, *statistical yearbook*, vol Ⅲ, 2002, strasboug, 97.

④ 具体可参考：Articles 4 and 5 of Directive 97/36/EC of the European Parliament and the Council of 30 June 1997, amending Council Directive 89/552/EEC, on the coordination of certain provisions laid down by law, regulation or administrative action in Member States concerning the pursuit of television broadcasting activities, O. J. L 298/23 of 17.10.1989 and L 202/60 of 30.07.1997. 其中第4、5条要求广播公司将50%以上的节目播出时间留给欧洲制作的节目（除新闻、体育、游戏、广告、图文电视服务及电视购物等其他的节目），而且10%以上的节目时间或节目预算属于独立制作人制作的欧洲节目。这两项配额的区别就在于，前者旨在提升欧洲作品的流传度，而后者则意图进一步促进独立制作人制作欧洲节目。

洲委员会①、澳大利亚②、加拿大③以及法国④通过本区域内容要求控制在电视播放及电影放映领域的市场准入的措施。（3）市场准入限制，即限制电影产品市场准入的措施，其中包括银幕配额等。此外，美国电影协会（MPAA）也常利用电影评级制度限制电影产品在美国市场的传播。（4）许可限制，即通过设置许可限制广播与电视节目的市场准入。（5）税收措施。各国也通过不同形式的税收保护本国电影产品。1995 年加拿大试图通过加拿大消费税法第 5 部分第 1 条对外国期刊拆装发行版中所刊登广告的收入价值征收 80% 消费税，以避免美国通过卫星传递该杂志导致的关税收入减少。⑤ 而最终围绕该措施 WTO 争端解决机构也做出了裁决。⑥（6）知识产权保护措施。作为文化政策的一种，知识产权保护措施，特别是与著作权相关的措施往往也会起到保护本国文化产业发展的作用。典型的诸如通过著作权集体管理组织征收的著作权许可使用费中除了绝大部分向著作权人分配以外，也会有一定比例作为促进本国文化产业发展的资金使用。⑦ 此外对于美术艺术品的追及权规定也起到了保护本国艺术家从其艺术作品交易中获取收益。由于《伯尔尼公约》对于追及权

---

① Council of Europe, European Convention on Transfrontier Television of 5 May 1989, revised version of 1 October 1998 (expected to enter into force on 1 October 2000).

② The "Australian Content Standard" was determined by the Australian Broadcasting Authority on 15 December 1995.

③ For Canadian content requirements see Canadian Culture in a Global World, http://www.infoexport.gc.ca/trade-culture, pp. 10 – 13, 最后访问日期：2015 年 12 月 6 日。

④ 法国要求在黄金时段（晚 6 点至 11 点）所有电视节目必须有 60% 是欧盟内容。See John David Donaldson, "Television Without Frontiers": The Continuing Tension Between Liberal Free Trade and European Cultural Integrity'in: 20 *Fordham International Law Journal* 90 (1996), at 103, note 66.

⑤ 该案中加拿大禁止进口期刊的拆装发行版，它基本上是编辑内容与在加拿大境外发行的版本相同或近似的版本，只是加上了国外版本中没有的主要针对加拿大市场的广告。这项禁止措施减少了非加拿大出版商通过向加拿大出售广告获取收入的机会，而将这些收入主要留给了加拿大的出版商。不过美国出版商仍旧可以通过卫星将内容传送给加拿大境内的一家印刷厂，在那里加上加拿大的广告和内容，以这种方式发行拆装版，作为回应加拿大政府出台了对拆装版期刊中的广告征收 80% 税的措施。

⑥ Canada -Certain Measures Concerning Periodicals, Report of the Appellate Body of 30 June1997, WT/DS31/AB/R.

⑦ 这一比例在比利时占到 30%，丹麦占到 1/3，法国占到 25%，西班牙占到 20%。见于 Prof. P. Bernt Hugenholtz, Dr. Lucie Guibault, Sjoerd van Geffen, The Future of Levies in a Digital Environment, Institute for Information Law, Amsterdam, March 2003, 20 – 23.

采取的是相互主义做法，所以难保外国作品在他国享有同他国作品同样的追及权保护。（7）外国投资及所有权限制。（8）边境措施。（9）电影共同制片协议。

而对于海外市场的进入来说，除了上述产业政策措施外，另一个最重要的问题就是确定目标国，毋庸置疑电影作品最大的市场莫过于美国，但是一直以来日本电影向好莱坞的进军尚未取得实质性突破。其中最大的瓶颈就在于专门人才的匮乏。日本电影进入好莱坞的成功要件就在于在电影企划阶段就积极与好莱坞在电影发行放映上合作，并确保相应的放映院线档期。这种合作需要相应的人才具有较高的英语能力，特别是在剧本选择与合同订立方面；对于美国知识产权法律有深入的了解；具备电影产业专门的会计知识；具备相应的电影制作经验；同时也要对美国电影产业的惯例有深刻的理解。这些都需要长时间才能够储备相应的人才。因此日本电影国际化进程中在政策上如何确保这些人才能够持续不断地培养出来是最为核心的课题。需要一系列产业政策予以支援。同时除了美国市场外，近年经济飞速发展的中国、韩国以及东南亚诸国也应该是日本电影国际化的目标市场，通过国际共同制作等方式，有望使作为日本文化的代表之一的电影作品成功打入这些市场。

三　文化艺术与商业存在之间的日本电影产业

传统电影产业借由电影院这一空间实现对于电影作品的欣赏消费活动。电影院作为将人们与日常生活相隔离，并在这一空间内共同感受电影作品的魅力的场所，在人类生活中具有特殊的意义。电影院这一剧场形式提供了面向社会任何群体的低廉的获得文化艺术享受的空间，而电影产业商业主题通过营造这一空间也获得了产业收益。尽管在电视产业兴起并风靡世界之后，电影产业这一大众娱乐之王的地位有所下降，但也正是因为电影的独特魅力使得其产业仍可跨越技术的进步长久地存在下去。正是因为通过增强电影院这一空间内放映的电影作品的多样性，使得在这一空间内的消费者时常感受到新的创意，保持对于电影院的新鲜感，才维系了电影产业的长久存续。这种多样性最主要地体现在一大部分电影产业化浪潮下制作流通的商业电影与追求电影艺术价值与思想高度的小众电影并存于电影产业之中，共同营造了电影院这一空间的多样性。大制作的商业电影的收益在市场化中易于获得经济利益上的认可，而小众电影则可能因为受众的限制在市场中举步维艰。如何确保文化多样性的长期存在也成为日本电影产业需要直面的突出问题。在政府通过文化政策确保文化多样性方面，相比于其他更加重视文化多样性的国家来说，日本显然是较为薄弱的。通过补贴、本国内容要求、市场准入限制、许可限制、税收措施、知识产权保护措施、外国投资及所有权限制等一系列文化政策手段可能会有效地维护电影作品的多样性，从而确保电影产业在文化艺术与商业存在之间寻找到最佳接点。这也是日本电影产业法治进程中较为重要的课题之一。

第四章　日本音乐产业法治

第一节　日本音乐产业概述

一　日本音乐产业特征

自 1999 年开始日本唱片协会每年公布《日本唱片产业年度报告》，该年度报告不仅统计实体唱片的销售数字，也统计互联网和智能手机领域的音乐收入；不局限于日本的市场，也统计世界范围内音乐市场的发展数据。①

2014 年日本音乐产业的市场规模（销售额②）达到了 26.279 亿美元③，依然稳居世界第二的位置，仅次于美国市场的 48.983 亿美元，两个国家的音乐市场规模远远超过其他国家，二者相加占据了世界音乐市场的半壁江山。第三名为德国 14.048 亿美元，第四名为英国 13.346 亿美元，第五名为法国 8.428 亿美元，第六名为澳大利亚 3.761 亿美元，第七名为加拿大 3.425 亿美元，韩国则排到了第八名，市场规模达到了 2.658 亿美元。中国市场达到 1.052 亿美元，进入了前 20 名，位居全世界第 19 名。

---

① 《日本唱片产业年度报告》，参见如下链接：https：//www. riaj. or. jp/f/issue/industry/，2015 年 11 月 20 日访问。
② 需要注意的是这里统计销售额时其产品价格并不是音乐产品的零售价格，而是音乐制品出厂时的价格。《图表化主要国家音乐销售额动向》，参见如下链接：http：//www. garbage-news. net/archives/2149390. html，2015 年 11 月 20 日访问。
③ 日本以及世界其他国家年度唱片市场的具体数字，参见注①《日本唱片产业年度报告》的第 24 页。

从 2014 年的数据看，日本市场和美国市场有非常大的差距，但在日元大幅贬值之前（2012 年），日本音乐市场规模一度达到 44.22 亿美元，和同年的美国市场规模 44.81 亿美元不相上下。只是由于随后日元大幅贬值，折换成美元之后的日本市场规模数据也大为萎缩，2013 年减少将近 1/3，为 30.12 亿美元，2014 年再小幅减少 12.8%，为 26.279 亿美元。[①] 日本市场规模缩水后仅为美国市场的一半左右，但仍远超之后的德、英、法等国。

在音乐市场的销售额占整个国家 GDP 比重的排行榜上，日本音乐市场占 GDP 的比重是全世界所有国家中最高的，排名第一。2014 年日本全年 GDP 是 46163.4 亿美元，其中音乐市场的市场规模（销售额）为 26.279 亿美元，占 GDP 总额的 0.0569%。之后分别是英国的 0.0453%、德国的 0.0364%、瑞典的 0.0332%、法国的 0.0296%。中国排在第 20 名，音乐市场规模占 GDP 的 0.001%。

至于各国音乐作品的销售方式，2014 年日本实体唱片的销售金额占据了所有收入的 78%，而通过网络收取歌曲费用的方式仅占所有收入比例的 17%，通过现场演奏以及机械播放等方式获得的收入占剩余的 5%。这种现状与美国的数据形成鲜明对比：美国的实体唱片销售仅为所有收入的 26%，通过网络收取歌曲费用的方式占所有收入比例达到了 71%。很明显，通过网络收取歌曲费用的方式已经牢牢占据美国音乐市场的主导地位（71%），而日本传统的实体唱片销售仍占据主要位置（78%）。

在 2014 年全球实体唱片销售榜上，日本以 20.5 亿美元的销售额排名世界第一，占世界实体唱片市场的 30%，美国 12.7 亿美元，以较大差距位列第二，占世界实体唱片市场的 18.6%。德国（9.8 亿美元）、英国（5.5 亿美元）、法国（4.8 亿美元）则分别为第三、四、五名。

而在网络音乐市场，美国以 34.8 亿美元的销售额排名世界第一，占世界网络音乐市场的 51%，具有压倒性优势。排名第二的英国市场销售额达到了 6.6 亿美元，占世界网络音乐市场的 8.8%，日本以 4.5 亿美元

---

① 各国数据在不同年度的比较图表，参见如下链接：http://d.hatena.ne.jp/longlow/20150503/p1，2015 年 11 月 20 日访问。

的销售额位居第三,占世界网络音乐市场的 6.55%。中国音乐市场的主要收入也是网络收入,87% 的销售额均来自网络,实体唱片收入只占到 12%。

日本唱片(CD 等)实体销售规模世界第一,像 TSUTAYA 店开展的唱片租赁业务也具有相当规模的市场,唱片公司担心网络播放歌曲的方式会影响自身 CD 的销量,而唱片租赁店也担心一旦网络歌曲库完备后会对自己的租赁业务产生巨大冲击,导致日本传播网络音乐的服务商无法第一时间内获得最新歌曲,消费者想在第一时间听到热门新歌,仍然要通过购买或者租赁 CD,这些因素都限制了日本网络音乐市场的发展。①

再加上日本音乐著作权管理组织 JASRAC 一家独大,常年管理日本99% 以上的音乐作品,导致代表权利人一方的势力非常雄厚。② 即便是用户擅自上传音乐作品发生侵权纠纷,提供上传平台服务的网络服务提供商与代表权利人的 JASRAC 交涉时也完全处于劣势。曾有法院判决认定:日本视频分享网站上出现的音乐作品,即便是由分散的用户无组织地自发上传的,视频分享网站依然要向 JASRAC 支付高额的授权使用费用。③ 日本著作权司法判决对未经授权的音乐作品出现在网站上的行为"零容忍"的严格态度,也是日本网络音乐市场发育迟缓的原因之一。

二　法治环境对音乐产业结构的影响

统计各国实体唱片市场和网络音乐市场各自所占百分比时,笔者发现一个有意思的现象:音乐市场规模排名第三的德国、第五的法国,实体和网络的百分比和日本非常相似,2014 年德国实体唱片收入占比为 70%,而网络收入占比为 22%;同年法国实体唱片收入占比为 57%,网络收入占比 27%。乍一看上去貌似发现一个规律:大陆法系的主要国家实体唱片收入占主,网络收入为辅。如果再加上同为大陆法系国家、市场规模排

---

① 《"日本音乐产业落后了"——向 KKBOX 的创始人请教难以普及定额制服务的"日本原因"》,参见如下链接:http://www.itmedia.co.jp/news/articles/1404/18/news039.html。
② 〔日本〕安藤和宏著,顾昕、郭薇译《简述日本音乐著作权协会 JASRAC》,载《网络法律评论》第 13 卷,北京大学出版社,2011,第 267 - 282 页。
③ 参见 TVブレイク事件,東京地判平成 21 年 11 月 13 日平成 20(ワ)21902。

名第十的意大利（实体唱片收入占比 65%，网络收入占比 22%），市场规模排名第十六的大陆法系国家奥地利（实体唱片收入占比 52%，网络收入占比 38%）以及排名第十八的大陆法系国家瑞士（实体唱片收入占比 52%，网络收入占比 38%），似乎更加印证了这一个观点。再反过来看2014 年主要英美法系国家的数据，美国实体唱片收入占比 26%，网络收入占比则达到了 71%，网络收入占压倒性优势；市场规模排名第四的英国实体唱片收入占比 41%，网络收入占比 45%，网络收入比例高于实体唱片收入；市场规模排名第六的澳大利亚实体唱片收入占比 32%，网络收入占比 56%，网络收入优势明显。再加上市场规模排名第七的加拿大（实体唱片收入占比 38%，网络收入占比则达到了 53%），主要的英美法系国家网络收入比例都普遍高于实体唱片收入比例。

通过对以上国家数据的简单罗列可以发现：日本、德国、法国、意大利、奥地利、瑞士等属于大陆法系传统的国家，本国音乐市场中实体唱片的收入占比明显高于网络收入的占比；而另一方面非常“巧合”的是：美国、英国、澳大利亚、加拿大等主要英美法国家中，相较于实体唱片收入，本国音乐市场中网络收入的比例更高。这是否可以归结于两种截然不同的法系、不同的法治环境对本国音乐产业结构的影响？从上述数据来看，容易倾向于肯定的回答，但缺乏进一步的数据资料进行论证，不能轻易下此定论，有待于今后深入研究。不过，这些数据至少也提醒我们，法治环境对产业发展结构具有重要作用。本章接下来主要论述日本文化法治对于日本音乐产业两方面的影响，即日本文化法治如何影响传统实体唱片市场的发展；当音乐通过新的网络技术广泛地、交互式传播时，日本文化法治又将如何影响网络音乐市场的发展。

第二节　日本音乐产业法律体系及其内容

一　《著作权法》与音乐产业

产业的健康发展和相关领域的立法、司法密切相关，《著作权法》除了保护词曲作者之外，对作品传播者的邻接权人也予以保护。在日本，新的商业模式出现之后，法律在积极对应的过程中往往会出现新的权利形态。比如出租权的产生就源自唱片租赁市场的兴起。

（一）历史沿革

现代意义上各国的著作权法起源于 18 世纪初的英国。与存在上千年的民事法律相比，著作权法属于新近成立的法律。而著作权法制度出现的原因可以归结为 18 世纪印刷技术的普及，印刷技术得到普及之后，出版就成为一个大规模的产业。那些未经许可任意出版他人出版物的行为非常普遍，为了规范出版业市场，出版业者联合推动了著作权法的诞生。虽然说著作权是为了保护出版业者的利益而提上立法日程的，但是当时的英国经历过市民革命后，社会情绪普遍反感行业协会，著作权法的内容不能直接规定保护出版业者利益的条款，只有着眼于保护著作权人的利益，成为保护著作权人利益的法律才得以顺利通过。[①]

著作权法的诞生源于印刷技术普及这一技术革新，所以当时成立的著作权法以"复制禁止权"为核心，辅以对公众利用行为的规制。诞生于 1899 年的日本《著作权法》也采取了这样的模式，这一模式持续了相当长的时间，一直到 20 世纪中叶，由于复制行为需要高额成本，大规模复制的复制行为仅仅局限在出版社、唱片制作公司、电影制作公司等少数主体。一旦有他人大规模复制，权利人往往立刻就能发现来源。复制技术的发展决定了这段时期的著作权更多规制的是行业内其他公司大规模的复制行为，很少介入到私人领域。

到了 20 世纪后半叶，随着录音、录像、复制技术的飞速发展，复制权利人作品的行为不再只有少数主体才能做到，私人用户利用现代化技术也能轻易完成，新技术手段的发展直接导致旧著作权法体系的崩溃。为了应对新技术的变化，日本《著作权法》在坚持"复制禁止权"的基础上，导入了租赁权和私人录音录像补偿金制度，以完善以"复制禁止权"为中心的体系。[②] 租赁权和私人录音录像补偿金制度这两处修改，恰恰都是

---

① 白田秀彰：『コピーライトの史的展開』、信山社、1998。

② 田村善之：「日本の著作権法のリフォーム論―デジタル化時代・インターネット時代の『構造的課題』の克服に向けて―」知的財産法政策学研究 44 号 2014 年 3 月 66 − 68 頁。

和日本音乐产业休戚相关的。

（二）产业结构调整与出租权的产生

日本在 1980 年代已经有了装磁带的"随身听"和车载音响，只需将唱片的音源复制到磁带上，放入"随身听"中随身携带，即可满足民众随时随地听音乐的需求。也有人为了防止唱片刮伤或者落灰，将唱片买回家后立刻就将音源复制到磁带上，平时听音乐时就听磁带，唱片本身被小心翼翼珍藏起来。再加上新唱片一张 2800 日元，对于中学生和大学生而言是非常贵的，而复制到磁带上的话只需要 200～300 日元，这种出租业务紧紧抓住了年轻人的心，出租店铺像雨后春笋般在全国范围内纷纷涌现，几乎达到了和唱片零售商店一样多的程度。①

当时的著作权法并不禁止出租著作物。一般消费者从出租店铺借来唱片回家转录在磁带上的行为，属于日本《著作权法》第 30 条规定的私人复制，并不侵犯著作权。只要出租店铺本身不提供转录服务，就没有著作权侵权问题。②

因出租店铺的大量出现而导致唱片销量下滑的大唱片公司在危急时刻采取了一些非常措施：凡是卖给出租店唱片的零售店，唱片公司解除与其的特卖店合约，停止新唱片供应。有出租店为此提起诉讼③，请求法院判定唱片公司继续履行特卖店合约，供应新唱片。东京法院没有支持出租店的请求，反而认为唱片出租业有悖于《著作权法》的宗旨，唱片公司的解约行为具有正当理由，并不违背《反垄断法》的规定。

鉴于朝野上下对规范唱片租赁业的要求非常强烈，日本首先于 1983 年出台了《暂定措施》，规定在一年以内唱片的复制权人和录音权人可以禁止他人向公众出租唱片。翌年，正式修改了《著作权法》，导入了出租权。④ 规定不限于商用唱片，对所有著作物的复制物（除了书籍和杂志），著作权人可以禁止出租给公众。不过当时对除了乐谱之外的书籍和杂志，

---

① 木村三郎：「CDレンタルと貸与権」、『音楽と法』青山学院大学法学部 1994、249 – 250 頁。

② 田村善之：『著作権法概説』、有斐閣、2001、125 頁。

③ 東京地判昭和 59.3.29 判時 1110 号 13 頁。

④ 当时是修改《著作权法》第 26 条之二，现行《著作权法》则在第 26 条之三。

由于没有特别激化的矛盾，仍然允许出租店向公众提供图书和杂志的出租服务。① 但这一例外规定，于 2005 年《著作权法》修改时废除，所有提供书籍和杂志出租服务的店铺要通过出版物出租管理中心向权利人缴纳相应费用。

《著作权法》新设出租权后，将出租店铺出租磁带或录影带的部分收入以著作权使用费的形式回流到音乐权利人处，弥补了因出租业务兴盛而导致磁带或录影带销售额减少的损失，音乐权利人也就理解并承认了出租业务的合法存在。因此，出租业务作为实体唱片市场的重要一部分稳定下来，并获得长足发展。

实务中具体交涉过程是：著作权人（词曲作者）的出租权往往转让给音乐出版社，音乐出版社再将其信托给日本音乐著作权集体管理组织JASRAC，JASRAC 代表权利人和唱片出租行业的行业团体谈判，以支付许可费用为条件授权其开展出租业务。JASRAC 收到许可费用后依照唱片出租的次数分配给权利人相应金额。②

而著作权邻接权人（歌手、演奏家等表演权人，唱片制作人）对用于商业目的的唱片亦享有出租权。所以向公众提供唱片租赁服务时，不仅需要获得著作权人（词曲作者）的许可，同时也要获得著作权邻接权人（录制歌手以及唱片制作人）的同意，具体授权许可和收费的工作仍由音乐著作权集体管理组织和相关行业协会完成。③

（三）私人录音录像补偿金制度

对音乐的私人复制行为不限于从唱片租赁店租来唱片进行复制，也可以向朋友借，可以通过转录电视、广播等各种手段进行复制。这样日常进行的符合《著作权法》的"私人复制"行为其实每天都大量而频繁地发生。即便规定了出租权，还是有很多复制行为的对价没有流回权利人。

随着"随身听"、录像机、家庭音响、复印机、打印机，甚至扫描仪这些设备进入普通家庭，私人复制行为已经对权利人造成非常大的影响。

---

① 《著作权法附则》第 4 条之二。
② 通过市场调查的方式确定。
③ 分别是：日本艺能表演家团体协会（日本芸能実演家団体協議会，简称"芸团協"）和日本唱片协会（日本レコード協会）。

不过从权利限制的有效性来看，即便《著作权法》不允许私人日常发生的复制行为，也根本无法做到实际有效的监管，这样的规定只能变成一纸空文。

为了平衡使用人和权利人的利益关系，德国率先引入补偿金制度。1965 年的德国《著作权法》做出如下规定：允许为个人使用目的而进行复制（第 53 条），但应当支付报酬（第 54 条）。这两条规定将以录音录像方式对作品进行私人复制和支付报酬的义务构成一个整体：消费者可以为欣赏目的录制音乐，但该作品的作者对录音设备制造商享有报酬请求权，该请求权应通过著作权人集体管理组织实施。日本在 1992 年针对数字式复制建立补偿金制度，规定对数字复制机器和复制媒介的生产商、进口商收取一定比例的补偿金用于支付版权人，并对补偿金的授权分发等管理做了规定。日本《著作权法》第 30 条"个人使用的复制"规定：允许以个人使用目的进行录音、录像，但必须支付相当金额的补偿金给版权人。第 5 章"个人录音录像补偿金"规定：仅可由特定的管理团体收取补偿金；特定机器和记录媒体的购买者在购买时一次性支付，补偿金的额度由文化厅长官认可，特定机器和记录媒体的制造者或进口者对补偿金的支付和领取请求必须予以协助。①

二 行业协会管理法律：《著作权等管理事业法》②

（一）"Plage 旋风"和早期的《基于中介业务法》

在 2001 年之前，日本音乐著作权集体管理组织依据的法律是《有关著作权的中介业务的法律》③（简称《基于中介业务法》），从事著作权集体管理的业务必须得到文化厅长官的许可。著作权的集体管理并非完全由放任的自由竞争市场支配，而是受到政府的规制。

事实上，该法的出现，最初与德国人 Wilhelm Plage 博士的活动密不

---

① 张今：《数字环境下的版权补偿金制度》，《政法论坛》2010 年第 28 卷第 1 期。
② 本段数据资料和部分内容参照〔日本〕安藤和宏著，顾昕、郭薇译，《简述日本音乐著作权协会 JASRAC》，载《网络法律评论》第 13 卷，北京大学出版社，2011，第 267 - 282 页。
③ 日文原文是"著作権法に関する仲介業務に関する法律"。

可分。1931 年，Plage 博士在东京开办事务所，以流畅的日语宣称："我，作为欧洲著作权人的代理人，凡使用我所管理的外国歌曲，必须获得我本人的许可并支付费用。"由此，他开始向音乐的使用人收取在当时看来可谓高额的著作权使用费。其业务范围涵盖广播、演奏、出版等广泛领域，可谓与日本音乐业界利益攸关。当时的日本，不缴纳使用费直接使用他人作品被看作理所当然。"著作权使用费是什么玩意？"这样的疑问普遍存在。①

日本加入并批准了《伯尔尼公约》的罗马改正条约，从 1931 年 8 月1 日起伯尔尼公约成员国的国民所创作的音乐作品如果在日本国内的公共场合演奏或广播时，须得到著作权人的许可。作为以英国、法国、德国、意大利、澳大利亚 5 国组成的音乐著作权管理机构"卡特尔"（音译）和录音权管理团体"BIEM"的代理人，Plage 博士的行为从法律角度来看无可厚非。

问题在于 Plage 博士索取高额使用费的行为确实让众多音乐相关从业人员陷入了困境。Plage 博士的做法是：在侵权人不缴纳著作权使用费时，向其递送权利内容证明文书，同时声明保留提起诉讼的权利。比如，Plage 博士与 NHK（日本放送协会，Japan Broadcasting Corporation）之间发生的激烈交锋便是其中一例：由于 NHK 拒绝了 Plage 博士所提出的使用费请求，NHK 不得不在 1933 年起 1 年左右时间里，中止所有外国歌曲的播放（1934 年 7 月 7 日双方达成和解，NHK 得以重新播放外国曲目）。

疲于应对的日本政府在 1931 年制定了上述《基于中介业务法》，迅速成立了社团法人大日本音乐著作权协会（即现在的 JASRAC），授予其从事著作权中介业务的资格。虽然 Plage 博士自己也设立团体（大日本音乐作家出版者协会）申请从事著作权中介业务，由于该法设定了唯一的管理机构，Plage 博士的申请遭到驳回。无法继续其著作权中介业务的Plage 博士，1941 年 12 月从横滨孤身一人回国。至此，他所引发的一系列骚动——Plage 旋风就此告一段落。② JASRAC 在之后长达 60 年的时间

① 现在日本人往往给中国和东南亚的国家贴上盗版天堂的标签加以责难。其实，日本在不久之前也有过类似的时期。

② 详尽描绘 Plage 旋风的著作有大家重夫：『ニッポン著作権物語』、青山社、1991。森哲司：『ウィルヘルム・プラーゲ—日本の著作権の生みの親』、河出書房新社、1996。

是基于该法律垄断了日本音乐著作权的管理业务。

（二）《著作权等管理事业法》

近年来，在规制缓和政策的导向下，2000 年 11 月 21 日日本国会通过了《著作权等管理事业法》[①]，于 2001 年 10 月 1 日正式实施。其中，经营著作权管理事业由之前的文化厅长官许可制改为登记制，支撑 JASRAC 垄断地位的《基于中介业务法》因为《著作权等管理事业法》的施行（2001 年 10 月 1 日）也同时被废止。

在此之后，以 JASRAC 为首的著作权管理机构都需依据此法开展相关业务。以下简要说明《著作权等管理事业法》的内容。

第一，从事著作权管理权业务须在文化厅登记。[②] 管理从业人员提出登记申请时，只要不存在拒绝登记的要件[③]，文化厅长官必须在著作权管理从业者名簿上予以登记。即只要满足了形式要件，登记申请都应被认可。

第二，该法不适用权利人自行管理的类型。[④] 权利人（委托人）自行管理是指权利人（委托人）自行决定许可使用费的金额；抑或受托人所履行的仅是向第三人传达委托人关于许可的意思表示。譬如音乐出版社所开展的著作权管理，可视为从作者处受让著作权之后所实施的自行管理，因而不适用该法。

第三，著作权以及著作权邻接权的所有领域都为该法的适用对象。[⑤] 之前的《基于中介业务法》的适用对象仅限于小说、剧本、乐曲和歌词，《著作权等管理事业法》则将其适用范围扩大。[⑥]

第四，管理机构与权利人（委托人）签订的管理合同（其中包括管理委托合同条款以及使用费规程）必须事先提交至文化厅长官处备案。

依据《著作权等管理事业法》，e-license、Japan Rights Clearance、Daiki Sound 等业内团体开始进入音乐著作权管理事业。其中 e-license 于 2000 年 10 月由博报堂、丰田通商以及 NTT 集团等出资设立；Japan Rights

---

① 日文原文是《著作権等管理事業法》。
② 《著作权等管理事业法》第 3 条。
③ 《著作权等管理事业法》第 6 条 1 项。
④ 《著作权等管理事业法》第 2 条。
⑤ 《著作权等管理事业法》第 2 条。
⑥ 包括作品、表演、唱片、广播和有线电视等。参见《著作权等管理事业法》第 2 条。

Clearance 则是以社团法人音乐制作者联盟理事公司为核心所设立的公司；Daiki Sound 是在流通领域最具实力的公司，算得上是著作权管理事业领域中新加入的实力成员。以上所列公司开展的著作权管理业务和 JASRAC 一样，都是接受词曲作者和音乐出版社等著作权人的委托后许可他人使用音乐作品、收缴许可费用并分配给权利人。

第三节　日本音乐产业法律法规实施现状

一　JASRAC 在音乐著作权领域的管理①

（一）JASRAC 的业务与管理手续费

JASRAC 不仅从唱片公司收取著作权使用费，其著作权管理的范围还包括：卡拉 OK 的从业者、广播电台和电视台②、电影公司、出租店、乐谱出版社、夜总会、酒吧、俱乐部、演奏（唱）会的主办方等。JASRAC 向所有潜在的音乐使用者发放乐曲使用许可，并向使用者收取著作权使用费。

JASRAC 主要通过收取管理手续费来维持运作（其他的收费包括入会金或是会费、利息、捐赠等）。现阶段最低的管理手续费是海外收费（曲目在海外被使用时的著作权使用费），仅为 5%，最高的则是电影类，为 30%。其次为演出、演奏、社交场合（比如夜店、俱乐部、酒吧）、卡拉 OK、播放录像（比如在酒店、超市、展览会播放录像），为 27%。至于录制唱片和录音录像或卡拉 OK 装置之类的业务，因为能够有效地管理，所以手续费相对较低。而演唱（奏）会、卡拉 OK 和戏剧类的领域，可以有效掌控的部分有限，总体而言手续费较高。特别是如卡拉 OK 俱乐部、夜总会、酒吧和俱乐部这样广泛存在的使用者，向其收取费用存在相当的难度。尤其是在向夜总会、酒吧和俱乐部的经营者声明

---

① 本节数据资料和部分内容参照〔日本〕安藤和宏著，顾昕、郭薇译《简述日本音乐著作权协会 JASRAC》，载《网络法律评论》第 13 卷，北京大学出版社，2011，第 267－282 页。

② 日文原文是"放送局"，一般主要包括广播电台和电视台，包括有线和无线两种形式。为了读者容易理解上下文的含义，本文将"放送局"暂且翻译为"广播电台、电视台"。

"我是 JASRAC 的工作人员。请支付著作权使用费"时，来自对方的回应可能是"著作权？什么东西？"这类的嘲讽，更有甚者有时还会招来拳脚之灾。

在 JASRAC 的业务运营中数据库发挥了重要的作用，要管理数量如此庞大的曲目，建立数据库自然势在必行。JASRAC 的做法是将各种乐曲附上作品编码加以管理，JASRAC 以及音乐出版社发来的著作权使用费清单中，附在乐曲开头的便是作品编码，使用编码令权利人和使用人的交涉变得简单。世界上存在着大量同名曲目，例如以"LOVE"为标题的曲目仅在 2011 年 2 月 1 日的时点就有 604 首记录在案，使用编码能迅速准确定位歌曲。即便不知道作品编码时，只要能提供乐曲名和作者名，电脑终端也能立刻显示著作权人、演唱者等信息。JASRAC 的数据库对于忙碌的使用者和权利人而言相当有用。

JASRAC 还将存有作品编码、歌曲名、作者、音乐出版社、表演者等信息的乐曲数据库在网上免费公开。[1] 此外，社团法人日本艺能表演家团体协会、社团法人日本唱片协会和 JASRAC，这 3 家机构联合在网上开设音乐信息的综合门户网站"Music Forest"（音乐之森），免费提供音乐作品著作权的使用状况、艺人和 CD 的相关信息。[2] 无论对权利人还是使用者而言，都是相当具有参考价值的资源。

JASRAC 乐曲管理的所有权利，其范围仅限于原权利者的委托范围之内。成为 JASRAC 的会员意味着：基于著作权信托合同条款，会员在所拥有的著作权权限内，将管理权限全部自动转移至 JASRAC，JASRAC 得以自己的名义向使用者授予许可。需要注意的是 JASRAC 并非仅仅是中介或是代理，而是作为权利人开展业务。另外，基于上述合同条款，JASRAC 信托管理下的著作权引发的著作权使用费纠纷，JASRAC 有权进行申诉或提起诉讼。[3]

---

[1]　参见 http://www2.jasrac.or.jp/，2015 年 12 月 12 日访问。

[2]　参见 http://www.minc.gr.jp/，2015 年 12 月 12 日访问。

[3]　基于著作权信托合同格式条款第 21 条，对于委托人已交由 JASRAC 管理的著作权，当委托人以著作权受到侵害为由自行提起诉讼时，为了保证该诉讼的顺利进行，JASRAC 可在必要的范围和期间内返还信托中的著作权。只是，在这种情况下委托人须以书面形式向 JASRAC 提交理由，并得到 JASRAC 的认可。

（二） JASRAC 的著作权信托合同

1. JASRAC 的著作权信托合同（格式）条款

如同在保险、运输以及银行交易等情况下使用的格式条款，著作权信托合同（格式）条款是指：商家和不特定的多数客户缔结同一内容的合同时所使用的定型化合同条款。JASRAC 的著作权信托合同（格式）条款规定了著作权管理的委托方（即词曲作者和音乐出版社）与 JASRAC 缔结管理委托合同时的内容。

依据（格式）条款，在合同期间内委托人将现有的著作权以及将来预期取得的著作权都作为信托财产转移给 JASRAC。JASRAC 为委托人利益而管理著作权，并将其收益分配给委托人。当然，允许委托人将一部分的著作权从委托管理的范围中排除，即委托人可以选择多种著作权管理模式。比如可选择的一种模式是：商业广告用的音源由委托人自行管理，交互式传播方式（互联网传播方式）的部分交由新加入的著作权管理机构，除此之外的其他部分委托 JASRAC 管理。

也有非常不依赖 JASRAC 的管理模式可供选择。譬如假设某乐曲作者，他可以选择如下模式：自己的出道歌曲选择委托音乐出版社管理，相关游戏软件的音源自行管理，其他部分则交由 JASRAC 进行管理。在此模式下，音乐出版社可直接向游戏软件公司授予乐曲使用的许可，并收取著作权使用费。此时，音乐出版社基于与乐曲作者的著作权合同，分配著作权版税，JASRAC 在此完全不介入。

著作权信托合同的期限为 3 年。信托期满 3 个月前，委托人未以书面形式向 JASRAC 提出《不予更新通知》的话，原则上合同将自动续期 3 年，之后的更新也是如此。在合同履行期内不得变更委托范围，委托人如需变更委托范围，须在合同更新时，即信托期届满的 3 个月前以书面形式通知 JASRAC。需要注意的是一旦错过该时机，则不得不再等上 3 年才可进行管理范围的变更。

在著作权人已经和 JASRAC 缔结著作权信托合同的情况下，向音乐出版社转让乐曲著作权的行为不会构成双重转让。著作权信托合同的格式条款中规定：著作权人出于作品开发利用的目的，可向音乐出版社转让全部或部分的著作权。词曲作者即便是 JASRAC 的会员，要把自己乐曲的著作权转让给音乐出版社也是毫无问题的。

2. 委托人的自行使用

依据 JASRAC 著作权信托合同的格式条款，除了公司对乐谱的出版行为，委托人自行使用委托作品时并不能免除使用费。词曲作者即便演奏或是制谱自己的作品，仍需向 JASRAC 提出使用许可的申请，且必须支付著作权使用费。以前曾出现过音乐出版社出于宣传歌曲的目的，要求直接使用委托 JASRAC 管理的歌曲，结果 JASRAC 仍然要求其支付许可使用费。鉴于此种特殊情况，考虑到委托人的宣传要求，JASRAC 现在在一定范围内认可了委托人自行使用的权限保留。

具体内容如下：对于词曲作者的自行使用，以宣传为目的、在日本国内使用且没有获得对价的，事先以书面的形式获得 JASRAC 及相关权利人（共同著作权人、音乐出版社等）全员认可，可以保留 JASRAC 的管理权限。但是词曲作者不能因使用作品而获利。

对于音乐出版社的自行使用，限于宣传目的、在日本国内无对价收益并施加技术保护措施来限制复制行为的，音乐出版社可以自行对管理作品进行互联网交互式传送。此时，需要音乐出版社事先获得 JASRAC 和相关权利人（著作权人、共同出版社等）的许可，方可保留 JASRAC 的管理权限。由于管理权限的保留里有"日本国内"这一要件，所以在音乐传播时必须对通信系统设置地域范围，即通过导入识别 ID 地址的相关技术来排除不适格的访问者。

（三）JASRAC 收支差额的处置

收支差额的处置问题是指在一会计结算年度中 JASRAC 收入与支出不一致时，如何处理差额的问题。

首先，在收入超过支出时，即该年度 JASRAC 的管理手续费等收入的总额大过其开展业务的基本支出时所产生的差额。该收支差额将分为四份：NHK 放送分配基金、民营广播（地上波）放送分配基金、民营电视（地上波）放送基金、唱片出租使用费。这 4 项基金在来年度基金核算的基础上按相应份额分配给委托人。这部分收支差额一年分三次分配，分别于 9 月、12 月、3 月的各分配期分配给各委托人。简而言之，在 JASRAC 的财政出现盈余时，此差额将以来年度的放送使用费与唱片出租费的形式分配给委托人。

　　相反，当 JASRAC 的收入总额不抵支出时，即资金不足的情况下，JASRAC 则以来年度的收入差额金来填补不足的部分。其实因为 JASRAC 编制预算时力求避免赤字，所以很难出现入不敷出的状况。请参看表 4－1 中 2005 年开始 5 个年度的 JASRAC 收支差额表。

表 4－1　收支差额表

	2005 年度	2006 年度	2007 年度	2008 年度	2009 年度
收入总额	147 亿 6939 万日元	144 亿 90 万日元	148 亿 4915 万日元	152 亿 7036 万日元	139 亿 9214 万日元
费用总额	137 亿 2306 万日元	137 亿 2214 万日元	140 亿 558 万日元	140 亿 2623 万日元	132 亿 6536 万日元
收支差额	10 亿 4633 万日元	6 亿 7876 万日元	8 亿 4357 万日元	12 亿 4413 万日元	7 亿 2678 万日元

（四）JASRAC 的会员

1. 不是会员（N. M）的弊端（和国外的关系）

　　其他国家使用日本歌曲时，由该国的著作权管理机构负责征收、分配著作权使用费。JASRAC 和各国的著作权管理机构相互缔结管理合同，该合同中规定：他国的乐曲在本国使用时，该国的著作权管理机构负责使用费的征收和分配。比如，在日本使用比利时的乐曲，由日本的 JASRAC 向使用者征收著作权使用费，然后再转给比利时的著作权管理机构 SABAM。又或者，在意大利使用日本乐曲，由意大利的著作权管理机构 SIAE 向使用者征收著作权使用费，之后再转交给日本的 JASRAC。当然，如果外国出版社委托日本音乐出版社管理的话①，手续又另当别论了。

　　需要注意的是，如果词曲作者将自己的乐曲交由音乐出版社管理，而自己又不属于著作权管理机构会员（此时称为 NON SOCIETY 或 NON MENBER，简称为 N. S 或 N. M）的话，一部分使用费将不予征收和分配。录音权使用费部分，外国的著作权管理机构会向日本的 JASRAC 支付使用费，再由 JASRAC 转交作者和音乐出版社分配，但是对于演奏权使用费

---

① 这样的好处在于：受委托的音乐出版社可以宣传、推广该乐曲。而委托 JASRAC 的话，JASRAC 并不负责宣传和推广。

部分，海外的著作权管理机构会因为词曲作者属于 N. S，因此不征收词曲作者的部分，而仅仅征收音乐出版社的部分（即通常的 6/12），此时词曲作者的演奏权使用费得不到征收和分配。

此外，管理的作品仅仅是缔结相互管理合同的著作权管理机构所管理下的乐曲。很多地下乐队（INDIES）或者游戏里的音乐，因为不属于 JASRAC 管理的乐曲，海外的著作权管理机构是完全不知道其存在的。

2. 在国外发生的著作权使用费回到日本权利人手中的流程

歌曲的权利关系需要国外的管理机构进行判断。JASRAC 将会员的名簿、作品卡片（称为"国际票"）、电影或录像制品的资料以及出版社之间的合同等资料送往瑞士的著作权管理机构 SUISA。SUISA 将全世界各国著作权管理机构送来的资料归纳汇总之后，再将最新的资料分配给各国的著作权管理机构。各国的著作权管理机构看到外国歌曲在本国使用时参照这些资料进行判断，如果该歌曲的作者不属于海外任何一个著作权管理机构，那么该作者的演奏权使用费是不予征收和分配的，仅仅是征收音乐出版社的部分，然后再转送给该国的著作权管理机构。

所以，如果一个日本的词曲作者不加入 JASRAC 成为会员的话，那么他就永远无法获得外国的演奏权使用费。但是也存在例外，那就是 JASRAC（日本）、CASH（香港）、PRS（英国）、APRA（澳大利亚）这些国家和地区对于 N. S（不是会员）的作者，也征收、分配演奏权使用费。这些国家和地区的著作权管理机构会将作者的部分加上音乐出版社应得的部分一并转让给来源国和地区的著作权管理机构。

日本的动漫音乐在海外市场非常受欢迎，动漫音乐的词曲作者非常有必要加入 JASRAC 成为会员。日本新的著作权管理机构是否和国外著作权管理机构签订相互管理的合同，将是动漫词曲作者是否入会的重要判断标准。目前日本和国外著作权管理机构缔结相互管理合同的只有 JASRAC，因此对于重视海外市场的动漫音乐词曲作者，加入 JASRAC 才是最保险的策略。

3. 成为 JASRAC 会员的好处

成为 JASRAC 的会员之后[①]，演奏权使用费部分由 JASRAC 直接分配

---

① 即便词曲作者通过音乐出版社向 JASRAC 转移权利，演奏权使用费部分仍由 JASRAC 直接分配给作者本人。

给作者本人（见图 4 - 1）。所谓的演奏权使用费，包括演唱会或现场直播的演奏，通过电视、广播的有线或者无线方式的播放，以及卡拉 OK 等方式收取的费用。依据著作权管理机构——国际组织 CISAC（国际作者作曲者协会联合会）的规程，音乐出版社获得的演奏权使用费仅仅是属于自己的部分（通常的 6/12）；而词曲作者应该受领的部分则通过其所属的音乐著作权管理机构予以支付。

当然，有时经纪公司会与作者签订合同，合同中规定音乐著作权管理机构支付给作者的著作权使用费已经包括在工资当中，虽然是经纪公司和作者私下里达成的协议，但只要双方达成合意，在法律上就没有任何问题，此时词曲作者应受领的份额依合同归经纪公司所有。如果是可以卖数十万张 CD 的畅销词曲作者，版权收入可能会远远超过工资，如果和经纪公司存在这样协议的话就会处于非常不利的地位。

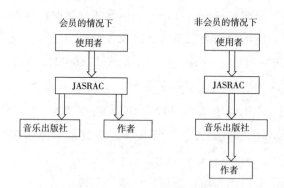

图 4 - 1　演奏权使用费的流程

4. JASRAC 的入会方法

加入 JASRAC 成为会员的条件是：在过去的一年内自己的作品被他人使用达到一定程度。也就是说，首先必须存在自己创作的作品已经被他人使用的事实。在这里需要注意的是：作者自己将歌曲制作成光盘出版，或者在自费出版的情况下，属于作者自身的利用，不属于他人利用，这种情况不会被 JASRAC 认可为"被他人使用"。

而"被他人利用"的情形，包括以下情况：录音、录像于 CD 或 DVD 上（Indies 自主制盘的情况下，制造光盘需要达到 1000 张以上），乐谱的出版物，现场直播或者演唱会（如果是定员 500 人以下的演唱会，则该词曲作者的歌曲需要一年之内被使用三回以上），电视或电台的播放（不包括有线播放、社区播放①、迷你播放②、event 播放③），用作商业用途的卡拉 OK 系统，网络交互式传播（仅限于商业网站）等等。词曲作者在申请入会时，必须至少向 JASRAC 报告在上述范围内的任一利用事实。

词曲作者的入会金额是 25000 日元，音乐出版社是 75000 日元、音乐作品权利的继承人亦是 25000 日元。除了入会金之外，申请者还需缴纳信托合同的申请金，词曲作者需要缴纳 26250 日元，音乐出版社则需向 JAS-RAC 缴纳 78750 日元。

5. JASRAC 的会员种类

JASRAC 的会员分为正式会员和准会员两种，申请者最初以准会员的身份入会，在符合以下条件时，就可以转成正式会员。

如果是音乐出版社，则需满足以下三个条件：第一，加入 JASRAC 三年以上，其间完全履行会员的义务；第二，过去三年中著作权使用费的分配额原则上每年要超过 200 万日元；第三，在使用音乐作品开展经营活动时，JASRAC 所支付的著作权使用费总额只能占到从 JASRAC 获得收入的 10% 以下。

如果是词曲作者个人，则需满足以下两个条件：第一，加入 JASRAC 三年以上，其间完全履行会员义务；第二，过去三年中著作权使用费的分配额原则上每年要超过 30 万日元。

满足上述条件之后，准会员会收到 JASRAC 寄送来的通知书，通知已经获得申请正式会员的资格。准会员提交申请之后，将在每年 4 月份接受理事会的资格审查，如果通过审查就可以获得正式会员资格。成为正式会员之后可以出席 JASRAC 的社员总会，并可对议案进行表决，甚至提出自

---

① "社区播放"，日文原文是コミュニティ（community）播放，不是针对日本全国，而是以市区町村或政令指定的都市中一部分区域作为播放范围的放送。

② "迷你播放"，日文原文是ミニ（迷你）FM，不是正式的电台，不需要电台执照。任何人都可以简单临时设置，在学生的课外活动或者学园祭、运动会等地区性活动时使用。

③ "event 播放"，日文原文是イベント放送，在大规模的活动（博览会或国民体育大会等）举办期间，出于提供该活动信息（比如提供交通状况）的目的，可以在 6 个月内开设的临时 FM 电台。

己的议案。与此同时，也具有了选举或被选举为理事会成员和会长的权利。此外，也有不愿取得 JASRAC 的会员地位，而仅仅希望和 JASRAC 签订信托管理合同的人，针对这类人的需要，也专门设置了"信托人"这样的一个位置。"信托人"虽然也可以领到 JASRAC 的回报，但是无法享受会员专有的好处。

二　日本音乐产业链中主要参与者及其相互关系

日本音乐产业链中主要涉及两大类关系：一类是音乐作品创造出来后的管理和利用关系，日本也称为"音乐出版业界（音乐著作权业界）"[①]。另一类是歌手录制唱片所形成的管理、利用关系，日本称之为"唱片业界（著作邻接权业界）"[②]。

（一）音乐出版业界（音乐著作权业界）[③]

首先简单梳理词曲作者、音乐出版社、音乐著作权管理组织的各自情况以及相互之间存在的音乐出版关系。

1. 词曲作者

"词曲作者"是指创作歌曲的人，其中"词作者"是指创作歌词的人，"曲作者"是指创作旋律、节奏、和声的人。在日本音乐界往往将词作者和曲作者合起来称为"作家"，将词作者创作的歌词和曲作者创作的旋律、节奏、和声合起来称为"乐曲"。

无论是词作者创作的歌词，还是曲作者创作的旋律，在满足一定要件时都构成"著作物"[④]，词作者和曲作者对于自己创作的歌词、旋律、节

[①]　日本音乐界将和音乐作品有关的财产权利、法律上规定的著作权称为"音乐出版权"，或简单称之为"出版权"，需要特别注意的是，业界此时所说的"出版权"并不是著作权法意义上的"出版权"，跟出版乐谱的行为无关。金井重彦、龍村全：『エンターテイメント法』、学陽書房、2011、18 頁。

[②]　金井重彦、龍村全：『エンターテイメント法』、学陽書房、2011、27 頁。

[③]　本节数据资料和部分内容出自笔者的翻译。参见〔日本〕安藤和宏著，顾昕、郭薇译《简述日本音乐著作权协会 JASRAC》，《网络法律评论》第 13 卷，北京大学出版社，2011，第 267－282 页。

[④]　依照日本现行《著作权法》的规定，受《著作权法》保护的"著作物"要满足四个要件：第一，包含"思想或感情"。第二，属于思想或感情的"表现"。第三，该表现具有"创造性"。第四，属于"文学、学术、美术或者音乐的范畴"。島並良、上野達弘、横山久芳：『著作権法入門』、有斐閣、2014、14 頁。

奏、和声的部分，分别享有相应的"著作权人"地位，对应着该部分的
"著作财产权"和"著作权人格权"。

2. 音乐出版社

音乐出版社和词曲作者缔结著作权转让合同，合同中规定音乐出版社
受让乐曲的著作权，相对应则需要承担该乐曲的管理和开发利用责任。在
日本，绝大部分的词曲作者都会和音乐出版社缔结著作权转让合同，将著
作权转让给音乐出版社。

乐曲的词曲作者自己管理自己创作的作品从法律上来讲是完全可以
的，不过著作权的管理工作涉及：按各种不同需求签署不同的许可协议、
监视他人未经许可的使用行为、对乐曲进行宣传推广活动。这些专业性的
工作如果词曲作者自己完成的话非常困难，力所不逮。所以日本词曲作者
往往会将乐曲的著作权转让给音乐出版社，借由音乐出版社的专业知识、
组织能力、经营能力来推广、扩大自己乐曲的影响力，自己则可以专心创
作新的音乐作品。

乐曲进入市场后一旦受到欢迎，就会收到不菲的著作权许可使用费，
往往还伴随着出唱片、被电视台和卡拉 OK 歌厅频频使用等情况，一旦这
样受欢迎的歌曲进入"标准"轨道之后，在今后的几十年就会稳定地获
得著作权许可使用费，可以说音乐出版社的终极目标就是将管理的乐曲送
上这样的标准轨道。

3. 音乐著作权管理组织

乐曲的权利人和意图使用该乐曲的人在授权许可时存在庞杂的交涉环
节：寻找乐曲的时间和金钱成本、调查彼此是否具备授权许可和使用乐曲
的资质、谈判价格、谈判授权期限、授权方式、著作权许可使用费如何缴
纳等。成功缔结合同之后，权利人还需要定期确认使用人是否按时缴纳，
催促没有缴纳的使用人，甚至起诉违约不缴纳的使用人。这些极其繁杂的
业务，词曲作者或音乐出版社根本没有办法亲力亲为。对于使用乐曲的一
方，譬如电视台，使用不同的乐曲每次都要寻找不同的权利人，并一一获
得授权也是无法想象的事情。于是，为乐曲权利方和乐曲使用方提供中介
的组织——音乐著作权管理组织就应运而生了。

JASRAC 是日本最大的著作权管理机构，受词作者、曲作者、翻译者

（译歌词）、编曲者和音乐出版社等委托人的委托，对委托人享有的著作权进行管理，并向委托人分配著作权许可使用费。JASRAC 正式的名称是：一般社团法人日本音乐著作权协会，但为求简洁，一般将其英文名 Japanese Society for Rights of Authors, Composers and Publishers 的下划线部分抽出，即称为 JASRAC。① JASRAC 拥有 20 家音乐出版社作为其正式会员，其中的 2 家音乐出版社被选入由 12 名成员构成的理事会。

4. 三者之间的关系

一首歌曲的著作权先由词曲作者转移到由唱片公司或经纪公司指定的音乐出版社，然后再由音乐出版社转移到 JASRAC 等著作权管理机构，委托其进行管理。（参见图 4 - 2）

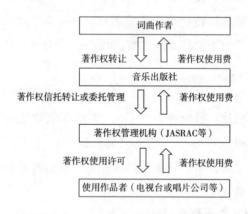

图 4 - 2　音乐作品著作权契约关系图

表面上看，歌曲作品的权利转移从作者到著作权管理机构，中间经过音乐出版社的阶段貌似没有必要。但实际上音乐出版社肩负着推广、宣传歌曲的重要作用。而这一功能是著作权管理机构无法取代的。词曲作者与音乐出版社签订的著作权转让合同中往往可以看到

---

① 上述的略称里未将 Publishers 的 P 涵盖在内，若是按首字母连缀的话，略称不是 JAS-RAC，而应该是 JASRACP。原因在于，JASRAC 成立之初的 1939 年，音乐出版社尚未在日本出现，所以当时的英文名称也便没有 Publishers 这样的字样（作为首个加入 JASRAC 的音乐出版社，音乐之友出版社入会是在 1958 年），现在的英文全称起用于 1965 年，英文全称中加入了 Publishers，但简称自 1939 年成立后就没有变化，没有随着全称的改变而加入大写的 P。

"作品的利用开发"这样的语句。音乐出版社在与词曲作者签订著作权转让合同之后，在合同规定的期限内必须持续地推广该作者的作品，也就是说，从歌曲作者处受让著作权之后，音乐出版社应尽到推广该作品的义务。

词曲作者将自己创作的乐曲交由某唱片公司发行，该曲的著作权则让渡给了音乐出版社。作为委托人的音乐出版社再把由词曲作者处转让来的著作权的全部或是一部分交由 JASRAC 信托管理，JASRAC 将该乐曲纳入自己的管理系统。

希望使用该乐曲的使用人（电视台或唱片公司等）向 JASRAC 提出申请，依据使用人的申请，JASRAC 授权许可使用该乐曲，并按照自身的《著作权使用费规程》从使用人处收取著作权使用费，从中扣除管理手续费（比如，如果是 CD 的话是 6%）后分配给音乐出版社。音乐出版社按照 JASRAC 寄来的著作权使用费清单，再基于与词曲作者所签订的著作权转让合同中约定的分配比例，分给词曲作者相应的份额。

因为 JASRAC 给音乐出版社已经分配过一次，音乐出版社拿到费用后再分配给共同出版社和作者，所以被称为再分配。此外，由于 JASRAC 从歌曲的使用人处收取许可使用费的依据是《著作权使用费规程》，向权利人分成时的依据亦是《著作权使用费分配规程》，作为支付或者领收费用的依据，需要各方事前予以谨慎确认。

此处的《著作权使用费规程》，依据《著作权等管理事业法》中使用费规程的条款，由从事著作权等管理业务的机构制定，并须事先提交文化厅长官备案。[①] 此外，变更使用费规程也须经相同的程序（同条 1 项）。

（二）唱片业界（著作邻接权业界）[②]

以下梳理唱片业界的各个主体及其相互关系。

1. Artist[③]

在日本音乐业界，Artist 一般指歌手、演奏家等职业。Artist 的歌唱和

---

① 《著作权等管理事业法》第 13 条第 1 项。

② 以下唱片业界的资料数据介绍摘自金井重彦、龍村全：『エンターテイメント法』、学陽书房、2011、19－22 頁。

③ 日文原文是外来语"アーティスト"，来自英文 Artist。

演奏行为，不过是对词曲作者创作的歌曲的利用行为，并不创造出新的作品。所以 Artist 不能构成《著作权法》意义上的"著作权人"，其歌唱和演奏行为并不受到著作权人格权和著作权财产权的保护。

不过歌唱、演奏行为对于向公众传播作品来说具有重要的意义，甚至可以评价为"准创作活动"。所以在《著作权法》中规定 Artist 的唱歌和演奏行为构成《著作权法》上规定的"表演"①，享有"著作邻接权"中的"表演者人格权"和"请求报酬·补偿"的权利。

2. production②

Artist 的商业活动种类非常丰富，包括录制唱片，举办演唱会，出演电视连续剧、广告、综艺娱乐节目，制作各种企划，出版写真集，撰写散文随笔等，不一而足。这样广泛的活动，单靠 Artist 自身是很难胜任的，需要一个团队为其打理和经营，这就是经纪公司。

经纪公司和 Artist 签署经纪合同，为 Artist 提供在现场演唱会、广播电视台、广告、电影等活动中的演出机会，并收取演出费用。在收取一定手续费后，替 Artist 收取录制唱片、作词作曲所获得的 Artist 印税和著作权印税。此外，管理 Artist 用于商业目的使用的肖像权，替 Artist 授权给其他公司，允许其他公司销售和明星有关的周边产品。

不限于音乐领域的 Artist，演员、体育选手、文化名人也都会签署经纪合同，让经纪公司为其打理商业活动。

3. 原盘制作人（唱片制作人）

日本《著作权法》将留声机唱片、录音带以及其他声音的媒介体（专门同时显示声音和影像的则不属于此类）称为"唱片"③，"最初将声音固定的人"被称为"唱片制作人"④。在音乐业界，声音最初收录的唱片被称为"原盘"，而"原盘"的制作者被称为"原盘制作人"。对应着《著作权法》中的概念就是"唱片制作人"。

原盘制作人既有可能是唱片公司，也可能是音乐出版社，抑或经纪公

---

① 日文原文是"实演"，与我国《著作权法》第 38 条规定的"表演"相对应。
② 日文原文是外来语"プロダクション"，来自英文 production。
③ 日本《著作权法》第 2 条第 1 款第 5 项。
④ 日本《著作权法》第 2 条第 1 款第 6 项。

司，甚至有可能是这些主体共同制作完成的。原盘制作人自己投资制作"原盘"，然后和唱片发行方的唱片公司签署"原盘转让·供给合同"，让唱片公司发售唱片。等唱片销售出去后，按照唱片销售数量受领作为对价的原盘印税。制作"原盘"的过程理论上只需要简单地将声音收录下来即可，并不要求创造性。但事实上在制作"原盘"的过程中，音质是否过关、是否忠实地再现了乐曲，这些判断都需要制作人来完成，是一个接近创作水平的工作。而且制作"原盘"会产生大量的费用，如果法律不对其保护，让唱片制作人能回收制作成本的话，唱片产业本身就会崩溃。所以《著作权法》规定了唱片制作人享有著作邻接权中的"唱片制作人的权利"。在音乐业界，往往将这一权利称为"原盘权"。

4. 唱片公司

唱片公司是将收录有 Artist 表演的原盘予以复制和销售的公司。此外，将唱片的音源提供给手机和网络的公司也不断增多，通过互联网的"音乐配信"业务提供给消费者。最近也有些唱片公司撤掉制造和销售部分，将这两部分外包给其他公司。

唱片公司获得"原盘"的方法包括：第一，自己制作（本公司的原盘）；第二，其他公司提供的原盘（外部原盘）；第三，和其他公司共同制作的原盘（共同原盘）。共三种形式。1955 年之前，除了国外的原盘，几乎都是唱片公司自制的。1965 年之后音乐出版社开始制作原盘提供给唱片公司，于是外部原盘逐渐增多。到后来唱片公司和经纪公司共同制作原盘，唱片公司和音乐出版社共同制作原盘，经纪公司和音乐出版社共同制作原盘，甚至唱片公司和经纪公司、音乐出版社三者一起共同制作原盘，出现了各种各样的组合形式。现在的市场上，共同原盘是最多的，其次本公司的原盘和外部原盘的比例几乎相同。

唱片公司自己制作原盘时跟 Artist（或其所属的经纪公司）签署录音合同，取得制作原盘的权利。唱片公司接受外部原盘时则需要跟原盘制作公司签署合同，取得原盘的独占制造、销售权。唱片公司和其他公司共同制作原盘时，多方签署共同制作原盘的合同，由唱片公司和其他一方跟 Artist（或其所属的经纪公司）签署录音合同。

5. 各主体间相互关系

唱片业界主体之间的关系，如图 4 - 3 所示：Artist 和经纪公司签署经纪合同，将《著作权法》中规定的和表演有关的一切权利转让给经纪公司，经纪公司和原盘制作人签署专属表演者合同，将和表演有关的一切权利再转让给原盘制作人，原盘制作人和唱片公司签署原盘转让（或供给）合同，（原盘由外部公司提供时）授权许可唱片公司使用和原盘有关的一切权利。唱片公司需要向著作权集体管理组织处（如 JASRAC）支付歌曲的著作权使用费，获得使用唱片中歌曲的权利，之后唱片公司将唱片以 CD 或 DVD 等形式在市场上销售，获得的销售金额的一部分依照合同通过原盘印税的方式返还给原盘制作人，原盘制作人再扣除一部分后通过 Artist 印税的方式返还给经纪公司，经纪公司再扣除掉相应金额后通过 Artist 印税的方式返还给 Artist。

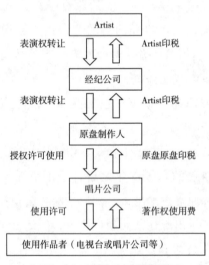

图 4 - 3　唱片业界关系图

三　行业协会 JASRAC 管理模式变化的法律应对

20 世纪后半叶，录音、录像、复制技术的飞速发展，导致 18 世纪确立的以"复制禁止权"为中心的传统著作权法体系难以应对，日本通过修改《著作权法》增加出租权和私人录音录像补偿金制度解决权利人的利益流失问题，修补以"复制禁止权"为中心的著作权体系。但进入 21 世纪之后，互联网的飞速发展导致新的传播模式不断涌现，在线视频分享网站、P2P 软件的出现，使得每一个私人用户都能轻易成为向公众传播作品的主体，向"公众传播"成为著作权法新的主旋律，传统的著作权法体系又遇到巨大挑战。JASRAC 作为音乐著作权管理组织，替权利人发声，通过法院诉讼，挥舞起传统著作权的"大棒"向新的技术模式问责。

（一）在线视频网站以及 P2P 软件的司法判断基准（卡拉 OK 法理及演变）

日本音乐作品多数集中在著作权集体管理组织处。与我国原告唱片公司或者音像出版社的单兵作战不同，日本音乐著作权集体管理组织 JAS-RAC 集中管理了大部分的音乐作品，其往往作为原告起诉网络服务提供商。这样导致的后果是：在我国，原告权利人起诉被告网络服务提供商时，侵权作品尚为数不多，比如几百或者上千件侵权作品，作为被告的网络服务提供商此时还可以抗辩自己不知情或者已尽到了一定的审查义务；但是在日本，比如接下来要介绍的"TVブレイク事件"，被告的视频分享网站"音乐""动画""电影"三个板块中，3/4 以上都是原告 JASRAC 管理的作品，网站所有上传视频中，半数左右是原告管理的作品，此时被告的解释就显得很无力，最终法院也认定被告的行为构成了侵害。也就是说，假设被告网站在管理时尽到的注意义务是一样的，但是因为不同原告所掌握的音乐作品数量的不同，导致法院在判断是否构成侵权时做出不同的认定。

1. TVブレイク事件①

本案的争议在于：视频分享网站的服务提供者，在互联网用户未经许可上传侵害他人权利的作品时，是否应承担著作权侵害责任。

（1）本案的案件事实

该视频分享网站上的作品，凡是访问该网站的用户都可以自由观赏，但是用户要上传作品，则必须在该视频分享网站上注册成为会员。该网站的注册手续是：首先必须同意该网站的利用条款，点击确认后输入自己的邮箱地址、生日年月、性别，再设定密码、网名后完成会员登录。会员登录后依据该网站的提示下载专用软件，此软件可以自动将用户上传的文件

---

① 参见 TVブレイク事件，東京地判平成 21·11·13 平成 20（ワ）21902。

格式转换为适合该视频分享网站的文件格式。

本案的原告是日本著作权集体管理组织 JASRAC，被告是ジャストオンライン股份有限公司。原告认为：被告将含有音乐作品的视频藏置于自己服务器中的行为构成侵害原告的复制权；被告藏置含有音乐作品的视频于自己的服务器中，准备应用户的请求而发送的状态侵害了原告的送信可能化权；被告应用户的访问请求，向公众用户传送侵权视频的行为侵犯被告的自动公众送信权。原告认为被告作为复制、送信可能化以及自动公众送信的主体，针对被告的侵权行为向法院提出停止侵害以及损害赔偿的请求。

（2）法院对于被告是否构成侵权主体的判断

东京地方法院在判断视频网站是否构成著作权侵权主体时，综合考量了如下因素。

①首先是被告提供服务的特征，该网站的服务是以用户匿名上传作品为前提，用户即使上传侵权作品，在该系统下也难以追究上传用户的责任，从而鼓励了用户上传违法作品。被告的这一系统，使本来应该有偿取得的作品变得可以无偿、无限制地轻易取得，而对此被告没有采取任何抑制措施。总之，被告提供的服务是侵害著作权或著作权邻接权盖然性很高的服务。

②被告对自己提供的系统具有绝对的管理支配性。从用户登录手续、提供专门的上传软件、主动向用户推荐视频、拥有删除视频的权限等因素来看，可以认定被告对视频分享网站享有绝对的管理支配能力。

③被告因为网站的运营获取收入。被告网站有广告收入，且该广告收入随着用户人数的增加而增加，而用户人数的增加取决于视频的数量和质量，至少可以说只要上传视频数量增加，被告公司就会获得更多的利益。

④侵害样态的考量。被告的视频分享网站"音乐""动画""电影"三个板块中，3/4 以上都是侵权作品，网站所有上传视频中，大约 1/2 是侵权作品。被告接到原告明确的删除侵权视频请求时，并没有直接删除，而是将侵权视频调整为只有会员才能收看的状态。对于原告提出的缔结授权许可合同要求，和采取防止侵害的措施要求，被告始终采取消极的姿态，以资金和人力困难为由拒绝采取相应措施。此外，在原告要求被告提供上传侵权作品的用户名单时，被告还劝告用户变更邮箱地址，使原告难

以追究上传用户的侵权责任。总之，很难认定被告采取了防止著作权侵害扩大的删除措施。

法院的最终结论是：被告公司提供的服务有极高的盖然性，会导致权利人的著作权被侵害，而被告公司是此服务的管理支配主体。对于这种著作权侵权的盖然性，被告公司可以预见、有着清醒的认识，但仍不采取任何回避措施、删除措施及其他有效手段，并在其中不当获益。据此可以认定，被告公司处于能够支配、管理著作权侵害行为的地位，却引诱、扩大、招徕著作权侵害行为，满足了"卡拉 OK 法理"的"支配管理性"和"利益性"要件，从而可以将被告与直接侵害行为者同视，认定其为著作权侵害行为的主体。法院也因此支持了原告提出的停止侵害请求。

（3）评价

本案在判断网络服务提供商是否为著作权侵权主体时，法院选择适用了"卡拉 OK 法理"。就像法官在判决理由中所写的那样，"卡拉 OK 法理"具有很强的人为拟制性，只要网络服务提供商具有支配管理性以及获得利益性这两个要件，就可以直接认定其为侵权主体。这确实非常直接和有效，可以直接依据著作权法的规定对侵权人行使停止侵害请求权和损害赔偿请求权。但是仅仅凭利益性和管理支配性，适用范围仍然非常不明确，在认定侵权主体时有容易扩大认定范围的可能；并且因为仅凭这两个要件是无法让网络服务提供商预先规避法律风险的，所以对该法律的不适当运用会导致其预测可能性的丧失。① 比如在本案中，视频分享网站中半数以上都是侵权作品，且网络服务提供商没有任何积极预防侵权的措施，所以运用"卡拉 OK 法理"不会有任何问题。但是如果视频分享网站中的侵权作品的比例不是那么高，并且网站管理者采取了权利侵害的防止措施，也及时删除了侵权作品，那么此时再用"卡拉 OK 法理"两个要件去判断侵权时，则会存在相当的模糊空间。因为任何视频分享网站的管理者必定具备管理性和营利性要件，若网站的管理者已经谨慎管理、尽到高度的注意义务，仍被课以侵权责任则明显有失公允。所以，判断网络服务提供商是否应承担侵权责任时，应考量其他更为关键的因素。下面简单介绍

---

① 〔日本〕田村善之：『著作権間接侵害』「知的財産法政策学研究」26 号。

"卡拉 OK 法理"的变迁，分析用其判断网络服务提供商责任的利弊。

(4) "卡拉 OK 法理"的确立

"卡拉 OK 法理"是日本最高法院于 1988 年在"クラブ・キャッツア
イ事件"中确立的，该案中的争议点是作为被告的卡拉 OK 俱乐部播放卡
拉 OK 录音伴奏带以及顾客的歌唱行为①是否构成演奏权②的侵害。播放
卡拉 OK 录音伴奏带的行为，乍一看符合"将作品让公众直接视听为目的
的表演或演奏"，构成对《著作权法》第 22 条表演权以及演奏权的侵害。
但是在该案件发生时，日本《著作权法》附则 14 条有对演奏权的限制规
定，即凡合法录制的录音物，除非有特殊情况③，权利人无法行使演奏权，
卡拉 OK 俱乐部在适用该特殊规则的情况下，其播放卡拉 OK 录音伴奏带的
行为不构成对演奏权的侵害。因为该特殊规则的存在，最高法院无法从卡
拉 OK 俱乐部播放录音伴奏带行为着手认定其侵权责任，从而将目光转向了
顾客的歌唱行为。

最高法院认为，被告卡拉 OK 俱乐部对顾客的歌唱行为具备管理和盈
利两个要件，所以现实中歌唱行为的主体不是顾客，而是作为被告的卡拉
OK 俱乐部。判决中所阐述的理由是：即便只有顾客在唱歌的情况下，也
不能认定被告卡拉 OK 俱乐部与之无关联。被告卡拉 OK 俱乐部的从业员
劝诱顾客唱歌、帮助顾客在卡拉 OK 店内设置的录音伴奏带内选取歌曲，
通过从业员操作卡拉 OK 装置，将顾客的歌唱行为置于其管理之下。另一
方面，将为顾客提供歌唱机会作为其营业策略的一环，营造出一种吸引顾
客前来的气氛，意图获得营业上的利益。满足"支配管理性"和"利益
性"要件，所以上述顾客的歌唱行为应该视为被告俱乐部的行为。④

在本案中，对于让被告俱乐部承担损害赔偿责任这一结论本身没有争

---

① 与顾客自己操作点歌的卡拉 OK 店不同，该店提供陪唱服务，很多情况下是该店店员帮
助顾客点歌，日语称之为"カラオケスナック"。
② 演奏权，日本《著作权法》第 22 条，是指作者享有将其作品让公众直接视听为目的的
表演或者演奏的专有权利。
③ 该特殊情况是：行为人以音乐作为其事业不可欠缺的要素，比如在咖啡店等餐饮店为了
吸引顾客，打出了让来店顾客欣赏音乐为内容的广告，或者设置了让顾客更好地鉴赏音
乐的特别设备。参见田中豊：「カラオケ歌唱室と著作権法」コピライト431 号 26 頁。
④ 详情可参见：クラブ・キャッツアイ事件，最判昭和 63・3・15 民集 42 卷 3 号 199 頁。

论，但是对于"卡拉 OK 法理"本身有不少不同意见①，其中最具有代表性的意见是本案中不同意适用"卡拉 OK 法理"的裁判官伊藤正己在判决最后的补充意见，他认为仅凭顾客的歌唱行为就将被告俱乐部视为作品的利用主体是非常不自然的，在被告俱乐部对于顾客的支配程度很弱的情况下扩大利用主体的做法拟制性过强。

最高法院通过上述裁判例确立了"卡拉 OK 法理"之后，下级法院对该法理的适用采取了积极的态度。以后不仅如本案提供陪唱服务的俱乐部，顾客亲自动手点唱的卡拉 OK 俱乐部也被适用"卡拉 OK 法理"。②

2. P2P 软件"ファイルローグ事件"和"卡拉 OK 法理"的扩张

在"ファイルローグ事件"③ 之前，"卡拉 OK 法理"的适用还局限在物理上对他人具有一定人为的支配关系者或者向他人提供侵权道具者。④ 而从"ファイルローグ事件"开始，对于提供诱发侵权的服务或者系统者，也开始被适用"卡拉 OK 法理"。同时，"ファイルローグ事件"

---

① 有日本学者认为"卡拉 OK 法理"是在物理上直接利用者合法的情况下，肯定与之具有微弱支配性主体的侵权责任，甚至超越了美国的代为责任（vicariousliability），该学者认为此做法是没有任何正当化依据的。特别是如今的著作权法废除了附则 14 条，当年的案情如果放到今天不用迂回适用"卡拉 OK 法理"，可以直接认定被告俱乐部侵犯著作权。上述论述可参见上野達弘：「いわゆる『カラオケ法理』の再検討」、『紋谷暢男古稀記念 - 知的財産権法と競争法の現代的展開』、発明協会、2006、781 - 799 頁。还有学者认为"卡拉 OK 法理"应仅局限于具有人为支配关系的案件中。相关论述可见田村善之：「著作権間接侵害」知的財産法政策学研究 26 号。另有学者认为"卡拉 OK 法理"的"轮廓"极为不清晰，变成法官可以随心所欲，任意性极强的便利"法理"。相关论述可见潮见佳男：「著作権侵害における『間接侵害』の法理」コピーライト 2007 年 9 月期 2 - 9 頁。还有学者认为，对于间接侵害的认定（尤其是适用"卡拉 OK 法理"时），可产生如下三个副作用：混获现象、空洞化现象、过度分配现象。相关论述见奥邨弘司：「著作権の間接侵害 - 日米裁判例の動向と実務への影響、今後の課題 -」コピライト 2009 年 10 月期、第 2 - 30 頁。其他关于卡拉 OK 拟制性的评论可见吉田克己：「著作権の『間接侵害』と差止請求」、『新世代知的財産法政策学の創成』第九章、田村善之（主編）有斐閣、2008 年 2 月 29 日初版 253 - 308 頁、高部真規子：「著作権侵害の主体について」ジュリスト 1306，114 - 133 頁。

② 可参见：ビッグエコー事件東京高判平成 11・7・13 判時 1696 号 137 頁。

③ 参见东京高判平成 17 年 3 月 3 日判時 1893 号 126 頁。关于本案的案例评释，可以参见森亮二：NBL829 号 35 頁，石井茂樹：パテント 59 巻 8 号 66 頁，池田秀敏：信州大学法学論集 7 号 195 頁，今井弘晃：判例タイムズ臨時増刊 1215 号 200 頁（平成 17 年度主要民事判例解説），高瀬亜豊：知的財産法政策学研究 17 号。

④ 见吉田克己：「著作権の『間接侵害』と差止請求」『新世代知的財産法政策学の創成』第九章、田村善之（主編）、2008 年 2 月 29 日初版 253 - 308 頁。

也是日本第一个将 P2P 技术服务的提供者认定为直接利用主体的案件。

"ファイルローグ事件"简单地说就是美国 Napster 案件的日本版[①]，被告是一家在网络上提供 P2P 互换软件的公司，P2P 是 "peer-to-peer" 的缩写，可以理解为 "伙伴对伙伴" 的意思，或称为对等互联。P2P 软件用户可以直接连接到其他用户的计算机硬盘进行文件交换，而不必像过去那样连接到服务器浏览与下载。本案中被告的ファイルローグ软件是一款初期的 P2P 软件[②]，虽然中央服务器本身不存贮文件，但仍然需要互换文件的双方用户访问中央服务器才能达到文件的共享状态。成为会员的用户（免费成为会员）访问ファイルローグ软件的中央服务器，可以显示出现在联网状态中的其他用户的共享文件。

原告日本音乐著作权管理组织 JSASRAC 认为被告 MMO 提供的 P2P 交换服务中，未经许可将乐曲权利人的音乐著作物以 MP3 的形式互相交换的行为构成了向 "公众提供"，基于复制权、自动公众送信权和送信可能化权受到侵害，请求被告停止相关服务。

法院运用 "卡拉 OK 法理" 肯定了侵害。理由是：被告的 P2P 软件以及提供一系列相关的服务，可认定为是对侵害自动公众送信权和送信可能化权的行为进行了管理，构成管理性；又因被告从用户下载软件的网站上获得广告收入，构成盈利。在满足管理性和利益性的条件下，法院通过 "卡拉 OK 法理"，拟制 P2P 技术服务提供者为公众送信权的侵害主体，二审法院也维持了一审判决。[③]

从 "ファイルローグ事件" 之后，涉及利用互联网提供诱发侵权装

---

① A&M Records, Inc., v. Napster, Inc., 239F. 3d1004（9th Cir. 2001）。

② 现在的 P2P 技术已经不需要用户访问中央服务器，如日本的 Winny 事件中的软件。该事件为刑事案件，一审法院认定被告 P2P 软件提供者作为著作权侵权的帮助犯，二审法院推翻了一审的认定，宣告被告无罪。Winny 事件一审，京都地判平成 18.12.13 判夕1229号 105 页。Winny 事件二审，大阪高判平成 21.10.8 平成 19（う）461。案例评释可见藤本孝之：「ファイル共有ソフトの開発提供と著作権侵害罪の幇助犯の成否— Winny 事件—」知的財産法政策学研究 17 号。

③ 判决内容可参见：ファイルローグ事件，著作权一审判决：東京地判平成 15・12・17 判時 1845 号 36 页。关于该案著作邻接权的一审判决：東京地判平成 15・12・17 平成 14（ワ）4249；著作权二审判决：东京高判平成 17・3・31 平成 16（ネ）405。关于该案邻接权的二审判决：东京高判平成 17・3・31 平成 16（ネ）4465。

置或服务的案例，法院大量地运用"卡拉 OK 法理"来判断提供者的责任。有肯定其侵权责任者①，亦有否定的案例②，也出现了抛弃"卡拉 OK 法理"采取综合考量性法理的案例③，但是这些服务提供者只是针对特定用户，与其签订书面合同后通过网络方式提供服务，而并非像 P2P 软件、BBS 网站，或者视频分享网站那样针对不特定的网络用户提供服务，因而也不能享受《网络服务提供商责任限制法》中关于损害赔偿责任的免责保护，本书所说网络服务提供商也仅指针对不特定用户提供服务的主体。

3. "卡拉 OK 法理"的弊端

经过上述扩张和转用的"卡拉 OK 法理"，作为其判断基准的利益性要件和管理支配性要件都有了很大的变化。首先是利益性要件的"形骸化"，早在"卡拉 OK 法理"提出之初，利益性要件就饱受批评，现在则是有考量利益性要件的判例，也有越来越多的裁判不再考量利益性要件，或者有些案例形式上考量，但实际上并未纳入实质判断的因素。④ 而另一个管理性要件则变得相当模糊，脱离了"卡拉 OK 法理"原本的主战场，扩张到对诱发侵权的系统或服务进行规制，其要件变得相当抽象，究竟判断侵权与否的分歧点在何处反而成为众说纷纭的难题。⑤

"卡拉 OK 法理"现在最大的问题也就是超越其原本的主战场，将适用范围扩张到不具有物理上直接人为支配关系的领域。比如扩张到网络服务提供商的诱发侵权装置或者服务，将网络服务提供商对装置的管理行为视为"卡拉 OK 法理"的管理性要件，其结果不是对人的管理行为的规制，而是规制了诱发侵权装置或者服务本身。即扩张的后果客观上创造出了新的著作权侵害类型，而这一新类型不是由立法规定的，是由法官在适

---

① "録画ネット事件"，相关判决可见：一审東京地决平成 16. 10. 7 判时 1895 号 120 页，二审知财高决平成 17. 11. 15 平成 17 年（ラ）10007。
② "まねき TV 事件"，相关判决可见：東京地决平成 18. 8. 4 判时 1945 号 95 页，二审知财高决平成 18. 12. 22 平成 18（ラ）10012。
③ "MYUTA 事件"，相关判决可见：東京地判平成 19. 5. 25 平成 18（ワ）10166。
④〔日本〕潮见佳男：「著作権侵害における『間接侵害』の法理」コピーライト 2007 年 9 月期 8 - 9 页。
⑤〔日本〕田村善之：「著作権間接侵害」知的財産法政策学研究 26 号、53 页。

用法律时"无意中"创造出来的。这就产生了两个问题：第一，这一类似于"法官造法"的创造与日本现行著作权法体系并不协调；第二，取代了立法，有越俎代庖之嫌。①

　　首先探讨与日本现有著作权法体系的协调问题。日本《著作权法》规定对于数字录音录像设备的提供者，不适用《著作权法》的停止侵害请求权，而代之以"私人录音录画补偿金请求权"这一报酬请求权。② 同样是诱发侵权道具的提供者，对于数字录音录像设备的提供者，立法明确规定不通过停止侵害请求权，而是采取报酬请求权的模式；而对于诱发侵权系统或者服务的提供者（包括网络服务提供商），法院却通过判例创造出新的规则，要求其承担《著作权法》中的损害赔偿和差止请求责任。尤其在二者身份重合的时候，如果法院通过"卡拉OK法理"认定道具提供者为著作权法的利用主体时，会使私人录音录像补偿金请求权制度的存在意义大打折扣。

　　其次是法官创造新的著作权侵害类型，有越俎代庖、取代立法作用之嫌。即便法院做出的判断是正确的，但这也应该是立法者的工作，如果法官超出现行法律框架做出创造性的裁判，容易导致立法流于形式。以下通过两个法条来简单分析立法者的意图：一条是日本《专利法》第101条对专利间接侵害行为的规定，当侵害人提供的装置导致专利侵权时，对提供该装置的行为予以规制。而日本《著作权法》对权利人的权利做了详尽的规定，却没有对间接侵害著作权的行为做出任何规定，这至少说明立法者尚未在此领域做出任何倾向性判断。另一条是日本著作邻接权人所享有的送信可能化权，与著作权人可以享受到完整的公众送信权不同，著作邻接权人只能控制侵害人不得未经许可将自己的作品上传至网络服务器，而通过网络服务器再向公众用户传播的行为则不在著作邻接权人所控制的送信可能化权的范围内了，此时从理论上说，网络服务提供商从服务器向公众传输的行为已经不在著作邻接权人的控制范围了。即本来网络服务提供商的主要行为是将侵权作品从

---

① 〔日本〕田村善之：「著作権間接侵害」知的財産法政策学研究26号、66-68頁。
② 日本《著作权法》第30条2项，以及第104条之二到第104条之六。

中央服务器传输给不确定网络下载用户，这应该是在送信可能化权效力范围之外的，但是"卡拉 OK 法理"的出现，将网络服务提供商拟制为上传侵权作品的直接侵权者，其行为也视为上传侵权作品，从而纳入了送信可能化权的范围，但这种无形中扩大著作权邻接权人权利的做法也许并非立法者当初的设定。

（二）　限制网络服务提供商损害赔偿责任的法律及其适用

日本 2002 年出台了专门限制网络服务提供商责任的法律，简称《网络服务提供商责任限制法》，这是在认定网络服务提供商构成侵权之后，限定其损害赔偿责任的特别法，其地位非常重要。

该法规定了两方面的内容：在互联网上的主页或者 BBS 网站等网络服务提供商，将信息传输给不特定的网络用户而侵害他人权利的情况下，一是限制网络服务提供商的责任（该法第 3 条）；二是受害人可以请求网络服务提供商告知侵害人信息（该法第 4 条）。其中，这里所说的"侵害他人权利"，不仅仅是他人的著作权，也包括名誉权、隐私权等，其范围与民法侵权行为法所要保护的范围一致。此外，本法要求网络服务提供商的信息传输行为必须针对不特定的用户，如果用电子邮件与用户一对一的通信则不在该法规制的范围内；或者给多个用户同时发送邮件，应视为一对一通信的集合，也不在规制范围内。下面着重介绍该法第 3 条，即对网络服务提供商损害赔偿责任的限制。

1. 法条分析[①]

（1）第 3 条第 1 项——针对网络服务提供商的不作为

该法第 3 条第 1 项规定，网络服务提供商因为自己提供的传输服务导致出现侵害他人权利的信息，对于因此产生的损害，在网络服务提供商有能力设置防止侵害措施而没有设置的情况下，如果没有以下两种情况，网络服务提供商不用承担损害赔偿责任。两种情况是指：第一种，网络服务提供商明知该信息的传播侵害他人权利；第二种，网络服务提供商知道该

---

① 本节法条分析的内容基本上摘自日本总务省《网络服务提供商责任限制法逐条解说》的说明。该解说的日文全称是『特定電気通信役務提供者の損害賠償責任の制限及び発信者情報の開示に関する法律——逐条解説』，日文下载地址：http://www.soumu.go.jp/menu_news/s-news/2002/pdf/020524_1_a.pdf，2015 年 11 月 23 日访问。

信息的传播，并且有相当的理由足以认定网络服务提供商知道该信息的传播侵害他人权利。此外，在网络服务提供商构成侵害他人权利信息的"发信者"时，不适用本项的免责规定。

对于网络服务提供商没有设置防止侵害措施，并且是否负有作为义务也不清晰的情况下，该项旨在尽可能地明确网络服务提供商承担损害赔偿责任的范围。依据本项规定所确定的承当不作为责任的范围，网络服务提供商可以更好地应对可能出现的可疑信息，提高其行为的预测可能性；同时可以防止网络服务提供商因为过于担心承担不作为义务，过度地设置预防侵害措施，反而侵害了信息发布者的言论自由。

本项需要注意的几点是：第一，本项仅仅规定了限制网络服务提供商所要承担的损害赔偿责任，对于是否限制权利人的停止侵害请求，没有任何规定。也就是说，依据《著作权法》或者侵权行为法判定网络服务提供商应承担侵权责任时，对于权利人的停止请求，只需考察是否满足《著作权法》或者侵权行为法本身的要件；而对于权利人的损害赔偿请求，除了考察《著作权法》或侵权行为法之外，还需考察《网络服务提供商责任限制法》的规定，只有在依据该法仍不能免责的情况下，网络服务提供商才需承担损害赔偿的责任。

第二，本项所要求的"损害"，必须是现实已经产生了的损害，而不是有可能产生损害的状态。

第三，本项第1号规定"网络服务提供商明知该信息的传播侵害他人权利"，反过来看，如果没有认识到侵害他人权利，网络服务提供商无须承担任何责任。其结果就是认定网络服务提供商并没有严密监视自己网络平台上信息的义务，因为课以这样的义务，会有碍信息的正常传播和流通。

第四，本项第2号规定的"有相当的理由足以认定"，应以通过正常注意即可知晓作为客观标准，什么样的情况构成"相当的理由"，其最终的判断还是应交由司法判断。依据日本总务省《网络服务提供商责任限制法逐条解说》所举的例子，比如通过正常渠道无法获得的个人信息（住所、电话等）、与公共利益无关的诽谤中伤就属于"有相当的理由足以认定"的信息；而对于权利人主张自己的作品被放到网络平台，却没有提出任何证据的，或者网络服务提供商不进行充分调查就无法判断该信息是否具有违法性的，就属于不具有"相当的理由"。

第五，本项但书规定的"发信者"，如何认定网络服务提供商是否构成"发信者"，这在实务中是一个难点，后面的论述也会有所涉及。本项但书规定的立法旨趣在于，如果网络服务提供商不仅仅是提供网络空间，其自身也积极参与上传或者下载侵权作品时，自然不能享受免责的待遇。依据本法第2条第4项的规定以及《网络服务提供商责任限制法逐条解说》的解释，所谓"发信者"是指向网络服务提供商所用的传输设备的记录媒介中记录信息，或者在送信装置中输入信息者。而"在记录媒介中记录信息"与"在装置中输入信息"的区别之处在于：前者是指蓄积型的通信设备，发信者必须在特定的服务器中记录下自己要发送的信息，使其置于能在网络上流通的状态，比如BBS网站，或者视频分享网站；后者是指非蓄积型的通信设备，比如实时处理数据传输技术。

（2）第3条第2项——针对网络服务提供商的作为

该法第3条第2项规定，网络服务提供商设置防止侵害的措施，并因该措施给信息的"发信者"造成了损害，该防护措施被认定为在必要的限度范围内时，如果符合以下两种情况的任一种情况，都不用承担赔偿责任。这两种情况是指：第一，网络服务提供商有相当的理由足以认定该信息的流通侵害了他人权利；第二，有人主张自己的权利受到侵害，向网络服务提供商提示了权利受到侵害的信息、被侵害的权利以及权利被侵害的理由，并要求网络服务提供商对该侵害信息的传输设置防护措施。接到该申请之后，网络服务提供商向该信息的"发信者"提示他人所主张的侵害要求，并对其发出了通知，征求其是否同意设置信息传输防护措施。在此情况下，该"发信者"在接到通知后的7日之后，仍然没有提出反对设置信息防护措施的意见。

本项与上述第1项不同，第1项规定的是网络服务提供商与权利人之间的关系；本项规定的是网络服务提供商与被疑侵害信息的"发信者"之间的关系。即在网络服务提供商设置了防止侵害措施的情况下，除非明确地满足一些条件，否则不对被疑侵害信息的"发信者"承担损害赔偿责任。本项规定旨在使网络服务提供商不必过于担心自己设置防止侵害措施会不会侵害"发信者"的权利，尽量让其明确免责的界限。

本项需要注意的几点是：

第一，本项的前提是：本来"发信者"上传的信息并没有侵害他人的任何权利，但是网络服务提供商误以为是侵害他人权利的信息，从而对该信息设置了防止流通的措施，因为该措施导致了对"发信者"利益的损害。

第二，本项第1号所规定的"网络服务提供商有相当的理由足以认定该信息的流通侵害了他人的权利"，是指网络服务提供商认为某条信息侵害了他人权利从而对其设置了信息传输防护措施，然而结果证明该条信息并没有侵害他人权利时，只要网络服务提供商尽到了通常的注意义务仍然无法避免，就可以免除损害赔偿责任。

第三，本项第2号规定的网络服务提供商在收到他人的申诉后，向"发信者"发出征求其同意与否的通知，"发信者"在收到通知后7日之内没有回复的，网络服务提供商可以采取防止信息流通的措施。

第四，本项第2号中明确要求他人认为自己的权利受到侵害，向网络服务提供商提出申诉时需要提示：侵害权利的信息、被侵害的权利、权利被侵害的理由。《网络服务提供商责任限制法逐条解说》则认为申诉者为了证明自己被侵害的事实，理所当然应提供姓名等个人基本信息。

2. 《网络服务提供商责任限制法》在司法实践中的运用

《网络服务提供商责任限制法》的立法宗旨在于，考察网络服务提供商承担侵权责任时，差止请求与损害赔偿请求应分别考察，从而既使能权利人及时删除侵权作品，也能使网络服务提供商不必因为被认定侵权而承担过重的损害赔偿责任，进而达到二者利益的完美协调。但是在上述有关网络服务提供商侵权的司法判例中，该法并没有发挥应有的作用，虽然形式上法官在做出判决时往往对是否适用该法进行了考量，但现实中法官有意或者无意的规避行为，使该法被"形骸化"了。

（1）构成"发信者"导致不能适用《网络服务提供商责任限制法》的"TVブレイク事件"[①]

《网络服务提供商责任限制法》第3条1项的但书规定，如果构成"发信者"，则不能适用该法。在"TVブレイク事件"中，网络服务提供商被适用"卡拉OK法理"，认定其构成侵权，此时再考察《网络服务提供商责任限制法》，如果满足该法规定的要件，则可以免除网络服务提供商的损害赔偿责任。然而法院却扩大解释了该法第3条1项但书规定的"发信者"，使得本案中视频分享网站运营者无法免除损害赔偿责任。

东京地方法院认为被告公司引诱、扩大、招徕著作权侵害行为，并因违法行为而获取利益，应当视为著作权侵害的主体，即构成"发信者"。如前面介绍法条时所述，依据本法第2条第4条对发信者的定义，所谓"发信者"是指向网络服务提供商所用的传输设备的记录媒介中记录信息，或者在送信装置中输入信息者。从字面意思上来看，网络服务提供商不是直接记录或输入信息者，直接记录或输入信息的是网络用户，但是法院驳回了被告的这一主张，认为记录或者输入信息者不限于直接从事该行为者，从而认定被告网络服务提供商也构成发信者，从而不能免除损害赔偿责任。[②]

法院这种认定方法带来了一些问题。如果不考虑《网络服务提供商责任限制法》第3条第1项关于"发信者"的但书规定，仅仅考察第3条第1项的前半部分，网络服务提供商不具备第1项规定的两种情况，即如果不考虑但书规定，网络服务提供商无须承担损害赔偿责任。如果考虑"发信者"的但书规定，但是按正常情况对"发信者"的定义进行文义解释，网络服务提供商也不用承担损害赔偿责任。正是因为法院对"发信

---

①　参见TVブレイク事件，東京地判平成21年11月13日平成20（ワ）21902。

②　对上述案件的陈述和分析参考奥邨宏司：『動画投稿共有サイトとセーフハーバー～日米裁判れいの比較検討～』，2010年2月20日北海道大学知识产权研究会发表；佐藤豊：『動画投稿サイトの運営者の法的責任に関して－TVブレイク事件（東京地判平成21年11月13日平成20（ワ）21902）を題材に－』，2010年5月14日北海道大学知识产权法研究会发表。

者"的定义进行了扩大解释,导致了网络服务提供商构成了"发信者",从而无法免于损害赔偿责任。这样做的问题在于,《网络服务提供商责任限制法》本意在于限制网络服务商的损害赔偿责任,更重要的是为其提供预测可能性,使其放心地提供网络服务。如果这种扩张的解释效力及以后的判例,导致对"发信者"的解释不明,会不会使该法失去了立法的意义?

（2）构成"发信者"导致不能适用《网络服务提供商责任限制法》的 P2P 软件"ファイルローグ事件"①

在 P2P 软件"ファイルローグ事件"中认定网络服务提供商的侵权责任之后,法院与上述"TVブレイク事件"一样,都认为虽然被告满足了第 3 条第 1 项前半段的免责条件,但是因为被告构成第 3 条第 1 项后半段但书规定的"发信者",因此不能免除损害赔偿责任。不过与"TVブレイク事件"中对"发信者"的概念采取扩张解释不同,一审法院认定被告的中央服务器与藏置有共享文件的个别用户的电脑构成不可分割的一体,构成"发信者"定义中的"记录媒介",因此被告构成"在记录媒介中记录信息者",从而认定为"发信者",不能免于损害赔偿责任;二审法院则认为网络服务提供商应该可以充分预见到自己提供的是侵权盖然性很高的服务,而其不仅做出类似劝诱用户侵权的举动,还从提供的服务中直接或者间接获取利益,可以说是将侵权作品置于流通环节的积极促成者,因此构成"发信者"。可以说,无论是一审或者二审的法院,都是以认定网络服务商构成侵权的理由再次认定其构成"发信者",这样的做法导致《网络服务提供商责任限制法》不同于侵权认定,旨在限制网络服务提供商损害赔偿责任的独立作用完全无法发挥。

（3）评价

法院为什么忽略或者刻意回避《网络服务提供商责任限制法》的适用?一个很重要的原因可能在于日本音乐著作权管理组织 JSASRAC 的势力过于强大。如上述"TVブレイク事件"和"ファイルローグ事件"的两个案例中,原告都是 JSASRAC,网络服务提供商所搭建的视频分享网

---

① 参见东京高判平成 17 年 3 月 3 日判时 1893 号 126 页。

站或者所提供的 P2P 软件中，有很大一部分都是 JSASRAC 所管理的音乐作品，比如"TVブレイク事件"中，被告的视频分享网站"音乐""动画""电影"三个板块中，3/4 以上都是原告 JASRAC 管理的作品，网站所有上传视频中，半数左右是原告管理的作品。可以假设一下，如果中国的某家唱片公司拥有 200 首音乐作品的著作权，对中国的视频分享网站提起起诉，中国的视频分享网站可以主张自己不知道这 200 首音乐作品是侵权作品。但在日本的情况是，视频分享网站中一半以上都是原告 JAS-RAC 管理的音乐作品，此时有这么多作品都是在原告管理之下的，被告应该知道其视频分享网站内的音乐作品大多数都需要与 JASRAC 签订授权许可协议的，如果没有得到 JASRAC 的授权，那么其网站内大部分音乐作品都是非法上传的，关于这点，视频分享网站的运营者是可以预料到的。所以法院一旦认定网络服务提供商构成侵权，在判断其是否要承担损害赔偿责任时，由于网站内非法作品的比例过高，往往无法免除其损害赔偿责任。此时日本网络服务提供商的处境就很矛盾。一方面由于某首歌曲可能是 JASRAC 管理的作品，也有可能是用户自愿上传的个人作品，甚至可能是不在权利人控制范围内的戏仿作品，作为网络服务提供商无法逐一审查；但另一方面，如果无法逐一审查，而上传作品中 JASRAC 管理的音乐作品又占据很大比重，被起诉后往往会面临败诉的命运。

第四节　存在问题与展望

一　网络技术的发展与音乐产业模式变革

日本音乐产业结构中，实体唱片业的销售依然占据了市场的 78%，实体唱片市场规模位居世界第一。这体现了随着 20 世纪后半叶复制技术的普及，日本著作权法紧随时代潮流，通过设立出租权保护唱片租赁业的兴起，用法律制度为新的盈利模式保驾护航；通过设立私人录音录像补偿金制度抵御了数字时代新技术对权利人的冲击，实现权利人权益和用户利益的双赢。

一方面，消费者受惠于新技术带来的便利；另一方面，权利人也通过 JASRAC 行之有效的管理方式使利益充分回流给创作人，为其提供稳定的创作环境。产业链形成良性循环，使日本音乐在亚洲乃至世界范围内大师辈出，拥有良好的声誉。

但面对 21 世纪互联网的迅猛发展，日本并没有跟上时代发展的步伐。首先，《著作权》中欠缺构成侵权的明文规定，修改应对缓慢，至今没有关于网络间接侵权的明确规则。其次，在司法领域严重偏向权利人，对提供网络新技术的服务商苛以重责。如前文所述的视频分享网站和 P2P 软件，均是网络音乐传播的重镇，日本法院在判定这些互联网音乐传播服务是否构成侵权时，通过所谓的"卡拉 OK 法理"，将用户个别的上传行为拟制为网络服务提供商的行为，完全不考虑网络服务提供商主观样态（是否充分尽到注意义务），虽然有限制网络服务提供商赔偿责任的《网络服务提供商责任限制法》，但法院却利用其中"发信者"条款，实质回避了该法的适用可能性。这也导致了日本音乐产业在互联网领域虽然每年保持持续增长态势，但是发展速度远远不如其他国家。

网络音乐市场发展需求非常急迫，却受到了现行法律的桎梏和行业既得利益者的阻碍。在互联网＋时代，一首歌曲成功收回创作成本乃至获取更大的商业利益，CD 唱片的销售和租赁应该仅仅是其中极少一部分，有更多的商业模式可供权利人选择。这种多元化需求就要求不能只有一家音乐著作权集体管理组织 JASRAC 供权利人选择，应该有更多家集体管理组织能实际进入音乐管理的市场。最近最高法院对 JASRAC 一揽子协议的认定态度从某个侧面反映了这种趋势。

二　JASRAC 的一揽子许可协议（blanket license）和《反垄断法》①

（一）问题所在

广播电台、电视台在使用音乐作品时，必须向权利人支付放送使用

---

① 本节数据资料和部分内容参照〔日本〕安藤和宏著，顾昕、郭薇译《简述日本音乐著作权协会 JASRAC》，载《网络法律评论》第 13 卷，北京大学出版社，2011，第 267－282 页。我国的《反垄断法》日文相对应的是《独占禁止法》。

费。作为著作权管理机构的 JASRAC，在放送使用费的计算上采用了一揽子许可协议和按歌曲收费两种方式。但是自 1978 年 4 月以来，几乎所有的广播、电视台都选择了一揽子许可协议的方式。依照这种方式产生的放送使用费，占 NHK（日本放送协会）年度所有事业收入的 1.5%，占各个民营广播电台、电视台前年度放送事业收入的 1.5%。

　　这种计算方法实际上是以一个事实为前提的，即默认各个广播电台、电视台使用的音乐作品，几乎 100% 都是 JASRAC 管理下的音乐作品。之所以说"几乎 100%"，是因为在 e-License 著作权管理机构加入这个市场之前，各个广播电台、电视台也会偶尔使用非 JASRAC 管理下的作品，比如地下乐队的音乐和游戏音乐作品。但各个广播电台、电视台并没有要求 JASRAC 变更计算方法，将不在 JASRAC 管理下的乐曲从使用费中扣除。这是由于各个广播电台、电视台在使用音乐作品之前无法确认其是否属于 JASRAC 管理下的作品。广播电台、电视台（或者音效公司、选曲公司）在选曲之际，会选择标有在 JASRAC 管理之下的唱片或 CD。但是，唱片或 CD 中即便只有一首歌曲被 JASRAC 收为管理歌曲，贩卖公司为了方便处理和 JASRAC 之间的权利关系，也会在唱片或 CD 上面附上 JASRAC 的标志。也就是说，一张唱片或 CD 上附有 JASRAC 的标志，并不意味着里面所有收录的曲目都在 JASRAC 的管理之下。

　　这也是各个广播电台、电视台出于经济原则所采取的行动。即使用的歌曲中 99% 以上都是 JASRAC 管理之下的歌曲，那么播放非 JASRAC 管理歌曲的概率几乎为零。各个广播电台、电台每天会播放大量音乐，确认所有播放的音乐作品的权利归属几乎是不可能的，即便真的要一一确认，也需要相当大的成本。再加上 CD 中收录的新曲向 JASRAC 提出作品管理申请书时，往往是在 CD 销售日之后（甚至有的在 3 个月之后），广播电台、电视台根本无法有效地对这样的新曲进行调查，各个广播电台、电视台等于默认了所有的播放曲目都在 JASRAC 管理之下这一前提。如果真的播放了非 JASRAC 管理下作品，并且有权利人发现了这一播放行为，那么广播电台、电视台就需比照 JASRAC 使用费的规定，支付权利人放送使用费。

　　不过事实上，非 JASRAC 管理下作品的权利人发现自己作品被利用的概率极低。权利人每天面对如洪水般涌来的无数广播、电视节目，不可能一一确认其中是否使用了自己的作品。如果权利人向广播电台、电视台提出费用请求，则必须确定该作品的具体播放日、播放时刻、节目名称、歌曲名等。虽说现在因为技术的发展，可以对节目进行录像，权利确认比起以前容易得多，但也没人这样做。因此，非 JASRAC 管理下作品的权利人向广播电台、电视台提出费用请求的实例极其罕见。

如上所述，对于播放的歌曲，广播电台、电视台无法正确把握其中属于 JASRAC 管理歌曲和不属于 JASRAC 管理歌曲之间的比例。因为不存在实证的数据，所以广播电台、电视台无法提出变更算定方法，要求 JAS-RAC 控除不属于其管理部分歌曲的使用费。但是，随着运用数字·网络技术来构筑使用歌曲报告系统的逐步推广，将来做出 JASRAC 管理曲目和非管理曲目之间比例这一实证数据的可能性大大增加。

（二）JASRAC 和公正交易委员会围绕放送使用费算定方法的攻防①

在广播电台、电视领域，e-License 著作权管理机构也开始介入管理这一领域的音乐作品。但是因为 JASRAC 和各个广播电台、电视台已经签订一揽子许可协议，而 JASRAC 的管理作品又几乎占到所有作品的 99%以上，各个广播电台、电视台都不愿意花费额外的费用与新加入的著作权管理机构（如 e-License）签订使用合同，向其支付报酬。日本公正交易委员会基于反垄断法，对此进行了审查，结论是认定 JASRAC 的行为违反了《反垄断法》第三条，从而对其做出了排除措施命令。公正交易委员会认定的违反《反垄断法》行为可以概括为以下三点：

第一，如果依照 JASRAC 现行的放送使用费的计算方法，广播电台、电视台向 e-License 等新加入的著作权管理机构支付放送使用费，只会给各个广播电台、电视台增加相应的经济负担。

第二，广播电台、电视台为了避免放送使用费的增加，不使用 JAS-

---

① 公正交易委员会，日文是"公正取引委员会"，是在内阁总理大臣所辖之下的合议制的行政委员会，作为内阁府外局的行政机构，为了在日本实施反垄断法（日文称之为"独占禁止法"）而设置的。可参见下列网址：http://ja.wikipedia.org/wiki/% E5% 85% AC% E6% AD% A3% E5% 8F% 96% E5% BC% 95% E5% A7% 94% E5% 93% A1% E4% BC% 9A2015 年 11 月 30 日访问。

RAC 以外的著作权管理机构管理下的作品，其结果就导致了 JASRAC 以外的著作权管理机构在广播、电视播放领域难以开展业务。

第三，JASRAC 现在实施的放送使用费的算定方法，排除了其他著作权管理机构的业务活动，违反了公共利益，实质上限制了日本在广播电台、电视播放领域的著作权管理方面的竞争。广播电台、电视台在利用 e-License 管理下的作品时，因为责任和费用都由该节目的制作公司和音效公司负担，所以这些公司必须对作品的相关权利进行处理。但是对于正为制作经费的削减而犯愁的节目制作公司和音效公司来说，他们不会愿意承担这样的使用费。除非是从唱片公司收到可以记入会计的合作（tie up）费等例外情况。

公正交易委员会基于上述事实，认为 JASRAC 与广播电台、电视台签订的一揽子许可协议中，JASRAC 管理下的作品与广播电台、电视台使用作品总数之间的比例不能通过协议中的使用费得到正常的反映，因而构成《反垄断法》中的"私的独占"（第 2 条 5 款），从而做出要求 JASRAC 变更放送使用费算定方法的排除措施命令。

在这里，对公正交易委员排除措施命令的依据，即《反垄断法》上的"私的独占"进行说明。

《反垄断法》将"私的独占"定义为："经营者单独或联合、串通其他经营者，使用不正当手段排除其他经营者的商业活动，或凭借自己的支配力违反公共利益，在一定的交易领域实质上限制了竞争"（《反垄断法》第 2 条 5 款）。在明确了"私的独占"概念后，在第 3 条中规定"经营者不得'私的独占'或不当地设置交易限制"，即禁止经营者的"私的独占"行为。

在这里需要注意的是，《反垄断法》并不禁止经营者在公平竞争状态下出现的垄断后果，该法限制的对象是排除、支配其他经营者经营活动的行为。因为经营者进行经济活动的目的就是扩大市场份额，乃至独占市场，以此为目标所做的新产品开发、产品改良，或者价格竞争，都无可厚非。因此，只要经营者之间的竞争是公平的，《反垄断法》就不应该介入。

但是，如果满足如前所述的"私的独占"要件的行为，则不属于公平竞争，将成为《反垄断法》的规制对象。公正交易委员会在《排除性私的独占适用指南》①中，将"排除"定义为"给其他经营者的经营活动造成难以为继的困难，给新加入的经营者的经营活动造成困难，在一定的交易领域实质上限制了竞争的种种行为"，并列举出典型的"私的独占的排除行为"：廉价贩卖、排他性交易、搭售、拒绝交易、差别行为。

经营者提供廉价、高品质的商品，只要是在公正、自由竞争的前提下，即便因此给其他经营者的经营活动造成困难，或给新加入的经营者的经营活动造成困难，其行为也没有任何问题。如果将这样的行为视为《反垄断法》的规制对象，那么《反垄断法》就会造成否定公平竞争的恶果。与《反垄断法》"确保消费者利益的同时，促进国民经济民主地健全发展"这一目的不符。那么，应该受到非难的、反竞争的"排除"行为究竟是什么行为呢？

一般来说，应该受到非难的反竞争的"排除"行为，如之前所举的"私的独占的排除行为"的典型形态那样，其竞争并不通过因迅速反映顾客的需求而有效率地做出虽然廉价但是反映其真实价格的商品，而是人为地将其他经营者从市场排除。但是确实存在某些行为，对于没有市场支配力的经营者是合法的经济活动，但对有市场支配力的经营者则可能会构成"排除"或"支配"，因此其违法性往往很难判断。

在这个案件中，JASRAC在放送使用费的计算方法上不能将其管理下的作品在所有播放作品中的比例正确地反映在收取的使用费中，因为JASRAC采取了依据广播电台、电视台等经营者的经营收入，一揽子征收歌曲使用费的方法，JASRAC以外的著作权管理机构因为自己管理的歌曲无法被广播电台、电视台的节目所采用，可以认定其在广播、电视领域的管理经营遇到了难以克服的困难。因此，这样的行为排除了其他管理机构的经营活动，构成了"私的独占"。

JASRAC不服公正交易委员会的排除措施命令，提起了（行政）审判

---

① 日文是"排除型私的独占ガイドライン"。

请求。① JASRAC 提出了以下主张，来说明放送使用费算定方法的正当性。

第一，与那些具有代替可能性的商品、服务不同，音乐作品基本上没有代替可能性。

第二，广播电台、电视台并不是为了避免增加额外的放送使用费，而不使用其他著作权管理机构的音乐作品，这种见解缺乏合理性。

第三，一揽子许可合同与 1 曲 1 回的个别许可合同，两者都有各自存在的理由，一揽子许可协议的做法几乎为国外所有的著作权集体管理组织所采用。

第四，依据一揽子协议许可征收的使用费中不包括其他著作权管理机构的部分。这一状况在《著作权等管理事业法》施行前后，或者在其他著作权管理机构加入这一市场前后并没有任何变化。

第五，一揽子许可征收协议征收的对象，即 JASRAC 管理下的乐曲数目并非一成不变，而是逐年递增。

第六，日本的著作权放送使用费，在国际上已经属于很低的水平，因诸多国外著作权管理机构提出要求，现在正在试图改善这种状况。

第七，JASRAC 认为本案不应该采取排除措施命令的方法，应该通过与公正交易委员会的协商，来探讨具有良好效果并具有切实可行性的征收方法。因此，对于排除命令措施的必要性，要求重新做出正确的判断。

第七点体现了 JASRAC 的困惑。在公正交易委员会做出的排除措施命令的描述中，难以判断其到底要 JASRAC 采取何种措施，即到底是按照现行的计算方法再乘以 JASRAC 所占的市场份额，还是按每首曲目来签订个别合同，排除措施命令并不明确。作为 JASRAC，在广播、电视等播放领域，其市场份额占了压倒性的多数，甚至超过 99%，自然会尽量避免将导致权利处理成本大幅增加的按曲目签订个别合同的方式，而采取按照现行的计算方法再乘以 JASRAC 所占的市场份额的方式与公正交易委员会进行协商。

---

① 需要注意的是，这里的"审判"并不是在法院进行的，其性质不是诉讼，而是由不服"排除措施命令"的人在收到命令书 60 日之内向公正交易委员会提出"审判"请求。"审判"由公正交易委员会或审判官（为了进行审判手续而指定的公正交易委员会的职员）主宰进行。可参见日本公正交易委员会网站对于"审判"手续的介绍。http://www.jftc.go.jp/dk/sinsa.html 2015 年 11 月 30 日访问。

通过漫长的审议，公正交易委员会于 2012 年 6 月取消了之前针对 JASRAC 做出的排除措施命令，判定 JASRAC 的一揽子协议并不违反《反垄断法》，这也被称为"JASRAC 无罪"的审议决定。

对这一审议决定不服、向东京高等法院提起诉讼的并不是被取消了排除措施命令的公正交易委员会，而是 JASRAC 的同行竞争对手 e-License。2013 年 11 月东京高等法院判定："JASRAC 无罪"的审议决定没有实质证据，判断有误，发回公正交易委员会重新审理。

公正交易委员会和 JASRAC 不服东京高等法院的判决，向最高法院提起上诉。2015 年 4 月 28 日，最高法院驳回了上诉，维持了东京高等法院的判决，认定取消排除措施命令有误，发回公正交易委员会重审。最高法院以东京高等法院认定的事实关系为前提，阐述了三点理由：

第一，对于广播电台、电视台而言，难以想象不与具有市场压倒性地位的 JASRAC 签订一揽子许可协议的后果。

第二，在计算授权许可费用时，这种一揽子征收方式没有反映 JASRAC 管理下歌曲的播放比例。广播电台、电视台为了避免播放费用的增加，只能刻意不使用其他音乐著作权集体管理组织下的音乐作品。

第三，一揽子许可协议所产生的抑制效果波及所有广播电台、电视台，持续时间也非常久。

最高法院最终得出的结论是：JASRAC 一揽子许可协议产生了"令他人进入音乐著作权管理领域变得非常困难"的结果。不过需要注意的是，终审最高法院和初审东京高等法院的判决中并没有直接认定"JASRAC 的一揽子许可协议违反《反垄断法》的规定"，而仅仅判断"JASRAC 无罪"的审议决定有误，JASRAC 一揽子许可协议是否违反《反垄断法》，还需要发回公正交易委员会重审之后才能最终确定。

三　小结

《著作权等管理事业法》的制定打破了音乐著作权法管理组织一家独大的局面，满足权利人多元化利用音乐作品的需要，随着技术的发展，还应该更精准地提供网络音乐的使用状况，做到依据音乐作品在网上的使用频率征收、分配许可使用费，使之能相对精准地回流到权利人处。

为了进一步扩大数字内容产业的未来市场，日本内容产业界着手进行著作权信息处理流程的重构（CDPR：Copyright Data Process Re-engineering），推进建设能够让内容提供商以及著作权管理团体双方顺利对接处理业务的共通基础平台，在此背景下，普通社团法人著作权信息集中处理机构（Copyright Data Clearinghouse，简称 CDC）于 2009 年设立。

著作权信息集中处理机构是网络传播运营商和著作权集体管理组织共同设立的第三方机构，旨在搭建集中处理内容著作权的基础平台。在著作物使用者及权利者的配合下，著作权信息集中处理机构收集关于著作物利用情况及权利关系的信息，通过自主研发的计算机系统进行处理汇总，向有关人员提供处理结果，以促进著作物等的合理顺利使用。此外，著作权信息集中处理机构还对电子指纹、电子水印、模式识别等用于著作物（著作权）管理的电脑技术（包括其安装技术）进行软件利用技术研发。

著作权信息集中处理机构目前集中处理的著作权集中在音乐领域，处理在 1000 余家公司、10000 余家网站发生的庞大音乐使用者和众多权利者之间的著作权业务。

著作权信息集中处理机构的具体业务内容如下：

第一，通过使用电脑提供信息，来支撑制作出音乐传送经营者对于权利者的利用业绩报告数据。

第二，通过引进先进电脑匹配技术，构筑一元化管理指纹、乐曲信息、与外部计算机系统的接口编码等复杂相关信息的数据库，提供可靠性更高的信息。

第三，进行其他与上述内容相关的事业。

基于日本政府知识财产战略总部推进的《知识财产推进计划 2008》，著作权信息集中处理机构的业务得到了日本内阁官房知识财产战略推进事务局、文化厅、总务省及经济产业省的大力支持和协助。①

---

① 薛亮：《日本版权交易媒介》，载《上海行业情报服务网》http://www.hyqb.sh.cn/publish/portal1/tab152/info11058.htm，访问时间：2015 年 11 月 30 日。

第五章 日本广播电视产业法治

本章主要介绍日本广播电视产业所涉及的法律法规体系及其实施的状况。从法律的性质上来看，日本的广播电视体系大致分为以《广播法》为主的公法体系和以《著作权法》为中心的私法规定。从主体上来看，除了电视台以及电台之外，广播电视法律体系也涉及第三方的节目监督机构、演员等协会团体组织的规定。本章的重心放在广播电视的商业活动上，所以非营利的公共电视台 NHK 不列在本章的讨论范围内。另外，广播电视产业所涉及的主体以及利益很多，仅以本章的篇幅难以全面整理日本广播电视法律体系以及落实状况。本章首先从日本广播电视产业的历史和特点入手，其次概述当代日本广播电视的法律体系，最后介绍具体的节目制作以及发行环节中的相关法律问题。

第一节 日本广播电视产业概述

一 日本广播电视发展简史

1930 年 6 月，公共电台 NHK 在年度会议上决定启动电视业务的项目。然而，真正的电视节目播出要等到 1940 年。在这一年，NHK 技术研究中心制作并试播了日本首部电视剧《晚餐之前》。也就是说，第二次世界大战之前，日本放送产业以广播为主，电视节目的制作和播出尚处于实验阶段。

第二次世界大战结束之后，1945 年盟军总部要求日本政府设立民间的广播电视公司，对广播电视经营实行许可制。1947 年 10 月，根据盟军

总部的意见，政府公布关于开设民间广播电视公司的指导方针。1950 年
4 月 1 日，日本国会通过《放送法》《电波法》和《电波监管委员会法》，
于 6 月 1 日生效实施。《放送法》（1950 年法律第 132 号）、《电波法》
（1950 年法律第 131 号）和《电波监管委员会设置法》（1950 年法律第
133 号）统称为电波三法。电波三法的出台也标志着日本电视广播法律体
系的初步建立。到了 60 - 70 年代，除地面有线信号的免费频道和 AM 广
播之外，CATV 电视广播以及 FM 广播也成为地面有线电视广播服务的主
要形式①。1972 年颁布实施的《有线电视放送法》（1972 年法律第 114
号），为 CATV 电视广播节目制作以及播出提供了法律上的依据。以上的
广播电视法律体系基本以广播电视台为规制对象，根据电视台性质的不
同，适用不同的法律规定。具体来说，民营电视台和 NHK 的业务归《放
送法》管理，有线电视的业务归《有线电视放送法》和《电力通信事业
法》（1984 年法律第 86 号）管理，卫星电视则在《放送法》和《电力通
信事业法》规定。

日本主要的电视台成立于 20 世纪 50 - 60 年代。分别为：1952 年成
立的日本首家民营广播电视公司日本电视广播网股份有限公司（The Ja-
pan National Network Company）；1953 年 2 月 1 日和同年 8 月 28 日开播的
NHK 东京电视台和日本电视台（NTV）；1955 年 4 月成立的广播东京电视
台（现 TBS 电视台的前身）；1959 年 2 月成立的朝日电视台的前身日本教
育电视台；1952 年 3 月成立的日本富士电视台；以及 1964 年 4 月设立的
现东京电视台的前身东京 12 频道电视台。至 1957 年 10 月，日本全国共
计 43 家民营电视台获得电视广播业务的准许证②。

进入 70 年代，随着日本经济的高速发展，电视在日本家庭中迅速普
及。有研究指出 1970 年日本家庭的电视持有率达到 90%③。同时，1970 年
代之后日本电器产业开始进军世界市场。得益于电子产业的发展，在电视

---

① 〔日本〕菅谷实：『総論　日本・中国・韓国のメディア制度と環境』、菅谷実编著「東
アジアのメディア・コンテンツ流通」、慶應義塾大学出版会、2005、9 頁。
② 上述电视台成立初期的历史参见〔日〕佐藤卓巳：『現代メディア史』、岩波书店、
1998、220 頁。
③ 〔日〕佐藤卓巳：『現代メディア史』、岩波书店、1998、221 頁。

制作器材领域，日本的产品在这一时期逐渐取代美国产品成为行业主力。①

　　同样是在 20 世纪 70 年代，日本政府对广播电视产业进行了重大的改革。1972 年，田中角荣内阁推行报纸电视产业的集团化改革。其改革内容是国内的电视台与报业集团合并，建立"报纸—电视台"媒体集团。改革之后形成的五大报纸电视集团分别是：TBS 电视台—每日新闻，日本电视台–读卖新闻，朝日电视台—朝日新闻，东京电视台–日本经济新闻，富士电视台—产经新闻②。由于这些电视台的总部都在东京，所以被称为在京（东京）核心电视台（key station）。在"报纸—电视台"一体化体制下，日本的主要报纸和主要电视台合作密切。属于同一集团的电视台和报纸，在信息源到编采体系中很大程度上共享人力和信息资源③。

　　到了八九十年代，日本的广播电视产业全面进入卫星电视的时代。1989 年，NHK 为解决偏远地区的收视难问题，在国内率先实施卫星电视。当代日本的通信卫星电视分为两种：第一是利用通讯卫星的 CS（communication satellite）频道。通信卫星数字电视广播运营商（通称 CS 服务）不进行节目的制作，直接播放的是电视台所制作的节目。迄今为止，日本的 CS 频道数超过 200 个；第二是使用位于东经 110°的广播卫星（Broadcasting Satellite）的 BS 电视频道，2000 年 12 月实施地面模拟电视并行的数字电视节目之后，地面民营电视网各自成立了 BS 数字电视部门。现在，包括 NHK 和民营电视台在内，共有 10 个 BS 电视节目频道，免费提供与地面有线电视节目同步的 BS 节目④。

二　日本广播电视产业结构

　　卫星电视开播的 1989 年到 2004 年，日本境内共有 384 个电视频道。在播放类型上，日本广播电视市场中，手机和网络的业务所占比重不足两

---

① 〔日〕佐藤卓巳：『現代メディア史』、岩波书店、1998、221 頁。
② 关于田中角荣内阁时期的报纸 – 新闻一元化沿革参见佐藤卓巳：『現代メディア史』、岩波书店，1998、223 頁。
③ 〔日本〕鈴木健二：『日米で同時進行する「マスメディア集中排除原則」の見直し』、成蹊大学大学文学纪要 2004 年 1 号 53 – 86 頁。
④ 关于 CS 和 BS 的历史，参见〔日〕金井重彦、龍村全：『エンターテインメント法』、学陽书店、2011、439 – 440 頁。

成，地面有线频道处于强势地位。① 除了电台或是电视频道之外，随着通信服务的发展，利用网络和手机收看电视节目逐渐增多；在收益的类型方面，公共电视台 NHK 的收入来自观众的收视费，而其他的民营电视网的收益主要依靠商业广告。近年来，除了收视费和广告收入，出售电视购物等节目时段也是电视台的创收手段之一。② 以下，本节将从五个方面来介绍日本广播电视产业的特点。

第一，简要梳理电视广播市场的规模及其趋势。图 5 - 1 是 2014 年日本总务省发布的关于日本电视广播市场的统计结果。该统计是通过 NHK 收视费、民营电视台的广告收入以及相关的事业收入、卫星电视的收费、CATV 的利用费来计算日本电视广播的市场规模。根据该数据，截至 2012 年度，日本电视广播产业的营业收入共计约 3 兆 8915 亿日元，较 2011 年减少 0.5%，收入构成如下：民营地面电视产业规模为 2 兆 2870 亿日元，较 2011 年增加 1.6%，占总体的 70.8%；卫星电视产业为 4510 亿日元（较 2011 年增加 0.4%）；CATV 产业为 4931 亿日元（较 2011 年减少 4.8%）。而在经营状况方面，截至 2012 年度，所有的电视广播产业均实现盈利：2010 年之后民营地面电视的盈利率呈现持续上升态势，为 6.2%；卫星电视和 CATV 产业的盈利率则分别为 8.5% 和 9.2%。③

第二，日本电视台之间存在密切的业务合作。由于人员和资金普遍不足，地方电视台为充实节目内容以及维持运营，通常选择和在京核心电视台进行业务合作。日本五大主要电视台所播出的节目中 95% 都是自主制作，而日本的地方电视台自主制作的节目仅为 30% 左右，其中大多数是当地新闻和天气预报。④ 正是基于上述产业背景，日本国内播放的电视节目基本上是由五大主要电视台制作的。

① 参见总务省：『通信・広播のあり方に関する懇談会　広播の現状　平成 18 年 2 月 7 日』。http://www.soumu.go.jp/main_sosiki/joho_tsusin/policyreports/chousa/tsushin_hosou/pdf/060606_saisyuu.pdf，最后访问时间：2015 年 12 月 2 日。

② 〔日本〕菅谷実：「総論　日本・中国・韓国のメディア制度と環境」，菅谷実编著《東アジアのメディア・コンテンツ流通》，慶應義塾大学出版会，2005，12 頁。

③ 総務省：『平成 26 年版　情報通信白書』。http://www.soumu.go.jp/johotsusintokei/whitepaper/ja/h26/html/nc256110.html，最后访问时间：2015 年 12 月 2 日。

④ 〔日本〕鈴木秀美・砂川浩慶・山田健太：『放送法を読み解く』、商事法務、2009、20 - 22 頁。

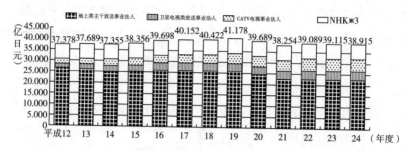

年度		12	13	14	15	16	17	18	19	20	21	22	23	24
民营放送事业法人	地上类主干放送事业法人	26.466	25.960	24.863	25.229	26.153	26.138	26.091	25.847	24.493	22.574	22.655	22.502	22.870
	包括社区电视	125	137	139	141	140	140	144	148	150	123	116	120	115
	卫星电视类放送事业法人	1.891	2.335	2.769	2.995	3.158	3.414	3.525	3.737	3.905	3.887	4.185	4.185	4.510
	CATV电视事业法人	2.463	2.718	3.076	3.330	3.533	3.850	4.050	4.746	4.667	5.134	5.437	5.177	4.931
NHK※3		6.559	6.676	6.750	6.803	6.855	6.749	6.756	6.848	6.624	6.659	6.812	6.946	6.604
合计		37.378	37.689	37.355	38.356	39.698	40.152	40.422	41.178	39.689	38.254	39.089	39.115	38.915

（单位：亿日元）

※1　以卫星放送产业的营业额为统计对象
※2　CATV产业是以有线电视为主要业务，自主播放节目并进行登记
一般放送营利法人（基于旧《有线电视放送法》第9条所规定仅利用旧
有线电视广播设施从事一般放送的法人不在此列）
※3　关于NHK的数值是指其事业经营收入
※4　1997~1999年地上电视类产业状况不详
※5　兼营有线电视等业务的社区放送企业不在此列

图 5 - 1　日本电视广播市场规模

　　第三，在实际的节目制作方面，近年来节目制作的外包有所增加①。
对电视台而言，与外部的制作公司合作可以丰富节目的创意，有时也可以
降低制作成本。电视台和外部制作机构的合作分为两种：一种是专业制作
公司提供专业内容的节目，另一种是电影以及体育节目的转播。在前者的
制作合同签订以及实施过程中，由于制作公司和电视台之间的谈判地位悬
殊，制作公司有时不得不接受电视台的不合理条件②。后者的体育节目，
留待第三节再做阐述。

---

①　实际的交易状况，参见コンテンツ流通促進検討会（総務省）：『コンテンツ流通促進
検討会報告書』、2002 年 6 月、8 - 9 頁，http：//www. meti. go. jp/policy/media_ con-
tents/downloadfiles/0530CON10houkokusho. pdf# search = % 27% E3% 82% B3% E3% 83%
B3% E3% 83% 86% E3% 83% B3% E3% 83% 84% E6% B5% 81% E9% 80% 9A% E4% BF%
83% E9% 80% B2% E6% A4% 9C% E8% A8% 8E% E4% BC% 9A% E5% A0% B1% E5% 91%
8A% E6% 9B% B8% 27，最后访问访问时间：2015 年 12 月 2 日。
②　〔日本〕浅井澄子：「日本メディア産業の構造と制度」，菅谷実编『東アジアのメディ
ア・コンテンツ流通」，慶應義塾大学出版会，2005，第 91 頁，http：//www. meti. go. jp/
policy/media_ contents/downloadfiles/0530CON10houkokusho. pdf#search = % 27% E.

第四，电视仍然是获取资讯的重要方式，受众的年龄以及性别对于节目的收视有一定影响。根据东京大学社会信息研究所和日本电通总研共同出版的《日本人的信息行动 2012 年》，日本民众经常收看的电视节目类型依次为：新闻报道，综艺类节目，电视剧，体育节目，民生咨询类节目，电影以及音乐。其中，女性观众经常收看的分别为综艺节目，电视剧，民生咨询类节目，音乐以及旅游美食；而男性观众则倾向收看体育，电影和动画类的节目。另外，按照年龄层的不同，中老年人多观看新闻报道，美食旅游以及科教类节目，而青少年则喜欢观看综艺节目和动画节目①。

第五，需要指出的是，日本电视广播产业的主体不仅仅限于电视台。围绕日本广播电视的法律法规以及实施过程，相关的行业团体也是重要的参与者。其中，主要的行业团体包括：日本文艺家协会，日本剧作家联盟和日本剧本作家协会，日本音乐著作权协会，日本电影导演协会，日本艺能表演家团体协议会，日本音乐行业协会和影像表演权利者共同机构，影视作品权利处理机构和日本唱片协会。

第二节　现行的日本广播电视法律体系

2010 年，为了应对通信技术服务的发展，日本国会对广播电视的法律制度进行了大幅度的修订。本节以 2010 年广播电视制度的修订为主线，梳理现行日本广播制度的基本内容。

自 2006 年起，为适应快速发展的互联网以及通信技术，总务省组织多次专家研讨会和信息通信审议会讨论修订现有的电视广播法律制度。2010 年，日本国会通过的修订法案将现行的通信/电视广播制度重新整合成内容和通信设备两大板块，形成以下的法律为核心的统一通信资讯制度。分别为：规定节目内容的《放送法》；涉及通信服务的《电力通信事业法》，规制通讯设备的《电波法》以及《有线电力通信法》（见图 5-2）。

---

① 以下调查内容参见〔日本〕桥元良明编：『日本人の情報行動 2010』、東京大学出版会、2010、198-199 頁。

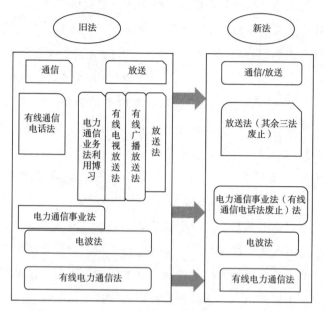

图 5 - 2　2010 年广播电视制度改革的新旧法对照

一　《放送法》的改革

《放送法》（2010 年 12 月 3 日法律 65 号）的改革主要体现在以下的6 个方面：（1）广播概念的扩张和产业整合；（2）排除垄断原则的法定化和出资比例的限制；（3）确保广播电视信号的传输，减少播放事故的发生；（4）广播电视节目类别的公开；（5）收费电视服务的相关规定；（6）节目重播纠纷的调停和仲裁制度。

（一）放送概念的扩张和产业整合

在 2010 年的修订中，援引《电力通信事业法》（1984 年 12 月 25 日法律 86 条）的条款，将放送活动定义为"以公众的直接接收为目的，电力通信形式的信号输出"①。与旧法相比，这一概念取消了"有线"和"无线"的区别，作为电力通信的信号传输方式一视同仁，同时将利用他人的电力通信设备进行节目播放的行为也纳入了电视广播业务的范围。由此，

① 参见《电力通信事业法》（1984 年 12 月 25 日法律 86 号）第 2 条第 1 项，日本电子政府法令数据库。http://law.e-gov.go.jp/htmldata/S59/S59HO086.html，最后访问时间：2015 年 12 月 2 日。

现行法的放送概念，理论上涵盖了保护网络视频在内的所有通信形式。换言之，现在日本境内所有的通信形式都可以涉及《放送法》以及相关规定。

另一重大的修订是将放送行为重新划分为主干放送和一般放送。根据《放送法》的规定：主干放送是指通过专用或优先用于播放目的的电波频道传送信号的电视广播业务。具体包括：地面无线电视，BS 卫星电视，东经 110°CS，AM/FM/短波广播等；而一般放送则是指基本放送之外的电视广播业务，具体包括：东经 124°CS，有线电视，网络电视（Internet Protocol）等。[①] 两者业务内容的概要对比参见表 5 - 1。原先的规定采用的是软硬合一的管理模式，基本上要求电视制作方需同时拥有频道和建设传输设施。在 2010 年的修订中，导入软硬分离的业务模式。软性业务是节目的制作等有关内容的业务。与此对应，硬性业务是指电视信号的传输以及信号站的设立运营等硬件设施的建设以及使用维护。两者适用不同的准入标准（见表 5 - 2）[②]。

表 5 - 1　主干放送与一般放送

放送的业务（软性业务）	主干放送	一般放送	
	● 地面主干放送以及特定地面主干放送（包括 HS 一致许可制的对象） ● 用于地面移动设备的主干放送 ● 卫星放送	● 124/8CS（包括广播） ● 有线电视	收视覆盖地域窄，受众影响力小的一般广播，具体如有线广播和小规模的有线电视
主体	主干放送服务商	一般放送服务商	
准入规则	认定（《放送法》第 93 条）或是电波法上的许可（《电波法》第 7 条）	交由总务大臣登记（《放送法》第 126 条）	总务大臣备案制（《放送法》第 133 条）

① 参见《放送法》第 2 条第 2 项和第 3 项，日本电子政府法令数据库，http://law.e-gov. go. jp/cgi-bin/idxselect. cgi? IDX_ OPT = 1&H_ NAME = % 95% fa% 91% 97% 96% 40&H_ NAME_ YOMI = % 82% a0&H_ NO_ GENGO = H&H_ NO_ YEAR = &H_ NO_ TYPE = 2&H_ NO_ NO = &H_ FILE_ NAME = S25HO132&H_ RYAKU = 1&H_ CTG = 1&H_ YOMI_ GUN = 1&H_ CTG_ GUN = 1，最后访问时间：2015 年 12 月 2 日。

② 〔日本〕影井敬义：『通信・広播の法体系の見直しについて—「広播法等の一部改正する法律」による制度改正—』、映像情報メディア学会誌 65 - 5、665 - 666 頁。

表 5 - 2　放送业务的准入程序

主干放送
原则上分别采用无线信号的许可制和播放内容的认定制，但是要求软硬合并的服务商可免去后者的认定手续

一般放送

使用电力通信业务的放送活动	非使用电力通信业务的放送活动
有关电视广播节目制作的软性业务采用登记制	
提供电力通信业务的第三方须依照《电力通信事业法》进行登记备案	无须对业务中使用的电力通信设备加以登记

准入的审查标准
- 是否有资格上的瑕疵
- 技术能力
- 依据符合技术标准的该电力通信设备的使用权限。判断该服务商是否有权使用

（二）排除垄断原则和出资比例的限制

2010 年的《放送法》和《电波法》为保障广播电视的多样性，内容多元化，明确规定了电视广播排除垄断原则①。

排除垄断原则主要体现在业务许可审查阶段。即规定：第一，既有的主干放送服务商，或是对主干放送服务商拥有控制权以及其受其控制的主体，不得申请和接受新兴主干放送业务的认定（复数主干放送业务禁止原则）。第二，这里的控制是指，1/10 ~ 1/3 范围内的控股，以及部门规章规定所申请的业务和原有业务的收视范围重合覆盖率超过 10%，非重

---

① 该原则体现在《放送法》第 91 条，第 93 条第 1 项第 4 号及第 2 项，第 162 条第 1 项，《电波法》第 7 条第 2 项第 4 号。其中，《放送法》原文数据参见前注 16。《电波法》全文，日本电子政府法令数据库，http：//law. e-gov. go. jp/cgi-bin/idxselect. cgi？IDX_ OPT =1&H_ NAME = % 93% 64% 94% 67% 96% 40&H_ NAME_ YOMI = % 82% a0&H_ NO_ GENGO = H&H_ NO_ YEAR = &H_ NO_ TYPE = 2&H_ NO_ NO = &H_ FILE_ NAME = S25HO131&H_ RYAKU = 1&H_ CTG = 1&H_ YOMI_ GUN = 1&H_ CTG_ GUN = 1，最后访问时间：2015 年 12 月 2 日。另外，具体的实施办法交由总务省所制定。

合覆盖率超过 20% 的情况[1]。

如果在申请认定期间违反上述规定，总务大臣可以依法撤销其业务的许可。需要注意的，该规则并不适用于已取得许可的业务，2010 年之前已运营的电视广播运营商不受排除垄断原则的限制[2]。

（三）安全可靠的信号传输系统

作为传递生活所需信息的重要渠道，确保安全可靠的广播电视信号传输也是关系到资讯传播和社会民生的重要问题。2010 年修订的《放送法》在延续了已有技术标准的基础上，规定各大电视台以及运营商应当遵守技术标准，并且有义务上报重大的广播电视事故以及及时向总务大臣汇报事故的原因[3]。

上述规定适用的对象是主干放送业务以及从事软性业务的需登记的一般放送。其规定的立法目的在于，杜绝和修复严重影响电视广播信号输出的设备损坏和故障，以确保信号传输的质量。

（四）平衡原则与节目类型的公示制度

2010 年的《放送法》正式确立了针对主干广播电视的节目平衡原则。节目平衡原则是指，为保障电视节目内容的多样性，电视台以及电视节目的运营商应当合理安排科教、新闻以及娱乐节目的比例。然而，长期以来节目平衡原则仅仅停留在理念层面，国会以及相关部门并未出台具体的法律法规。

2010 年之前的《放送法》没有对节目分类方法以及播放时间做出规定。在这种情况下，节目的安排是由电视广播运营商自行决定的。而2010 年的《放送法》明确规定了节目的平衡原则，要求从事主干放送的电视台以及运营商有义务向公众公开电视节目的分类信息，划分标准，各

---

① 《放送法》第 2 条第 32 号，日本电子政府法令数据库。http://law.e-gov.go.jp/cgi-bin/idxselect.cgi? IDX_OPT=1&H_NAME=%95%fa%91%97%96%40&H_NAME_YOMI=%82%a0&H_NO_GENGO=H&H_NO_YEAR=&H_NO_TYPE=2&H_NO_NO=&H_FILE_NAME=S25HO132&H_RYAKU=1&H_CTG=1&H_YOMI_GUN=1&H_CTG_GUN=1，最后访问时间：2015 年 12 月 2 日。

② 《放送法》第 104 条。

③ 《放送法》第 113 条，第 122 条及第 137 条。

类播放电视节目的播放时间及其在整体节目类型中所占比例①。有学者认为，由于该规定可能直接对电视台以及电台等节目的制作过程产生影响，所以现行的《放送法》实际上强化了行业协会以及行政机关对电视广播节目的监管②。

（五）《放送法》中关于收费电视服务的规定

近年来，收视合同的签订以及业务内容的纠纷有上升的趋势。旧电视广播体系主要保障的是电力通信服务利用者的权益，未对收视方的保护加以规定。在 2010 年出台的《放送法》中，为保护收视方的权利，立法机关增设了关于收费电视运营商义务的规定。其中，收费电视运营商的义务包括：业务供应的条件以及收费的说明义务；对于业务供应的投诉的处理义务；关于业务中止、废止的告知义务③。如果收费电视运营商违反了上述义务，总务大臣可以责令其采取相应的补救措施④。在完善收费电视监管机制的基础上，现行《放送法》放宽了收视合同的规制。这一点表现在，《放送法》的规定将主干放送由许可制改为备案制，并废除了一般放送的备案制⑤。

（六）《放送法》中的调解及仲裁制度

近年来，围绕地面电视的重播许可，纠纷数不断上升，其争点也趋向多元。为确保纠纷得到及时合理以及专业的解决，2010 年出台的《放送法》保留了总务大臣主持的纠纷裁定制度，另外增加了由电力通信纠纷处理委员会主持的"调停"和"仲裁"制度⑥。由此，当事人可以根据纠纷的性质和诉求，选择不同的纠纷处理机制。

二　《电波法》和《电力通信事业法》

为配合以上广播电视法律制度的改革，2010 年国会也分别通过了关

---

① 《放送法》第 107 条。
② 参见〔日本〕青木淳一：『通信法制と放送法制の融合：その限界と到達点』法学研究：法律・政治・社会 2011 年 12 号、20－21 頁。
③ 《放送法》第 150 条；《放送法》151 条；《放送法》第 149 条。
④ 《放送法》第 156 条。
⑤ 《放送法》第 147 条。
⑥ 关于纠纷裁定制度，参见《放送法》第 144 条；关于调停和仲裁制度，参见《放送法》第 142 条。

于《电波法》和《电力通信事业法》的修订。首先，《电波法》的主要修订包括：第一，关于通信和电视广播共用无线信号站。修订后的《电波法》导入了新的许可制度，规定在不妨碍无线信号站设立的主要目的的基础上，申请目的变更后，允许同一无线信号站同时开展通信业务和电视广播业务。第二，扩大了无须许可的信号站范围。第三，简化移动电话基地站的许可程序：取得概括式许可的基地站，建立下属的室内小型基地站时仅需要提交备案，不再要求申请许可①。其次，《电力通信事业法》则在以下的两个方面做了一定的调整：第一，仲裁程序适用范围的扩大，充实纠纷处理机制。节目供应商和电力通信服务商之间围绕提供电力通信服务的纠纷，以及包括信号塔的共用在内的电力通信服务商的纠纷都可以适用电力通信纠纷处理委员会的仲裁程序。第二，建立针对特定服务商的通信会计制度。拥有指定电力通信设备的电力通信服务商有完善的会计制度以及公开其收支状况的义务，确保移动电话通信入网收费的合理透明，促进服务商开发和提供多样的通信服务②。

在上述的法律法规之外，行业团体自主管理广播电视节目制作以及播出，这些机构的规章以及纠纷处理机制也是日本广播电视法治的重要组成部分。2000 年，NHK 和民联设立了关于广播电视和青少年委员会；2003 年 7 月，NHK 和民联重新整合既有的改善广播电视节目协调会和关于广播电视与人权等权利委员会，成立广播电视伦理以及改善节目质量机构（BPO）。BPO 是由电视广播节目委员会、电视广播与人权等权利委员会以及电视广播与青少年委员会构成。该机构的主要业务有接受和调查涉及违反职业伦理、侵害未成年人权益或是侵害人权的关于电视广播节目的投诉，以及公开发布调查处理意见书③。

---

① 以上 2010 年《电波法》修订的内容，参见〔日本〕影井敬义：『通信・広播の法体系の見直しについて―「広播法等の一部改正する法律」による制度改正―』映像情報メディア学会誌 65-5、668 頁。

② 以上 2010 年《电力通信事业法》修订的内容，参见〔日本〕影井敬义：『通信・広播の法体系の見直しについて―「広播法等の一部改正する法律」による制度改正―』，映像情報メディア学会誌 65-5、668 頁。

③ 关于 BPO 的历史年表，详见 BPO 放送倫理・番組向上機構主页相关介绍，http://www.bpo.gr.jp/? page_id=1074，最后访问时间：2015 年 12 月 2 日。

2007 年，媒体曝光关西电视台《发现！奇闻逸事Ⅱ》节目制作方捏造事实和相关数据，引发社会对电视广播节目质量问题的关注 。为了改善节目的质量和加强监管的力度，同年 BPO 增设了调查和审议节目造假以及其他涉及节目质量问题的广播伦理委员会①。

第三节　日本电视广播产业实践中的法律问题

电视广播产业包括节目的制作、播放以及相关商品的销售等一系列商业活动。其中涉及的法律问题涵盖民法、著作权法、行政法等多个法律领域。以下，本节将沿着广播电视节目的生产销售流程，分别从电视节目的制作、节目的商业利用以及受众与电视节目三个方面来介绍日本电视广播实践中的法律问题。

一　节目制作中的法律问题

首先，电视节目有以下的分类方式。在制作主体上，除了电视台/电台的自主制作之外，也有委托外部制作公司制作的节目、赞助商以及广告商所制作的电视节目。② 而在类型上，依据《放送法》的规定，可以分为教育节目（学校教育或是社会教育的电视广播节目）、教养节目（除教育节目之外，为提升国民文化水平而制作的节目）、新闻报道节目以及娱乐节目。③

---

① 关于广播伦理委员会的成立经过参考〔日〕金井重彦・龍村全：『エンターテインメント法』、学陽書店、2011、439 – 440 頁、434 頁。

② 到 2013 年 4 月 1 日为止，日本最大的电视制作公司组织——日本电视制作公司联盟（ATP）共有 124 家法人会员。在其主页有公开会员名单：http：//www.atp.or.jp/member/index.html，最后访问时间 2015 年 12 月 2 日。

③ 本文所使用的节目分类，沿用了〔日〕金井重彦、龍村全：《エンターテインメント法》、学陽書店、2011、第 442 頁的分类；关于教养节目，参见《放送法》第 2 条第 29 项；关于新闻节目和娱乐节目，参见《放送法》第 106 条第 1 项；关于节目平衡原则的规定；《放送法》条文原文参见日本电子政府法令数据库，http：//law.e-gov.go.jp/cgi-bin/idxselect.cgi? IDX_ OPT = 1&H_ NAME = % 95% fa% 91% 97% 96% 40&H_ NAME_ YOMI = %82% a0&H_ NO_ GENGO = H&H_ NO_ YEAR = &H_ NO_ TYPE = 2&H_ NO_ NO = &H_ FILE_ NAME = S25HO132&H_ RYAKU = 1&H_ CTG = 1&H_ YOMI_ GUN = 1&H_ CTG_ GUN = 1，最后访问时间：2015 年 12 月 2 日。

其次，电视节目的法律性质也是需要明确的。事前录像的电视节目属于《著作权法》第 2 条第 3 项所规定的电影类作品，而现场直播的电视节目尽管没有固定信息的保存媒介，在法律上属于《著作权法》第 10 条第 1 项所规定的摄影作品①。而广播节目则适用唱片类作品的规定。电视节目的制作包括剧本的写作、图像（照片），音乐，表演等多种创作活动，涉及的权利关系也极为复杂。

（一）新闻报道类节目所涉及的法律问题

出于新闻报道所具有的公共性和中立性，节目制作很少涉及受访者的商业利益。围绕新闻报道的纠纷，多集中于知情权和媒体的采访自由等公法层面。不过，和其他的节目类型一样，节目中对相关人士个人信息的不当处理，也有可能造成对当事人名誉权或隐私权的侵害。

第一，从制作方的角度，基于上文所提到的节目平衡原则，尽管电视台/电台等节目制作方可以自主决定节目的内容，但有保障信息多样化的义务②。

第二，新闻报道的法律地位。日本最高法院在博多车站一案（最高法院大法庭 1969 年 11 月 26 日判决）中首次承认事实报道受到《日本国宪法》第 21 条言论自由原则的保护，并指出由于采访活动是报道事实的来源，因此为确保新闻报道的真实性，媒体的采访自由也应受到尊重③。然而，报道自由并不意味着受访者有义务配合媒体的采访活动。1997 年大阪地方法院在小学校长拒绝当地报纸采访一案中指出，采访自由的立法目的在于防止国家干涉媒体报道活动，并不能推导要求私人必须配合媒体的采访活动④。

第三，新闻报道是否应该公开其消息源，也是关于新闻媒体权利的重要议题。2006 年最高法院在 NHK 记者拒绝作证案中，对于消息源的问题

---

① 〔日本〕金井重彦、龍村全：『エンターテインメント法』、学陽書店、2011、442 页、468 页。

② 〔日本〕鈴木秀美：『融合法制における番組編集準則と表現の自由』阪大法学 2010 年 2 号 25 页。

③ 日本最高法院大法庭 1969 年 11 月 26 日判决（案件号：昭和 44 年（し）68 号），『最高裁判所刑事判例集』23 卷 11 号 1490 页。

④ 大阪府堺市支部法院第 2 民事庭 1997 年 11 月 28 日判决（案件号：平成 8 年（ワ）209 号）判例時報 1640 号 148 页。

做出判断：在民事案件中，在满足以下标准的情况下，节目制作方可以拒绝公开其信息来源：第一，该报道涉及公共利益；第二，采访的手法不触犯刑法，已承诺受访方不公开消息源的信息；第三，该民事案件具有重大的社会意义，并且该节目制作方的证词对于审判的公正不可或缺①。

第四，新闻报道与其他影视作品的关系。根据日本《著作权法》第41条规定，以报道为目的，新闻节目可以使用反映该新闻事件及其发生过程的影视作品②。1993年山口组组长向 TBS 提起诉讼，主张 TBS 在新闻报道中使用山口组自行制作的影视资料的行为侵害了其著作权。大阪法院驳回了原告山口组的主张，认为 TBS 在新闻节目中明确表明了该影视资料的出处，并且所使用的片段只占到整体节目的 1/7，属于日本《著作权法》第41条所规定的合理使用范围③。

除了司法的救济渠道，作为第三方的广播电视伦理改善节目质量机构（BPO）也受理关于电视广播节目中的人权侵害以及违反媒体伦理的投诉。经由专业委员会的审理，BPO 以意见书的形式公开审理结果。例如，BPO在2015年11月6日就日本 NHK 电视台著名调查报道节目违反广播伦理的投诉公开了其调查报告。在该报告中，BPO 认定2015年4月播出的《聚焦现代》节目采用不当的摄影以及剪辑手法，歪曲事实，误导观众，严重违反广播电视从业人员的职业伦理④。在该报告书发布之后，NHK 发表公开声明并向相关当事人致歉，并表示今后将根据意见内容改善节目制作⑤。

---

① 日本最高法院第3小法庭2006年10月3日判决（案件号：平成18年（許）19号），『最高裁判所民事判例集』60卷8号2647页。
② 《著作权法》（1970年5月6日法律第48号）第41条，日本电子政府法令数据库，ht-tp：//law. e-gov. go. jp/htmldata/S45/S45HO048. html，最后访问时间2015年12月2日。
③ 日本大阪地方法院1993年3月26日判决（平成元年（ワ）第8207号），判决书登载于法院网站。http：//www. translan. com/jucc/precedent-1993-03-23. html，最后访问时间：2015年12月2日。
④ BPO 放送伦理检证委员会决定：『NHK 総合テレビ「クローズアップ現代」"出家詐欺"報道に関する意見』，2015年11月6日发布。意见全文参见 http：//www. bpo. gr. jp/wordpress/wp-content/themes/codex/pdf/kensyo/determination/2015/23/dec/0. pdf，最后访问时间：2015年12月2日。
⑤ 朝日新闻电子版：《NHK「クロ現」過剰演出は「重大な倫理違反」　BPO》，2015年11月7日01时07分。http：//www. asahi. com/articles/ASHC652KYHC6UCVL013. html，最后访问时间：2012年12月2日。

(二) 娱乐类节目中的法律关系

与新闻报道节目相同, 电视剧或综艺节目等娱乐节目属于著作权法上的电影作品。娱乐节目的内容涵盖剧本创作、表演、音乐等多种作品形式。对应节目的形式不同, 其所涉及的权利人可能包括原作作者、剧本作者、演员、主题曲或是插曲的词曲作者、歌手以及发行该音乐的唱片公司等。

日本《著作权法》第 16 条规定影视作品的著作权人为"担任作品的制作, 导演, 指导, 摄影, 美术等, 对影视作品的整体创作有建设性贡献"①。这里的"制作", 是指影视作品中全面参与作品创作过程的制作人, 业务范围集中于对外宣传和资金筹备的制作人不属于影视作品的著作权人②。根据参与影像作品的创作人员以及预算使用状况, 在现实中作品的制作方和著作权人往往是不同的。

根据金井重彦的论述, 电视娱乐节目中权利归属大致分为以下三种情形③。第一, 职务作品的情况。依据《著作权法》第 17 条第 1 项, 由电视台或制作公司内部人员制作的节目适用职务作品的规定, 财产权和人身权均归制作方也就是电视台法人所有。④ 这里所说的财产权包括以下的复制权, 放映权, 广播权, 有线广播权, 自动大众传播权, 播放可能权 (根据用户的操作而播放节目) 以及其他向公众传播的权利, 利用接收设备的公众收视权, 发行权, 改编权以及改编的相关其他权利。而上述的人身权则指作品的发表权, 署名权以及保护作品完整权。第二, 非职务作品的情况。电视台或制作公司享有财产权利, 人身权则归制作人, 节目的导演, 舞台指导, 摄影导演以及美术导演。第三, 仅用于广播电视播放的作品。著作人, 即制作人, 节目的导演, 舞台指导, 摄影导演以及美术导演除人身权之外, 也享有部分财产权, 包括: 放映权, 非接受广播信号的有

---

① 《著作权法》第 16 条 (1970 年 5 月 6 日法律第 48 号), 日本电子政府法令数据库。ht-tp：//law. e-gov. go. jp/htmldata/S45/S45HO048. html, 最后访问时间：2015 年 12 月 2 日。
② 东京高等法院在 2003 年 9 月 25 日超时空要塞マクロス案中首次表明这种立场。东京高等法院平成 15 年 9 月 25 日判决 (案件号：平成 15 年 (ネ) 1107 号), 法院主页登载 http：// www. translan. com/jucc/precedent-2003-01-20. html, 最后访问时间：2015 年 12 月 2 日。
③ 以下三种情况的内容, 参考了〔日〕金井重彦、龍村全：『エンターテインメント法』、学陽書店、2011、449 - 453 页的论述分类。
④ 参见《著作权法》第 17 条第 1 项。

线广播权，前述之外的自动大众传播权和播放可能化权，广播权以及有线广播权之外的大众广播权，利用接收设备接收有线以及自动大众传播广播的公众收视权，广播电视服务之外的发行权，改编权以及改编的相关其他权利。仅限于电视广播播放用的节目，其法律关系规定于日本《著作权法》第29条第2项规定："如果是仅用于广播的非职务作品，制作公司或电视台享有复制权，放映权，已播放节目的有线广播权以及网络等通过用户搜索而实现的自动大众广播权（包括播放可能化权）以及面向广播电视公司的发行权"①。

近年来，电视台和外部人员或公司合作制作的电视节目数量呈现上升趋势。为避免将来使用和销售节目时出现纠纷，电视广播公司可以事先与相关的著作权人签订著作权转让承诺书，或者约定许可该节目有广播电视之外的其他用途。在这种情况下，权利人不受上述《著作权法》第29条第2项规定的限制。

1. 电视剧的改编与原作者的权利

电视剧是电视娱乐的主要形式之一。与其他的节目不同，相当数量的电视剧是根据畅销小说以及漫画等已有的著作权物改编而成的。在《著作权法》的讨论中，被改编的小说等出版物被称为电视剧的原著。与原著著作权人之间的纠纷直接关系到剧本的写作和之后的拍摄方式，其影响波及整个电视剧的制作过程。

根据日本《著作权法》第27条，在使用小说等已有著作物时，节目制作方需要首先从原著著作权人处获得原作的改编许可②。如果该电视剧计划在电视播放之余，也使用网络视频等形式的话，同时需要取得原作著作人对其他传播形式的授权③。

根据授权的方式不同，委托日本文艺家协会管理的作品和出版社或作者本人管理的作品应加以分类讨论。就前者而言，日本文艺家协会与日本民营电视台联盟缔结了《关于著作物使用的实务协定》，电视台根据该协议的规定获得改编的许可和支付使用费，无须与原作出版社和作家个

---

① 《著作权法》第29条第2项。
② 《著作权法》第27条。
③ 《著作权法》第21条和第23条。

别交涉①。就后者而言，需要电视台以及制作公司与原作出版社或是作者本人就作品改编和使用进行协商（后者），签订相应的授权合同。

在电视剧改编的法律纠纷中，原作著作权人的保护作品完整权是争论的焦点之一。该问题的判断标准有两项：第一，作品的制作方是否有参考借鉴原著的可能，具体考虑包括改编的时期，是否有机会接触原作以及是否知晓其内容。第二，作品的相似度。② 关于相似度，比如在 1996 年改编电视剧《目覚め》一案中，法院认定：根据一般人的理解来判断作品的相似度，即原著的读者在观看该改编作品时，能够辨识该作品是原著的影像化成果。如果基本的故事框架未做修订的话，则可以认为该电视剧是原著的改编作品③。

在实际的电视剧制作中，剧本的创作和电视剧的拍摄往往同步进行，因此原作著作权人和节目制作方难以事先就作品改编做出详尽的约定。其结果就导致使用许可合同的内容甚至其成立与否，当事人双方容易产生意见。下面的案例便是其中的典型。

2012 年 NHK 电视台和讲谈社之间围绕小说「ゼロ、ハチ、ゼロ、ナナ」的改编出现争议。④ 2011 年 11 月 NHK 依据讲谈社编辑在电话中的口头承诺，启动包括参演演员的试镜、拍摄场地和剧本等在内的前期准备。然而，由于原作作家不满于之后创作的剧本，经过反复协商和修改，双方仍无法就剧本的内容达成合意。2012 年 2 月讲谈社拒绝给予 NHK 小说影视化的许可，导致该电视剧制作计划被迫搁浅⑤。就此，NHK 向东京地方

---

① 日本文艺家协会：《著作物に関する実務協定》，具体内容参见在线申请平台。http：//www. bungeika. or. jp/procedur. htm，最后访问时间：2015 年 12 月 2 日。

② 〔日本〕中山信弘：『著作権法』、有斐閣、2007、461 页。

③ 日本东京高等法院 1996 年 4 月 16 日判决（案件号：平成 5 年（ネ）第 3610 号），『判例時報』1571 号 98 页。

④ 该小说标题可直译为《零，八，零，七》。因为该书名作为本书推理线索的一部分，有着文字表意之外的用途，故在此保留原文。

⑤ 講談社広報部：《ゼロ、ハチ、ゼロ、ナナに関してNHKより提訴された裁判に対する講談社の見解》，2015 年 4 月 28 日发布。http：//www. kodansha. co. jp/upload/pr. kodansha. co. jp/files/pdf/20150428nhk％281％29. pdf#search＝％27NHK＋％ E3％82％BC％ E3％83％ AD％ E3％80％81％ E3％83％8F％ E3％83％81％ E3％80％81％ E3％82％BC％ E3％83％ AD％ E3％80％81％ E3％83％ 8A％ E3％83％ 8A＋％ E8％ A8％ B4％ E8％ A8％9F％27，最后访问时间：2015 年 12 月 2 日。

法院提起诉讼，主张 NHK 讲谈社有合同缔约过失，要求其赔偿电视剧筹备阶段的费用。法院一审（东京地方法院 2015 年 4 月 28 日）全面否认了 NHK 的主张，认为合同的成立应该是在双方确认剧本内容之后，原作作者的要求属于保护作品完整权的合理范围①。

有实务人士认为，此审判无视电视剧节目制作实务的特点，僵硬地适用合同成立的要件和过度扩张原作著作权人的保护作品完整权②。就是说，如果该判决正式成立（直至 2015 年 12 月，该案的二审仍在审理中）的话，直接导致电视剧制作的诉讼风险上升，可能抑制电视剧制作方的创作积极性。

2. 表演者与广播权

电视节目中的表演可以分为两种形式：一是，制作方邀请演员以及歌手等表演者出演电视节目；二是，在节目中使用其他的商业影视作品或音乐作品。后者属于音乐以及电影产业法制的问题，笔者在此不做赘述。

凡经表演者同意拍摄并留有录音录像记录的电视节目，表演者对于该节目的广播传播以及有线广播，DVD 等影视商品的制作，网络发布和播放不享有任何权利③。这一做法又被叫作 one chance 主义，为便于电视节目制作和流通，对于一次性的演出，表演者仅有一次机会行使授权。④

需要注意的是，在这一问题上，外部公司制作的节目和电视台内部的节目其产生的法律效果是不同的。外部公司制作的节目，性质上属于一般的电影作品。与电影相同，外部公司制作的节目必然包括录音录像的记录，所以同意参演等同于授权录音录像。对于之后节目影像的利用，表演

---

① 该案件的判决书尚未登载于任何出版物或网站。相关报道有，〔日本〕守真弓：『NHK の訴え棄却　原作のドラマ化契約解除巡り東京地裁』，朝日新闻电子版 2015 年 4 月 28 日 20 时 27 分。http://www.asahi.com/articles/ASH4X4JQJH4XUCLV009.html，最后访问时间：2015 年 12 月 2 日。以及〔日本〕上田大辅（关西电视台知识产权部主任）讲座《最近公司法务的热点》资料，2015 年 10 月 31 日，于北海道大学法学院。

② 〔日本〕上田大辅（关西电视台知识产权部主任）讲座《最近公司法务的热点》，2015 年 10 月 31 日，于北海道大学法学院。

③ 表演者对于电视广播活动所享有的权利，请参见《著作权法》第 92 条第 2 项第 2 号；表演者对于影视电视作品所享有的权利，请参见《著作权法》第 91 条第 2 项第 2 号；表演者对于电视节目的网络发布以及播送所享有的权利，请参见《著作权法》第 92 条第 2 款第 2 项第 1 号和第 2 号，《著作权法》原文参见日本电子政府法令数据库。http://law.e-gov.go.jp/htmldata/S45/S45HO048.html，最后访问时间 2015 年 12 月 2 日。

④ 〔日〕金井重彦、龍村全：『エンターテインメント法』、学陽书店、2011、457-458 頁。

者无法主张任何权利。

与此相比，电视台内部制作的话，情形较为复杂。《著作权法》规定表演者同时享有广播的许可承诺权和录音录像的许可承诺权。① 然而，该原则在电视台的节目制作中适用受到一定的限制。日本《著作权法》第93条第1项规定，广播电视从业者如果已取得表演者对于广播传播的授权，可以不经表演者的同意，对用于广播传播的该节目进行录音录像。反过来说，如果没有特别约定，除了播放广播的情形之外，表演者仍可以行使录音录像权，广播权，有线广播权以及播放可能权。

（三） 体育类节目与转播权

体育节目特别是热门赛事常常是高收视率的代名词。在日本，热门体育赛事的转播权也是各大电视台争夺的对象。电视台播放的体育赛事通过影像和声音的形式进行保存和播放，因此在性质上同样属于电影作品。依据《著作权法》的规定，其权利内容及归属与上述的电视节目基本相同。

体育赛事节目特有的法律问题体现在转播权。日本现行法对于体育赛事影像的电视广播以及网络传播未做任何规定。在日本，经常能听到的转播权一词其实并不是正式法律中所使用的概念。日本的转播权规定多见于各大体育联赛的规章。《日本足球联赛规约》第119条规定：①正式比赛的公众广播权（包括电视，广播，网络以及其他一切面向公众的广播转播权利）均归日本足球联赛所有。②前项公众广播权的使用，由理事会决定。② 再有，如《日本职业棒球协会规约（2013）》第44条规定：对于每年联盟职业比赛的主场赛次，广播电视（包括直播和重播）、有线电视广播以及利用网络和移动电话等通讯设备的信息传播（包括面向海外的广播传播以及在海外的广播传播）的许可承诺权归各球团所有③。可以看

---

① 《著作权法》第92条第1项。

② 《日本足球联赛规约》第 119 条。http://www.jleague.jp/img/sp/about/management/2014kiyakukitei/02.pdf#search = % 27J% E3% 83% AA% E3% 83% BC% E3% 82% AF + % E8% A6% 8F% E7% B4% 84% 27，最后访问时间：2015 年 12 月 2 日。

③ 日本プロフェッショナル野球協約（2013）第 44 条，http://jpbpa.net/up_pdf/1387678764-654455.pdf#search = % 27% E6% 97% A5% E6% 9C% AC% E9% 87% 8E% E7% 90% 83% E6% A9% 9F% E6% A7% 8B + % E5% 8D% 94% E7% B4% 84% EF% BC% 92% EF% BC% 90% EF% BC% 91% EF% BC% 93% 27，最后访问时间：2015 年 12 月 2 日。

到，在体育节目法务实践中，转播权已成为重要的交易对象。

　　根据著作权律师国安耕太的梳理，日本实务界认为转播权着重保护的是财产性价值，对其法律性质有以下两种理解：第一是基于体育场馆设施的管理权，第二是来自选手的肖像权①。体育场馆设施管理权说是指，基于所有权，体育场馆设施所有者有权管理或限制场馆的利用方式，因此可以禁止观众对外公开播放或是在网络上传播自行拍摄的比赛影像②。比如，《日本足球联赛赛事运营管理规程》第 5 条明确禁止在比赛场馆内拍摄营利性的照片和影像，依据的正是管理权说。然而，管理权说存在问题，即难以规制从体育场馆外拍摄体育比赛的行为。国安耕太通过侵权行为的原理来解决这一问题，认为即便场外拍摄的行为不直接构成对物权的侵害，也构成对于体育管理者期待利益的侵害③。根据他的解释，这里的侵害是指：在明知转播权是一种极具经济利益的商业资源的情况下，擅自从体育场馆外部拍摄体育比赛的行为是利用不公正的手段，侵害他人受法律保护的经济利益的行为。体育比赛的经济利益通常归体育俱乐部，而各大日本联赛的俱乐部往往是相关比赛场馆的所有者，因此管理比赛场馆的俱乐部也有权阻止公开传播在场外拍摄比赛的影像。

　　另一方面，选手的肖像权说认为基于选手的肖像权，体育比赛影像的使用和传播受到法律的保护。④ 在选手的雇佣合同中，通常授权俱乐部在体育比赛中自由使用其肖像权，即体育比赛影像的权利通常归俱乐部所有。在日本实际的赛事中，各俱乐部委托所属的体育联盟/协会管理转播权，由各大体育联盟或协会与电视台协商和签订体育赛事转播权合同。《日本足球联赛规约》第 129 条明文规定，选手在比赛中的肖像权归俱乐

①　关于这两种学说的概要，参见〔日〕国安耕太：『スポーツ中継映像にまつわる著作権法の規律と広播権』パテント 2014 年 5 号、83－85 頁。

②　〔日〕国安耕太：『スポーツ中継映像にまつわる著作権法の規律と広播権』「パテント」2014 年 5 期第 83 頁。

③　〔日〕金井重彦、龍村全：『エンターテインメント法』、学陽書店、2011、324 頁。

④　〔日〕国安耕太：『スポーツ中継映像にまつわる著作権法の規律と広播権』、「パテント」2014 年 5 期、85 頁。

部所有，由俱乐部授权联盟管理①。日本职业棒球的规定更为宽泛，约定包括俱乐部的宣传和商业利用在内的选手的肖像权以及由此衍生的广播传播权都属于俱乐部（球团）或日本棒球联盟。这体现在日本知识产权高等法院于 2008 年 2 月 25 日就职业棒球选手肖像权诉讼做出的判决中。日本知识产权高等法院认定根据日本职业棒球的商业惯例，选手与俱乐部签订的统一格式合同中的肖像权不仅包括赛事宣传的使用，同时也包括商业活动以及商品中的使用②。

从著作权法原理来看，体育比赛本身不是著作物，所以选手以及其他参与比赛的人员没有表演权等著作权衍生权利。不过，节目转播方对体育赛事直播节目享有著作权。金井认为体育转播节目也需要一定的分镜以及剪辑等具有独创性的加工，转播节目本身构成著作权法上的著作权③。

二　节目商业利用中的著作权问题

电视节目在制作完成之后，接下来进入的是流通和利用的环节。在日本，电视节目的利用方式有：首播和重播转播，网络传播，DVD 等影视作品的发行和周边商品的开发，节目版权（format right）以及改编权的出售，互联网在线播放。在上述的节目利用方式中，首播又称为电视节目的首次利用，除此之外的方式则是节目的二次利用。在日本，新闻等报道类的节目，通常只用于节目的直播。而娱乐节目或体育节目在播出之后，以转播和 DVD 等方式被再次利用的情况不在少数。所以说，节目的商业利用所涉及的法律问题主要集中在二次利用。

在日本，广播电视产业的制作部门和流通部分通常是分离的，电视节目的二次利用主要由节目流通部门管理。以朝日电视台为例，依据功能的不同，分别成立广播编辑制作部门和综合商业部门。前者的工作侧重于节目制作和首播环节，负责节目的制作销售，美工以及节目制作相关技术研发，数字电视以及卫星电视的运营等；而后者则围绕节目的二次利用，涉

① 《日本足球联赛规约》第 129 条。
② 知识产权高等法院第 2 部 2008 年 2 月 25 日，『判例時報』1957 号 116 頁。
③ 〔日〕金井重彦、龍村全：『エンターテインメント法』、学陽書店、2011、474 頁。

及包括电影和音乐在内的电视影像发行①。

（一）节目销售与著作权

如果播放和制作主体不同，依据《著作权法》的相关规定，播放方应向制作方支付节目著作权的使用费。也就是说，电视台之间的节目重播或转播原理上也产生使用费。然而，在实务中，是否需要支付使用费需要分情况讨论。第一次或是同一时间的转播。这种情况的转播或重播，地方台不但无须支付使用费，制作方或是节目著作权人的电视台反而有义务将该节目的广告收入分配给地方电视台。地方电视转播或重播所属电视台的节目通常属于上述情况。而在日本，通常国内的节目买卖是指二次重播或是转播其他电视台的节目。这时，播出方需向授权方支付一定的使用费。②

应向谁支付使用费是节目买卖中的一大问题。音乐和剧本作为独立的作品，其使用需要获得著作权人的授权，约定音乐以及剧本的使用费用。需要注意的是，根据日本《著作权法》第94条1项和2项，表演者由于没有授予节目传播广播的权利，只享有报酬请求权。③ 为避免事后烦琐的权利处理，节目制作方可与著作权人在合作时事先签订合同，约定二次利用时的权利归属和利益分配。

另外，如果是节目制作公司制作的节目，还需要考虑委托节目制作的电视台和制作公司之间的关系，即允许电视台在多大范围独占节目播放的收益。有人指出，在实务中制作公司和电视台签订合同时往往规定，从首次播出日起的一定时期内，一定次数的节目收益归电视台所有；如果超过了约定的时期，节目的使用许可权回到制作公司，由制作公司自行进行节目的销售，并收取节目的使用费。④

关于电视节目的海外销售，依据《保护文学和艺术作品的伯尔尼公约》《WIPO著作权条约》以及WTO的协定，日本电视节目作品的著作权

---

① 比如朝日电视台就采用这种组织结构。朝日电视台主页，http：//company.tv-asa-hi.co.jp/contents/corp/formation.html，最终访问时间：2015年12月2日。

② 以上关于日本电视节目重播的权利分配的内容，写作时有参考〔日〕金井重彦、龍村全：『エンターテインメント法』、学陽書店、2011、475頁。

③ 《著作权法》第94条1项和2项。

④ 〔日〕金井重彦、龍村全：『エンターテインメント法』、学陽書店、2011、475頁。

在其缔约国范围内受到保护。有日本的律师指出，在交易实务中，通常是由提供节目的电视台代表日本国内的权利人与海外的买家进行协商①。对于日本以外的电视节目播放，日本的电视台与日本艺能表演家团体协会著作邻接权中心（CPRA）等从事表演权集体管理的团体约定向表演者支付一定的使用费②。

（二）节目的商品化与使用费

在日本，节目的商品化大致可以分为三种：一是通过录影带、DVD等影像存储手段实现的影像商品。二是书籍等出版物的商品。三是利用节目中的形象等开发的商品。

首先是影像商品。在日本，电视节目的影像商品主要集中于电视剧和综艺节目，特别是在电视剧的领域。几乎所有的电视剧在播出之后都会推出DVD。现在，影像商品是日本的电视广播产业重要的收益来源之一。

当节目一旦录制为影像商品，便成为独立的电影类作品，其权利归属则重新按照电影类著作权规则来分配。包括原作者、剧本家、导演、演员等所有节目的著作人，对于节目影像商品，享有复制权和录音录像权。也就是说，除非当事人间有特别约定，节目商业DVD的制作和出品需要所有著作权人的同意。

由于综艺节目和电视剧的著作权人众多，与个别著作权人的交涉是十分烦琐和耗时的。为简化该手续，日本的一些著作权人团体代表其成员，与出品节目DVD的电视台约定统一的使用费（见表5-3）。③ 如果是不属于表5-3中所列团体的艺术家或其作品，则仍需要和相关的制作方与当事人进行个别交涉。另外，关于音乐作品的使用规定，在第三章中已有论述，在此不予赘述。

---

① 〔日〕金井重彦、龍村全：『エンターテインメント法』、学陽書店、2011、447頁。
② 日本艺能表演家团体协议会著作邻接权中心（CPRA）：《プライバシーポリシー》利用目的的范围第11项。http://www.cpra.jp/privacypolicy/，最终访问时间：2015年12月2日。
③ 〔日〕金井重彦、龍村全：『エンターテインメント法』、学陽書店、2011、478頁。

表 5 – 3　著作权人集体管理的收费标准

著作权人	著作权人团体	收费标准
作词家/作曲家	日本音乐著作权协会	售价的 1.75%
原作者	日本文艺家协会	售价的 1.75%
剧作家	日本剧作家联盟 日本原创作家协会	售价的 1.75%
表演家	日本艺能表演家团体 日本音乐行业协会	全体参演者的份额总计在售价 7% ~ 10%

其次，出售节目的周边产品也是重要的商品化形式。其中，既有剧本的小说化等内容的重新出版，也有印有节目图标、演员图像的玩具、衣物、装饰品等利用节目中的各种形象的商品，还有使用节目或角色的名称开发制作食品等。在法律层面上，电视节目的周边产品开发和使用主要涉及作品或是形象的授权问题，适用著作权中的改编权、公众形象权等规定。

节目周边产业的制作和销售，依据各自商业形态的不同所适用的规则也不尽相同。仅就其与电视节目母体之间的关系而言，现行的著作权法以及广播法尚未做出明确的规定。通常是依据实务中的惯例进行处理，出版热门电视剧的剧本以及相关书籍，业界的惯例是由电视台或电视剧制作方，而不是剧作家进行出版授权①。

（三）节目版权与改编权

日本富士电视台从 2004 年起向美国出售《料理铁人》的节目版权，其美国版 *IRON CHEF* 目前仍在热播中②。另一个例子，同样是由富士电视台出品的大型真人游戏节目《逃跑中》（*Run for Money*）则与华纳迪士尼公司签订了节目版权的授权合同③。可见，日本国内电视台的海外业务

① 参见〔日〕金井重彦、龍村全：『エンターテインメント法』、学陽书店、2011、482 页。
② 参见美国版料理铁人主页，http：//www.foodnetwork.com/shows/iron-chef-america.html，最终访问时间：2015 年 12 月 2 日。
③ 〔日〕村上光一：《コンテンツ国際展開の現状》，コンテンツ専門調査会，http：//www.kantei.go.jp/jp/singi/titeki2/tyousakai/contents/kikaku2/2siryou5_ 5.pdf，最终访问时间：2015 年 12 月 2 日。

中已有出售节目版权的相关经验。

在《著作权法》中，节目版权是指在游戏、猜谜等综艺节目中，节目的理念之外，如布景音效、角色参与、环节设置、拍摄方式等节目的基本构架①。著作权法领域不直接保护创意，却致力于保护创意的表现形式。基于这一基本的法律制度理念，节目版权的保护对象是包括节目的编排在内的具有独创性的作品。然而，在现行法中，关于节目版权并无明确的规定。

除了直接购买之外，当地的电视台结合当地的收视习惯，改编他国电视节目（主要是电视剧）的情况也很常见。例如，在韩国，近年来改编日本热门影视的例子时有发生。有报道指出，韩国电视台 MBC 于 2013 年6 月到 8 月，播出改编自日本电视剧同名电视剧的《女王的教室》，首播收视率和重播收视率均为 8.2%，成为该电视台的 BBS 以及社交网站的热门话题②。

由于电视节目通常是基于剧本或是原作的二次创作，根据改编方式的不同，取得改编权的方式有两种。第一种是，取得剧作家或是原作家对于使用原作或是剧本的许可。在这种情况下，改编方不受原电视剧作品的束缚，包括角色设定、分镜等都可以重新设计。例如，2014 年 3 月在韩国综合频道 JTBC 播出的高收视率电视剧《密会》，其购入的是日本作家江国香织所著《东京塔》的改编权，而在改编的过程中，除了已婚成功职业女性与大学生之间的恋爱这一基本的设定之外，故事的情节、角色的职业、台词等都与原作完全不同③。

第二种方式是，由改编方和原节目制作方签订授权合同。首先，电视剧的改编有时是因为原作品的成功，所以改编方往往首先接触的是电视剧等节目。其次，热门电视剧的制作方往往在业界具有丰富的经验和雄厚的

① ［日］早稲田祐美子：『そこが知りたい著作権 Q&A100～CRIC 著作権相談室から～』、著作権情報センター、2012 年 3 月、210 頁。

② 参见日本经济新闻的有关报道，〔韩国〕赵章恩：『日本ドラマの韓国版リメイクが流行る理由』，日経ビジネス 2013 年 8 月 22 日，http：//business. nikkeibp. co. jp/article/world/20130821/252476/? rt = nocnt，最终访问时间：2015 年 12 月 2 日。

③ 在该电视剧的官方主页中有提及其购买原作以及改编的意图。参见《密会》的日文官方网站，http：//c7mikkai. jp，最终访问时间：2015 年 12 月 2 日。

实力，因此从规避风险的角度出发，改编方也倾向于选择与电视台等制作方签订授权使用合同。需要注意的是，即便签订合同是电视台等原节目制作方和改编方，在实务中大多数合同也会约定在使用费中留出原作者和剧作家的份额①。

三　受众与电视节目——以"私人录音录像补偿金制度"为例

在播出或是通过其他形式的传播节目之后，电视台等电视节目制作方的工作告一段落，但发生法律纠纷的概率仍然存在。擅自播放、录音录像以及传播电视节目影像的行为有可能侵害电视台等电视节目著作权人的复制权、重播权、有线广播权、传播可能权以及传播权。在节目的视听过程中，是应该偏向电视广播产业的利益，还是应当保障民众接受和利用信息的权利？节目视听方式的法律规制不单单是法律问题，其中也涉及电视广播产业的政策定位。

随着数字技术的发展和普及，个人和家庭能够轻而易举地复制高质量的影视作品，从而该行为可能影响到商业影视作品市场的销售。出于保护相关作品著作权人的权利，向复制者征收一定的费用的制度应运而生。这便是私人录音录像补偿金制度。

这里所说的私人录音录像是指《著作权法》所认可的"以私人使用为目的，个人或是在家庭内的复制影像的行为"②。而私人录音录像补偿金制度针对的是"使用数字设备的私人录音录像，利用者有义务向著作权管理团体支付一定的补偿金"。③ 具体的实施由私人录像补偿金管理协会（简称 SARVH）管理。这里所说的数字设备包括"MD，CD-RW，DVD-RW，DVD-R，DVD-RAM 等"④。关于补偿金的支付方式，不是向个人直接征收，而是包含在上述电子设备的售价里面。⑤ 也就是说，用户在

① 关于这一业界惯例，参见〔日〕金井重彦、龍村全：『エンターテインメント法』、学陽書店、2011、485 頁。
② 《著作权法》第 30 条第 1 项。
③ 《著作权法》第 3 条第 2 项。
④ 《著作权法施行令》（1970 年 12 月 1 日政令第 235 号）第 1 条，日本电视政府数据库，http://law.e-gov.go.jp/htmldata/S45/S45SE335.html，最后访问时间：2015 年 12 月 2 日。
⑤ 参见《著作权法》第 104 条第 4 款第 1 项。

购买该设备时将自动支付补偿金。

回到广播电视产业领域，除了补偿金，还有存在限制复制节目的规定。限制复制节目的规则最早出现于 2004 年，包括日本音乐著作权人团体 JASRAC 等在内的 28 个著作权团体提出了私人录制数字电视节目的"一次复制"行业规定。该规定是指，使用装载该规则的录像设备的用户有且仅有一次机会复制以及刻录电视节目。然而，该规定施行之后，由于存在复制失败的风险高等弊端，该制度被认为过度限制了广大用户的权利。为平衡公众和业界之间的利益，总务省于 2008 年 7 月起公布了新的方案：dubbing 10 系统。如果使用装载该系统的录像设备，用户复制同一数字电视节目不得超过 10 次，在第 10 次复制完成之后存储于录像设备硬盘的数据将自动消失①。

无论是 2004 年的规则还是 2008 年的规则，录音录像设备都被纳入了补偿金的征收对象。对此，录像设备的生产商提出了异议。生产商的这一立场集中体现在私人录像补偿金管理协会起诉东芝拒付补偿金一案中，东芝认为同时限制复制次数和征收补偿金实际上造成了对用户的双重征收，应该免除装载 dubbing10 系统的录像设备的补偿金。2011 年 12 月 22 日知识产权高等法院的判决在事实上全面支持了上述生产商的主张②。从该法院的判决可以看出，司法的判断没有一味地偏向保护著作权人，也重视保护节目作品流通这一公共利益。

第四节　日本广播电视法治的未来展望

一　互联网时代的日本广播电视服务

网络技术的发展，特别是宽带网络的普及给广播电视节目的经营带来了深远的影响。虽然宽带网络尚未取代地面数字电视信号，但随着家庭和

---

① 参见总务省的实施纲要，https：//web. archive. org/web/20110706111744/http：//www. dpa. or. jp/images/news/news071220-dubbing10. pdf，最终访问时间：2015 年 12 月 2 日。

② 知识产权高等法院第 2 部判决，『判例時報』2145 号 75 页。关于该诉讼的经过及 IT 行业的反应，参见 ITmediaニュース2012 年 11 月 9 日，http：//www. itmedia. co. jp/news/articles/1211/09/news109. html，最终访问时间：2015 年 12 月 2 日。

个人生活中互联网使用的普及，可以预见互联网将成为收看广播电视的主要渠道，即网络的出现为人们的视听消费提供了新的途径。

网络技术的发展也带来了一些新的电视广播服务形式。比如说，平台（platform）运营商的出现和视听媒体一体化。随着互联网的发展，节目种类的增长以及收费体系也日趋繁杂，这无论是对观众还是对电视台而言都会带来选择和交易成本的上升。为解决该问题，近年来出现了一批平台运营商，提供视听节目的平台、收费结算以及市场调查营销服务。电视台或节目制作方可以将节目内容交由平台运营商管理，而观众则通过平台运营商的服务筛选和视听相应的节目内容。当下，在日本境内小有名气的平台运营商有 Sky perfect JAST 公司（http：//www.sptvjsat.com/en/）和雅虎日本股份有限公司（http：//www.yahoo.co.jp）。

二　现行法治面临的挑战

首先，互联网的出现极大地丰富了节目的内容，同时这也为节目内容的监管带来了挑战。现行日本广播电视中的节目调和原则，是基于电波频道资源的有限性和稀缺性，规定各电视台有义务为公众提供丰富多样的节目内容。然而在互联网时代，这样的立法理由难以自圆其说。从监管机制上来看，现在的第三方机构 BPO 主要是通过电视台的行业自律来实现对节目的事后监督。由于互联网环境中难以形成强有力的行业组织，这样的方式能否对通过互联网传播的节目特别是网络平台自主制作的节目产生足够的约束力尚无定论。[1] 在互联网时代，或许需要新的评价以及规制体系来进行电视节目的管理。

其次，数字网络节目的权利归属也将成为今后电视广播法务工作的重点。如今，部分 NHK 节目已可以通过 NHKオンデマンド的网站，实现在线观看[2]。而主要民营电视台则在 2015 年共同建立了在线节目视频网站。该网站提供约 50 个电视节目从首播后到下次播出前一周的免费观看[3]。

① 〔日本〕小向太郎：「ネットワーク・コミュニケーションと表現の自由」駒村圭吾・鈴木秀美編著『表現の自由Ⅱ－状況から』、尚学社、2011、288－289頁。
② NHK 在线节目平台，https：//www.nhk-ondemand.jp，最后访问时间：2015 年 12 月 2 日。
③ 五大主要民营电视台在线节目平台，http：//tver.jp，最后访问时间：2015 年 12 月 2 日。

现有的电视广播法律体系是以电视台或是电台的节目播放为前提的。正因为如此，如上所说电视台的节目适用 One Chance 主义，播放时不需要重新进行著作权的交涉。然而，当下以网络传播为前提的节目不适用上述规定。这就意味着，在播出时都需要取得全体著作权人公众传播的授权，权利处理的手续烦琐。随着电视节目在线化的深入，如何合理地简化在线广播节目的授权方式，势必成为今后日本广播电视法律制度所面临的课题。

第六章 日本漫画出版产业法治

研究日本文化法治离不开对文化行业中规模最大、历史最长的出版行业的剖析。在做这项工作时，由于出版行业中文化表现种类的庞大和复杂，必然要选取其中最具代表性的领域，通过对该代表领域法治状况的考察，从而解析出整个行业的法治特点和问题。漫画产业在日本出版行业中具有较大影响力，并且一直是日本文化软实力的代表。鉴于此，本章将主要针对代表日本文化魅力的漫画出版物，围绕产业中企业、政府和行业协会所可能涉及的法律和制度问题，展开研究。

第一节 日本漫画出版产业概况

"出版"是一个复杂的概念，涵盖的文化产品种类也十分庞大。日本《著作权法》第80条对出版的定义是："以颁布为目的……将作品按照原样印刷或通过其他机械的或化学的方法复制成书籍或图画。"中文维基百科对出版的定义是："出版或称发表，是指将作品通过任何方式公之于众的一种行为。"① 从以上定义我们可以看出，"发表""出版"这两个概念可以包含书籍和图画两个大类，具体可以细分为小说、报纸、图画、杂志、学术书、科普读物、电子书等各种各样的出版形态。整个行业内按功能的不同还可以细分为作者、出版商、书店、读者四个角色。可见，"出版"一词背后蕴含的是一个巨大的经济产业链和文化市场。

日本的出版市场是其文化产业中的佼佼者。据统计，2014年包括图

---

① 参见 https://ja.wikipedia.org/wiki/出版，2015年10月20日访问。

书、报纸和教科书等在内的日本出版产业规模达到了 4.6 兆日元，甚至高于电影电视整个影像产业的市场规模（4.5 兆日元），对日本文化经济的贡献度达到了 38%①。不可不说是一个经济实力巨大的文化领域。

　　提到日本的出版物，人们首先想到的一定是日本漫画。这是一种日本独创的、与其他国家截然不同的出版形态。本来所谓"漫画"（英：comic；日：漫画）指的是传统的讽刺画和幽默画，以针砭时事、讽刺社会现象而著称。这种意义上的漫画出版物在各国都可以见到，例如我国丰子恺先生的漫画作品就是这种传统出版物的代表。不过，日本在二战以后逐渐产生了一种与以往传统漫画完全不同的新的表现形式。这种新形态的漫画注重完整的故事情节，分镜和绘画手法都有自身的特色，本质上与小说无异。为了与传统的幽默讽刺画区别开来，这种在日本发展起来的新型出版物类型一般被称为"日本漫画"或"日式漫画"（英：manga），日语中特意用片假名"マンガ"指代。

　　日本漫画是该国文化史上的一颗璀璨明珠，完全可以作为日本软实力的象征。《龙珠》《海贼王》《火影忍者》等著名的漫画作品在全世界掀起了一阵阵热潮，几乎成为日本文化的代名词。据统计，2014 年日本的漫画市场占世界漫画市场的 24.1%②，这一数字是所有日本文化产品占世界市场比例中最高的。在对香港和台湾的消费者所做的随机抽查中，读者所看漫画中日本漫画的比例甚至达到了 79% 和 68%。③ 漫画产业也与其他文化产业有着很强的联动性，所谓"动漫"一词即深刻体现了漫画产业和动画产业的不可分割性。据统计，根据漫画改编的动画占全体动画作品的比例自 1980 年以来始终维持在 30% 到 40%④，可见两者的互动性。不仅如此，漫画作品还会改编成电影、小说以及衍生出大量周边产品，其

① 参照〔日本〕経済産業省商務情報政策局文化情報関連産業課：『コンテンツ産業の現状と今後の発展の方向性』、2015、2 頁。
② 参照〔日本〕経済産業省商務情報政策局文化情報関連産業課：『コンテンツ産業の現状と今後の発展の方向性』、2015、4 頁。
③ 参照〔日本〕経済産業省商務情報政策局文化情報関連産業課：『コンテンツ産業の現状と今後の発展の方向性』、2015、3 頁。
④ 〔日本〕増田のぞみ等：「日本におけるテレビアニメ放映データの分析：リストの作成とその概要」甲南女子大学研究紀要文学・文化編 2013 年 50 巻。

对其他产业的波及效果不可估量。因而它也是日本政府文化宣传政策——
"酷日本"战略中主要推广的文化产品。

一　日本漫画的历史发展

　　真正意义上的日式漫画开始于第二次世界大战后。在此之前，日本的
漫画基本以街头"纸芝居"的形式出现。[①] 1959 年日本出版商讲谈社推
出专门连载漫画的杂志《周刊少年 Magazine》，小学馆推出了《周刊少年
Sunday》，正式开始了日本漫画商业化的历史。由于其低廉的价格、有趣
的故事情节、每星期连载等特征，漫画杂志迅速在儿童中间流行。但是，
因为 50 年代日本社会保守风气等原因，1955 年发生了著名的"恶书追放
运动"。该事件中，日本各地的社会教育团体等民间组织掀起了打击有害
书籍的运动，当众将一些被认为是"恶书"的漫画在校园广场上焚烧，
并提倡对漫画出版进行事前审查。最后因为出版社方面的联名反对，该运
动在 50 年代后半期偃旗息鼓。尽管"恶书追放运动"仅仅是 20 世纪 50
年代的一个小小的插曲，但是它在法制史上的意义是巨大的——该运动开
创了对日本漫画内容表达规制的先河。自该运动以后，表达规制就成了伴
随漫画产业发展始终的重要问题，经常成为日本社会的舆论焦点。

　　提起漫画产业史，不得不提到手冢治虫。他是整个 20 世界 60 年代、
70 年代最耳熟能详的日本漫画家。许多日本著名的漫画杂志刚出刊时几
乎都是以手冢治虫的漫画作品作为最初的连载作品。[②] 他推出的漫画作品
如《铁臂阿童木》《火之鸟》《怪异黑杰克》等深深影响了包括中国读者
在内的一代人，他开创的小说式漫画叙述方式，确立了日本漫画不同于西
方讽刺幽默漫画的独立道路，被誉为"漫画之神"。另外，手冢治虫凭借
敏锐的商业嗅觉，创立手冢治虫 Production 公司，致力于将漫画作品改编
成动画和电影，是直接推动日本漫画产业与电视、电影产业联动的第
一人。

　　1964 年出版商青林堂发行了面向青年读者的漫画杂志《月刊漫画 Ga-

---

① 　纸芝居，主要以孩子为对象，是一种一边给孩子看画书，一边给孩子讲故事进行表演的
　　剧种。以街头流动车的形式出现，在日本还没有电视的时候，非常受孩子们欢迎。
② 　参照〔日本〕米澤嘉博：『手塚治虫マンガ論』、河出書房新社、2007、21 頁。

ro》。在这本杂志上，连载了大量剧情复杂、富有深度内容的漫画作品，一改过去主要面向儿童创作，略显幼稚的漫画作品风格，受到包括大学生在内的青年读者的一致好评。自此以后，日本漫画逐渐成为全年龄层的文化消费品。1968 年，出版商集英社推出了漫画杂志《周刊少年 Jump》，获得了很高的人气，漫画行业逐渐形成了集英社、小学馆、讲谈社三大出版商三足鼎立的局面。随后，日本漫画以"少年漫画""少女漫画""青年漫画"、"成人漫画"等分类开始了它的黄金发展期。

例如，仅在 1975 年，日本少年漫画周刊累计销量就已接近 3 亿册，如今每年有接近 60 万人参加的日本最大漫画交易市场——同人志展销会也是在这一年开始的。1977 年上映的漫画改编电影《宇宙战舰大和》，吸引了日本国内 270 万人观看，最后以 21 亿日元的成交额成为当时的历史纪录。[①] 漫画、动画、电影三种文化产业混合交错的发展显现出巨大市场盈利能力。自此以后，三者互动成为日本文化界的常态，同时相关的法律关系也日趋复杂化。

在整个 80 至 90 年代，日本漫画杂志的销量一直在增长。1984 年漫画杂志销售总量已经突破 10 亿册，漫画单行本的销售额也超过了 1000 亿日元。之后这一销量依旧是有增无减。1988 年，漫画杂志和单行本销售额超过了 4500 亿日元。1993 年，集英社的漫画杂志《周刊少年 Jump》更是以单周 600 万册的销量创下了历史纪录。这一时期的连载作品如《龙珠》《北斗神拳》《幽游白书》《灌篮高手》《圣斗士星矢》等都成为日本文化的经典标志，在世界上引起巨大反响。如漫画家鸟山明创作的作品《龙珠》，至 2012 年底已被翻译成 24 国语言，漫画单行本销量突破2.3 亿册[②]，至今都依然保持着影响力。不得不提的是，1986 年时讲谈社、集英社、小学馆三大漫画出版商已占有 71.4%的漫画市场份额，形成了寡头局面。

90 年代后半期以来，日本漫画业在保持着发展热度的同时，出现以下许多新的变化：第一，漫画越来越与游戏、轻小说等行业关系加强；第

---

① 参见 https：//ja. wikipedia. org/wiki/日本の漫画の歴史，2015 年 10 月 25 日访问。

② 参见 http：//www. oricon. co. jp/news/2014350/full/？from_ todaysnews，2015 年 10 月 25日访问。

二，漫画不再成为一次性消费品，图书馆收藏漫画的情况逐渐增多，热门漫画作品融入了经典文化；第三，少年漫画类作品销量有所下降，青年漫画市场不断发展，漫画的消费年龄层继续上升；第四，由读者创作的一些改编作品、网络作品即所谓"同人志"的情况增多，在促进漫画产业发展的同时引发了很多著作权问题。

2015年，持续连载十多年的日本漫画作品《海贼王》凭借日本本土累计发行3.2亿册的销量，被吉尼斯世界纪录官方认证为"世界上发行量最高的单一作者创作的系列漫画"①。这也足以证明日本漫画产业的市场规模。

二　日本漫画出版产业特点

漫画主导着整个日本出版行业。研究出版领域的产业政策和法治状况离不开对漫画产业的分析，毕竟日本出版业在现今世界文化产业中取得的重要地位，可以说完全基于它的贡献。下面就主要探究一下与其他国家迥然不同的日本漫画产业独有的特点。

如今日本的漫画出版已经形成了一个完整的产业链，动漫文化深入浸透普通日本国民的生活。自手冢治虫开创了现代日本漫画基本构造和制作流程后，经历了几十年的发展，日本漫画已经从过去"亚文化"状态上升为如今占据日本各大书店、商场、报刊店铺的潮流文化，经济效用不可估量。漫画业的这一成功，也与它的某些自身特征密切相关。反过来说，也正因为它的这些特征，使得出版产业不同于其他文化产业，存在许多本产业所特有的法律问题。这些产业特征如下。

第一，漫画出版有杂志和单行本两种概念。与其他国家漫画出版产业最大不同的是，日本漫画不单单是以书籍的形式，更多的是以期刊的形式承载它的内容。漫画家并不是将自己的漫画作品递交出版社，通过签订出版合同以出书的形式发行作品，而是首先必须向拥有固定出刊期的漫画杂志投稿，获得自己作品的杂志连载资格。如果获得一定的市场好评，出版

---

① 参见产经新闻 http://www.sankei.com/entertainments/news/150615/ent1506150004-n1.html，2015年10月25日访问。

社才会将连载于该杂志的每期作品汇集成册，向公众出版该作品的漫画书。换言之，日本的漫画出版有两个概念，即漫画杂志和所谓"单行本"。任何一部漫画作品首先必须要获得漫画杂志的连载权，其次才能够积累一定的分量出版单行本。这种模式造成了漫画产业横跨书籍和杂志两种出版形式，权利处理也趋向复杂。

第二，漫画的表现内容十分丰富。与其他国家往往以幽默讽刺漫画为主的特点不同，日本漫画从本质上来说与小说无异。从整体上说，日本漫画注重的是故事内容，而不是绘画。这就导致了一部漫画作品并不是几幅绘画就能完成的，往往会连载数年。例如以周刊漫画杂志为例，一部作品每周的连载量基本在十五六个版面，依此速度连载至该作品故事大结局，时间超过10年以上的漫画数量并不少见。事实上，人气作品《海贼王》的连载时间已超过18年，至今依然继续着它的故事。[1] 可见，日本漫画拥有很强的故事性，是一种拥有复杂表现能力的文化形态。而正因为漫画作品可以承载复杂而富有表现性的内容，它也就成了一种表达某种意见、观点或世界观的很好手段。它所导致的结果就是，漫画作品很容易与言论规制问题纠缠在一起。现实中，漫画作品不仅可能与色情、暴力沾边，也会成为宣传政治性言论、某种历史认识的工具。前者与未成年人保护密切相关，基于这些内容给未成年人成长带来不利影响的担忧，与色情、淫秽和暴力相关的出版物自然会受到相关行政法律的管制。后者与政治自由有关，凸显的问题更为深刻和复杂。不管怎样，两者都涉及宪法表达自由的保护问题，政府对表达内容的规制会引起相关的公法争议，关于这一点，下文会着重研究。

第三，漫画出版拥有成熟的流程体系。漫画的创作出版拥有两种模式：作家中心模式和编辑部中心模式。作家中心模式指的是，漫画家对自己的作品进行选题、初步构思和前面几话故事的创作，然后给相关杂志社投稿，杂志社再对作品进行审核并讨论决定是否录用。编辑部中心模式是指，由杂志社自己进行选题和故事情节的初步构思，再以公开"招标"

---

① 《海贼王》（ONE PIECE）漫画连载开始于1997年8月4日，至今依然连载于《周刊少年Jump》漫画杂志。

的形式挑选作者，应召的漫画家根据编辑设定的故事情节画出最初的几幅漫画，最后杂志社的编辑们决定人选，与他们签订连载合同。以上是杂志连载时的主要出版模式。

与小说家不同，由于漫画创作需要绘画、情节、加工润色等多项工作流程，漫画家在创作作品的过程中往往并不是一个人完成，而是基于团队。在漫画家的创作团队中，剧情设计、绘画、与杂志社编辑联络、漫画宣传推广、权利处理、团队后勤等往往都由团队中不同的人担任。这种漫画创作团队体制与上述杂志社出版体制密切关联，共同推动着日本漫画产业的发展。

包括漫画在内的日本出版业的另一大特色是所谓"再贩制度"。它是指商品的生产商对销售商进行价格指示，要求销售商必须遵守自己规定的商品定价的行为。简单说，就是不允许销售商自己定价的行为。在出版行业中，漫画出版社规定了书店的销售价格，书店不可以擅自更改。作为补救，如果某本漫画卖不出去，书店就可以将这批漫画书退给出版社（这一制度主要针对单行本）。

第四，漫画的受众面广且与其他产业紧密结合。如果说在其他国家，漫画是属于儿童的读物，且消费群体也仅限于未成年人的话，日本就颠覆了这一传统观念。上文提到，日本漫画作品中不仅有面向少年儿童的低龄化作品，也拥有具备复杂剧情和深刻世界观的面向成人的作品，后者是其他国家并不具备的。可以说，用漫画的形式表达深度主题是日本漫画的最大特点。如今，日本漫画的分类已经相当细化，书店里往往会将漫画书分为儿童、少年、少女、青年、上班族、职业女性、家庭主妇等各种类型，任何年龄的读者都可以迅速找到属于自己喜好的分类。

另外，上文也提到，日本漫画产业的显著特征是与其他产业紧密结合，拥有很强的联动性。一部热门的漫画作品往往会改编成为动画、游戏、小说、真人电视、公仔玩偶等其他各种文化形式，一部作品可以横跨出版、电视、电影、影像光盘等各种媒体。正因为这种特点，通常人们会将其统称为 ACGN 产业（ACGN 即 Animation "动画"、Comic "漫画"、Game "游戏"、Novel "小说"的缩写）。四种产业联动的结果就是企业关联的强化和收益的多样化。具体来说，相互之间的改编和被改编会使得漫画家、出版社、动画制作公司、电视台、电影院紧密结合在一起，其互相之间长年累月的合作关系导致他们形成了一个利益共同体。漫画家和出版社不仅可以通过漫画书和杂志的零售赚取利润，还可以通过行使著作转让权或许可权，分得其他产业中的收益。可见，一部好作品所能获得的报酬相当丰厚，这种产业特点也反过来激励了漫画家创作出更好的作品以及吸引行业外人才加入到漫画创作中来。

漫画出版业的互动性不仅仅体现在横向，其纵向的互动性也值得关注。在日本，由于动漫、游戏、轻小说等文化产品的流行，产生了一种叫作"御宅族"（オタク）的消费群体。它是指热衷于以上文化形式、狂热喜爱其中人物角色的人。正是他们撑起了整体日本 ACGN 产业的市场。这些"粉丝"的存在也催生了许多在其他产业、其他国家并不存在的文化现象——同人作品和 cosplay。同人作品是指由普通消费者利用原作品的设定（人物、世界观、场景等）创造的衍生作品。cosplay 是指扮演动漫游戏中的角色以进行摄影或舞台表演等活动。这些文化现象一方面活跃了日本的文化市场，另一方面也产生了一定的法律问题。例如著作权侵权问题和御宅族犯罪问题等也是日本学界议论的焦点。

以上四点即日本漫画出版产业区别于其他文化产业的主要特征。漫画产业独占出版业鳌头并迅速在全世界获得成功与以上这些产业特点是密不可分的。当然，相关的法律问题与产业扶持政策也和这些特征有关。下文将从法律、政策和行业协会三方面来展开分析日本漫画出版产业的法治状况。

第二节　日本漫画出版产业法律规制研究

漫画产业各项环节的复杂性和与其他产业的联动性必然会产生许多法律问题。有时这些法律与制度对漫画产业起到了推动和支持的作用，有时却是起到规制和管控的作用。

一　宪法与表达自由

在所有的文化表现形式中，出版的历史最为悠久。出版物作为能够传达思想、情感和观点的媒体形式，在很久以前就成为个人表达的重要工具。纵观历史，出版无不与公权力管制紧密结合在一起。国家经常会顾忌到作为思想传播工具的出版物所可能蕴含的煽动性，而对其进行各种限制和打压。这种现象可以发生在任何国家，例如我国古代的"文字狱"和欧洲中世纪的"异端审判"。在现代社会，言论自由作为一项基本人权普遍受到各国政府的承认，并通过宪法进行保护。这其中，保护作为言论载体的出版自由，自然也是保护言论自由的一部分，两者"难分难舍"。[1]

为吸取第二次世界大战前人权保障薄弱的教训，战后日本新宪法采用大量篇幅仔细而缜密地规定各项基本权利，言论自由更是其中的典型。《日本国宪法》（以下简称《宪法》）第 21 条第 1 项规定："保障集会、结社、言论、出版及其他一切表达的自由。"第 21 条第 2 项规定："不得进行事前审查，不得侵犯通信的秘密。"保障言论自由是各国宪法的普遍规定，不过从整个第 21 条可以看出，日本宪法在这一问题上至少有两个特色。第一，日本宪法与欧洲各国宪法不同，并不刻意区别集体思想表达（集会、结社等）和个人思想表达，而是将两者置于同一条文中作为一个整体即"表达自由"进行广泛的保护。[2] 第二，禁止对表达行为进行事前审查作为单款予以刻意强调，体现了宪法禁止事前审查的强烈要求。

出版物是典型的思想表达行为，受到日本《宪法》第 21 条的保护。当然，日本《宪法》并没有对基本人权采取绝对保护立场，根据第 12 条、第 13 条的规定，即使构成《宪法》保护的基本人权，立法也可以依据"公共福祉"对其进行限制。这里就引起了两个层面的问题。第一，若立法对某种表达行为进行限制，那么首先必须要讨论这种表达行为是不是涵盖在《宪法》表达自由的概念内。换句话说，若某种表达行为不属于《宪法》第 21 条保障的范围，这种言论限制立法自然不与《宪法》发生冲突。第二，若某种表达行为属于或有可能属于《宪法》第 21 条的保障范围，那么立法对其进行限制就只能根据公共福祉的原理，如不符合这一原理，就有违宪的嫌疑。因此，在探讨对出版物进行规制的法律与

---

① 参见张千帆《宪法学导论》，法律出版社，2014，第 564 页。
② 参照〔日本〕芦部信喜：『憲法』、岩波書店、2011、175 页。

《宪法》第 21 条之间关系的时候，应当按照以上思路来进行。

如涉及煽动性政治言论、性表现和损害名誉（诽谤）的言论，日本法律有可能会限制出版物作者的表达自由，甚至涉及刑事处罚。这些处罚制度的存在一方面敦促出版业界规范自身行为，有利于产业的健康发展；另一方面却是作家和出版社心头的达摩克利斯之剑，处理不当就有可能产生文化萎缩的负面影响。此时，《宪法》第 21 条是出版业界最佳的保护伞，既然表达自由作为一项基本人权已经写入日本《宪法》，那么这些规制表达的法律和政府制度当然需要受到宪法的制约。现实中，涉及出版业界的这些规制性法律屡屡受到合宪性的挑战，相关学说和案例极为丰富，下面逐一论述。

二　煽动性言论

日本存在处罚煽动性政治言论的法律——《破坏活动防止法》。本来，根据日本《刑法》的相关规定，危害他人、公共和国家安全、阴谋颠覆政府等行为才能受到刑事处罚。但是《破坏活动防止法》第 38、39、40 条规定，为达到"推进、支持或反对某种政治上主张的目的"，煽动实行上述行为的言论也会受到刑事处罚。因此，出版物若涉嫌政治煽动性言论，可能违反这些法律规定。

当今世界各国宪法普遍保护表达自由，包括最基础的言论自由和由此引申出的出版、集会和游行自由。纵观表达自由的宪法史，这一基本人权原本针对的应当首先是政治性言论，换句话说，即议论乃至批评政府、阐明政治主张的言论。这一点可以在表达自由的保护原因之一"自我统治论"中予以确认。[①] 尽管对此有所争论，但至少从这一意义上来说，政治性言论应当是表达自由中极为重要，且应当予以重点保护的表达类型。现阶段日本法律中存在的这些所谓煽动性政治言论的处罚规定当然是基于正当的理由（公共福祉）。问题是，如何在这些法律条文的规定和适用中处理好与宪法的关系。

芦部信喜教授是最早提倡将美国违宪审查标准引入日本司法裁判的学

---

① 参照〔日本〕芦部信喜：『憲法Ⅲ 人権各論（1）』、有斐閣、2000、258 頁。

者，他一生致力于这一事业，对日本宪法学通说的确立产生巨大影响。根据芦部教授的观点，对待规制表达，尤其是政治性言论的政府行为，应当遵循以下基本审查原则。

第一，双重标准论。根据这一理论，精神、思想自由比经济自由拥有更为优越的地位。其结果就是，在审查限制经济自由的规制性立法时，充分尊重立法机关的立法裁量，应当采取宽松的审查标准；在审查限制精神自由的立法时，必须采用严格的审查标准。①

第二，事前审查的禁止。对表达活动进行事前审查和限制是不被允许的，这一点由日本《宪法》第 21 条第 2 项予以强调确认。

第三，明确性理论。根据这一理论，限制表达自由的立法条文必须明确，不可以模糊不清。因为如果法律的字面规定本身是暧昧而不明确的话，会对表达活动产生萎缩效果。因此，当条文规定是茫然不明确（vague）或过度广泛（overbroad）的时候，原则上应对该法律规定宣判文面无效（void on its face）。②

第四，"明显而即刻的危险"（clear and present danger）标准。直接针对表达的内容（尤其是所谓煽动性言论）进行规制时，必须符合这一标准。"明显而即刻的危险"标准来自美国最高法院判例。根据这一标准，能够限制的言论必须符合三大要点：因该言论而发生危险的可能性是明显的、可能发生的危险极为重大且时间紧迫、规制方法必要且不可欠。③

第五，LRA 标准。当立法目的不是规制表达内容，而是对表达的时间、地点、方法进行规制时（又称表达内容中立规制），法院应当应用LRA 标准进行审查。该标准是指，审查是否存在同样可以达到立法目的但是规制程度更轻的手段（less restrictive alternative），如果存在这一可能，就应当判决违宪。④

以上简称芦部五原则，是芦部信喜教授所主张的对规制政治性言论立

①　参照〔日本〕芦部信喜：『憲法Ⅱ 人権総論』、有斐閣、1994、213 頁。
②　参照〔日本〕芦部信喜：『憲法Ⅲ 人権各論（1）』、有斐閣、2000、388 頁。
③　参照〔日本〕芦部信喜：『憲法』、岩波書店、2011、200 頁。
④　参照〔日本〕芦部信喜：『憲法』、岩波書店、2011、202 頁。

法的违宪审查标准。判例方面，日本最高法院确认了芦部第二原则①、第三原则②，部分确认了第一原则③，并没有采用第四原则和第五原则。在关于上述《破坏活动防止法》第39、40条的合宪性问题上，最高法院在确认条文规定符合明确性要件（第三原则）的基础上，却完全没有采用"明显而即刻的危险标准"审查法律适用层面上的合宪性。对此，最高法院认为：煽动"是属于威胁公共安全，可能会引起放火、骚乱等重大犯罪的社会性危险行为，因而违反公共福祉，并不值得受到表达自由的保护，应当说不得不对其进行限制"④。

从以上判决词来看，在对待煽动性言论的保护上，日本判例不仅没有采用严格的审查标准，甚至完全不关心具体何种言论属于煽动、这种言论能产生多大程度的危险性等问题。最高法院的这则判决，因显著弱化了对表达自由的保护，受到了学界的猛烈批判。⑤

三　名誉毁损

日本《刑法》第230条规定了"名誉毁损罪"，第230条第1项为："公开诋毁他人名誉者，无论事实与否，处三年以下有期徒刑或拘役或五十万日元以内之罚金。"第230条第2项为："诋毁死者名誉者，如果并没有违背事实，不予处罚。"第230条之2第1项规定："若前条第一项的行为涉及有关公共利害关系的事实，并且其行为目的是谋求公共利益的，则根据事实的真实与否进行判断，如真实可证，不予处罚。"根据这些法律规定，若出版物涉及毁损他人言论且不符合免责事项的，相关人员会受到刑法的制裁。

日本《宪法》同样保护个人名誉（第13条包括的基本权），如何与表达自由进行调整平衡，是重要的宪法学问题。《刑法》第230条采取无论事实与否，只要损坏了他人的名誉就必须处罚的立场。这种规定与表达

---

① 最判昭和61年6月11日民集40卷4号872页。
② 最判昭和59年12月12日民集38卷12号1308页。
③ 例如，最判昭和47年11月22日刑集26卷9号586页。
④ 最判平成2年9月28日刑集44卷6号463页。
⑤ 参照〔日本〕野中俊彦等：『宪法Ⅰ』、有斐阁、2012、387页。

自由之间有可能产生张力。为此，《刑法》第 230 条之 2 规定了除外事项，这一规定是典型的调整条款，即调整表达自由和个人名誉这两个基本人权之间的关系。现实中，侵犯名誉权的案件一般多起因于新闻报纸、杂志和漫画等，与出版行业密切相关。《刑法》第 230 条之 2 的规定是维护出版行业表达自由的有力武器。

根据这一规定，即使发表了损害他人名誉的言论，只要满足"有关公共利害关系的事实""为了公共利益""该事实是真实的"这三大要件，即可免于论罪。关于什么是"有关公共利害关系的事实"，一般来说只要是社会大众普遍关心的事项就可以说是有关公共利害，例如公务员的犯罪和不当行为等。反之，关于他人私生活上的事项当然不能说是有关公共利益。问题的关键在于两者之间的界限（例如有关揭露公务员私生活的言论）。对此，最高法院认为，即使这种事实是有关私人的私生活，根据"与其有关的社会活动之性质"以及"由此引发的社会影响度之大小"的判断，也可能被认定有关公共利害关系。[1] 关于什么是"为了公共利益"，一般认为其主要目的是公共利益即可。至于"该事实是真实的"要件，学界认为如果严格适用这一要件的话，将会导致对言论的抑制。[2] 对此，最高法院在一则有关新闻报纸侵犯名誉权的案件中这样说道："即使不能证明所述事实是真实的，如果行为人误以为该事实是真实的，并且这种误信是基于确实的资料和根据，有相当充分理由的话，应当认为行为人没有犯罪的故意，不成立名誉毁损罪。"[3] 从这点上看，判例在名誉权侵害的问题上，对表达自由采取了相当尊重的立场。

四 性表现

与煽动性政治言论、损害他人名誉的言论相比，问题更大的应当是涉及性的言论。这也是以漫画为代表的日本出版物所面临的最棘手的法律问题。现实中，基于性表现的言论规制普遍存在。总结来说主要有三类：刑法上的淫秽物品陈列罪、地方条例的有害图书指定制度和出版行业协会的

[1] 最判昭和 56 年 4 月 16 日刑集 35 卷 3 号 84 页。
[2] 例如，〔日本〕佐藤幸治：『日本国宪法论』、成文堂、2011、266 页。
[3] 最判昭和 44 年 6 月 25 日刑集 23 卷 7 号 975 页。

自我审查与分级。下面逐一进行详细讨论。

（一）《刑法》第 175 条

日本《刑法》第 175 条规定："颁布或公开陈列淫秽书籍、图画、电磁记录媒体之类的物品，处以 2 年以下的有期徒刑或 250 万日元以下的罚金或罚款，有期徒刑和罚金可并处。"该条刑法规定直接针对的是淫秽物品，向公众颁布或售卖淫秽物品将会受到刑事处罚。该条规定尤其与以漫画为代表的日本出版市场有关，曾引起日本学界和实务界的许多争论。其中，与宪法表达自由的关系问题最为突出。

关于这一点，判例和学界有以下两点争论。

第一，"淫秽"的定义问题。一直以来，淫秽言论并不被认为属于日本《宪法》第 21 条所保护的表达类型。[①]因此，如果某种言论被认定为具有淫秽性，就不会受到表达自由的保护，并不存在宪法问题。在此，问题的关键不是淫秽言论该不该受到保护，而是如何认定淫秽言论。换句话说，对所谓"淫秽"概念的定义差别会导致保护范围的差别，如果将本应该受到宪法保护的言论划入淫秽的范畴而对其进行打压限制，就会引起宪法问题。

对什么样的表现内容属于"淫秽"的问题，随着时代的变化，日本法院的立场也在不断地变化。

首先，在 1957 年"查泰莱夫人的情人案"[②]中，检方认为《查泰莱夫人的情人》一书是淫秽书籍，起诉出版社和翻译者违反《刑法》第 175 条。对此，最高法院认为所谓"淫秽"是指："仅仅是刺激性欲或引起性兴奋，伤害普通人正常的性羞耻心，违反善良的性道德观念。"这一定义被后来的学者称为"淫秽三要件"。接着，最高法院在阐述淫秽的定义后，还作了如下的陈述："作品给普通读者带来兴奋、刺激以及羞耻感的程度，应当由法官来判断。法院的判断标准应当是一般社会常识，即社会通常观念。……判断这样的社会通常观念，在现行制度下委任给法官。"

其次，在 1969 年"于丽埃特案"[③]中，最高法院对淫秽物品的定义

---

① 参照〔日本〕芦部信喜：『憲法』、岩波書店、2011、182 頁。
② 最判昭和 32 年 3 月 13 日刑集 11 巻 3 号 997 頁。
③ 最判昭和 44 年 10 月 15 日刑集 23 巻 10 号 1239 頁。

呈现以下两处松动。其一，注意到淫秽性与艺术性的区别，承认存在"书籍中蕴含的艺术性、思想性能够减少、缓和其性描写所带来的性刺激，以至于达不到刑法处罚程度的淫秽性"这种情况。其二，对出版物淫秽性质的判断，应当"从与书籍整体的关联性角度来判断每个章节、句子的淫秽性"。也就是说，该判决一方面承认了艺术性和思想性可以减轻淫秽性的认定，另一方面认为应当运用整体考察的方法判断淫秽性，使得淫秽的概念有了一定的相对性。

最后，在1980年"四叠半门下之垫案"（四畳半襖の下張事件）①中，最高法院亮出了比较衡量论，最终确定了淫秽书籍的认定方法，即应当综合以下六点状况，参照当时的社会通常观念来进行判断。它们是：①性描写的露骨详细程度和手法；②性描写占整本书的比重；③书中艺术性、思想性描写与性描写的关系；④书本的构成和展开；⑤艺术性、思想性缓和性刺激的程度；⑥从书的整体来看，是否主要是为了引起读者的好色心。

需要指出的是，自20世纪80年代以来，日本司法界对待《刑法》175条已越发宽容。下面将会看到，法院充分尊重业界的自主规制，态度已经和以上这些判决时大不相同。

第二，规制手段的问题。《刑法》175条一律禁止出售淫秽图书，这种严格的规制方法是否违反宪法呢？针对这一问题，日本学界主要有两种观点。第一种观点认为，《刑法》175条的规定是合宪的，但是出于对表达自由的尊重，应当对什么是"淫秽"做严格的限定解释。这种观点认为，淫秽书籍会损害良好健全的生活环境，毫无社会价值可言，对其进行全面禁止是无可厚非的。只要把淫秽书籍的范围限定好，就不会存在损害表达自由的问题。换句话说，只要处理好了"淫秽"的定义问题，就不存在《刑法》175条规制方法过严的问题。相反，另一种观点认为，虽然规制淫秽物品是为了保护青少年健康成长，或保护"不想看的人的自由"，但是从保护"想看的人的自由"角度，不应该对淫秽书籍的买卖一律禁止，只要将其限制在特定的销售方法和渠道即可（例如禁止向未成

---

① 最判昭和55年11月28日刑集34卷6号433页。

年人出售)。《刑法》175 条一律禁止的规定属于过分的规制手段,是违宪的。①

支持以上两种观点的学者同时存在,学界并没有形成通说。按照第一种观点,淫秽出版物本身不属于宪法保护范围,自然可以一律禁止销售,不需要采用 LRA 标准(手段的必要且最小限度),但是根据淫秽定义的不同,其所涉及的范围也可大可小。如果采用第二种观点,那么就必须首先对淫秽物品本身进行分类,从比例原则的角度讨论何种淫秽物品需要一律禁止、何种淫秽物品仅仅只需要禁止对未成年人销售。依笔者所见,这两种学说的出发点都是相同的,都是为了尽可能地保护表达自由,只是前者着眼于缩小淫秽的定义,后者看到了法院对淫秽定义的模糊性,转而着眼于严格限定规制手段而已。当然,现实中日本的做法当然是前者,即首先肯定《刑法》175 条的合宪性,再根据时代观念的变化,渐渐缩小淫秽定义的范围。

(二) 有害图书指定制度

虽然并不属于《刑法》上所称的淫秽物品,但是出于保护青少年健康成长的考虑,针对某些内容上对青少年"有害"的出版物,对其市场销售阶段进行规制,即"有害图书指定制度"。这种规制并不是中央层面的统一立法,而是散见于日本各都道府县地方议会制定的条例中,通常称为《青少年保护育成条例》。根据这些条例规定,日本地方政府的行政首长(都道府县知事)被授权可以指定某种出版物为"有害图书"。受到指定的图书只能在成人专柜陈列,禁止对未满 18 岁的青少年出售。至于有害图书的要件构成,各地方条例的规定各不相同,但在对于涉及性表现作品的规制上却是一致的。例如现行《岐阜县青少年保护育成条例》规定的一个要件是,"显著刺激性感情,有可能会阻碍青少年健全成长"的物品(第 10 条第 1 项第 1 号)。有害图书指定制度与《刑法》第 175 条一样,也是公权力直接针对性表现出版物进行规制的立法行为。以漫画为代表的出版物即使并不能直接认定为刑法上所称的淫秽物品,地方政府也有可能会出于保护未成年健康成长的目的对其进行一定的规制。

---

① 参照〔日本〕野中俊彦等:『憲法 I』、有斐閣、2012、382 – 383 頁。

几乎所有的日本地方议会都规定了有害图书指定制度，受到"有害"指定的图书被设定严格的销售限制。明明不属于刑法上所称"淫秽图书"，却要受到地方条例的规制，这是否违反宪法呢？对此，很早就有学者进行过讨论。例如芦部信喜教授认为，这些地方条例规定的有害图书指定制度存在违反明确性原则、缺乏立法事实、容易导致事前审查、可能侵犯成人的表达自由等问题①，对其应当进行严格审查。

司法实践中，有害图书指定制度也曾经在日本最高法院引起合宪性争论。该案即"岐阜县青少年保护育成条例合宪案"②。该案中，岐阜县地方条例禁止有害图书在路边自动售货机中销售，受到有害图书指定的原告向法院起诉这一规定违反《宪法》第21条。对此，最高法院认为，"一般来说，本条例规定的有害图书会给尚未有成熟判断是非能力的青少年的性价值观带来不良影响，可能助长不法性行为和残暴行为的风潮，这些有害图书不利于青少年的健康成长是社会共同的认识"，因此对有害图书的规制是合宪的。由此可见，最高法院否认了学界对有害图书指定制度缺乏立法事实的指责。另外，在判决的补足意见中，伊藤法官认为，青少年心智并未成熟，"针对某种表达，对青少年进行规制时，并不能像面对成人进行规制时那样适用严格的合宪性审查标准""为使规制有害图书的制度合宪，只需要证明这些图书对引起青少年不法行为有相当程度的可能性即可"。并且，有害图书制度造成的对成年人知情权的限制也是为保护青少年健康成长所带来的附随性制约而已。

由此可见，日本最高法院全面肯定了有害图书指定制度的合宪性。

（三）行业自主规制

日本还存在一种由行业协会自己实施的自我审查制度，即所谓的"自主规制"。现实中对规范和管理色情出版物起到主要作用的不是以上这些公权力手段，而恰恰是这种自我规制。换句话说，虽然并不违犯《刑法》第175条，也没有被地方知事指定为有害图书，但是出版行业协会也会自主地对某些涉及性表现的出版物进行规制。这也是日本出版业界

---

① 参照〔日本〕芦部信喜：『憲法Ⅲ　人権各論（1）』、有斐閣、2000、338－344頁。
② 最判平成元年9月19日刑集43卷8号785頁。

区别于其他国家的一大特色。

首先，出版业界的行业协会内部各自设有处理表达自由与伦理问题的委员会。例如，日本杂志协会下设有编辑伦理委员会·伦理专门委员会，日本书籍出版协会下设有出版自由和责任委员会，日本出版经销协会下设有伦理委员会，日本书店商业组合联合会下设有出版物贩卖伦理委员会。这些委员会专门处理各自成员的自主规制问题，并且主要针对涉及性表现的出版物。其次，发挥作用最大的自主规制团体当属出版伦理协会。这是一个会议性质的机构，由上述出版业界四大团体共同设立。换句话说，四大团体分别委派人员组成的共同会议机构，专门处理出版物的伦理问题。许多业界的自主规制措施都是由这个机构决定的。另外，除出版伦理协会以外，出版业界还存在其他许多小的规制团体。例如专门由成人图书出版社组成的出版伦理恳谈会等。这些小的规制团体往往与出版伦理协会互相合作，共同制定业界规则，在保护出版自由的同时规范出版市场的道德秩序。

行业内的自主规制措施主要有以下几点。

第一，图像修正。图像修正即所谓的"打马赛克"和涂黑等措施。这是最重要的业界自主规制措施。主要针对的是直接描写性行为或性器官的漫画和图像。在日本，出版社在出版涉及性表现的漫画时，都会采取将"关键"部位模糊化或涂黑的局部修正措施，这导致的结果就是，正规合法的漫画出版物中并不存在无修正的图画。这种业界的自主措施主要是为了防止触犯《刑法》第175条。上文分析到，根据法院的判例法理，虽然关于什么是"淫秽物"的法院定义相当宽容而模糊，但是也指出了淫秽的定义会随着时代的发展而产生变化。虽然尚有一定的争论①，但是目前日本出版业界和司法界共同默守的一项规则就是——采取了性器官修正措施的出版物并不属于"淫秽物品"，不触犯《刑法》第175条。反之，无修正的出版物则是违法的。出版业界的图像修正措施正是建立在这种默守规则之上的。

第二，分级制度。出版业界不仅对色情出版物进行画像修正，还建立

---

① 可参见"松文館事件"（最高裁判所第一小法廷平成17年（あ）1508号）。

了分级制度，以保护未成年人的利益。不过，这种分级制度相对来说比较简单，即分为"禁止向 18 岁以下未成年人出售"和"允许向所有人出售"两种。虽然宪法禁止公权力对出版物进行事先审查，但是行业协会和出版社却会这样做。它们会对所有的出版物进行预先的内容审查，如果认为内容不适合 18 岁以下的青少年阅读，就会贴上"18 禁"的标签，主动禁止对未成年人销售。尽管这是其他国家文化产业中普遍存在的措施，不过日本的特色就在于，这种分级制度不是法律法规的规定，而是业界的自主行动。

第三，封条制度。进入 21 世纪后，日本杂志协会、出版伦理协会和出版伦理恳谈会共同推出了成人读物封条政策。具体来说就是，对便利店和书店等摆放陈列的"18 禁"图书贴上封条（即用胶带封住书本），以防止青少年阅读。这也是自主规制进一步的升级，即不仅限制某些出版物的销售对象，也阻止了青少年对其进行阅读的可能。

第四，与政府协调。例如，东京都的《青少年健全育成条例》规定，都知事在制定有害图书时，"如果存在自主规制团体，有必要时应当听取该团体的意见"（第 18 条之二第 2 项）。现实中与政府之间进行协调和联系的大多是上述的出版伦理协会。该协会起着政府和业界的桥梁作用，经常在规制与反规制的斗争之间维持着平衡。

第三节　振兴日本漫画出版产业法律与政策研究

一　漫画出版产业发展与行政法

（一）《文化艺术振兴基本法》

2001 年日本议员向国会提出制定《文化艺术振兴基本法》，以推进文化艺术的发展，最终该法在参众两院获得通过。《文化艺术振兴基本法》的主要目的是规定日本振兴文化艺术的基本理念，明确国家和地方政府的职责，在鼓励行政机关尊重文化产业自主发展的基础上明确一系列的推进政策。该法的适用范围包括一切文化和艺术领域，自然也包括漫画出版。例如该法第 9 条规定："为了振兴电影、漫画、动画以及利用电脑或其他电子设备的艺术，国家应当制定必要政策以支援媒体艺术的制作、上映等。"在这条规定里我们可以看到，漫画当然在该法的范围内，并且地位仅次于电影。《文化艺术振兴基本法》向政府课予的一系列义务诸如推进国际交流（第 15 条）、培养艺术家（第 16 条）、保护著作权（第 20 条）、支援民间活动（第 31 条）等都适用于漫画产业。

（二）《知识产权基本法》

为保护并推进日本的知识产权，2002 年国会制定了《知识产权基本法》。漫画出版物作为著作权法上最典型的作品类型，必然也属于《知识产权基本法》的管辖范围。不过，该法与调整私人间法律关系的《著作权法》不同，属于调整政府和私人之间关系的行政法。因为该法主要是明确国家、地方政府、大学和各相关企业对创造、保护和活用知识产权的义务和职责。例如该法规定国家有确保培养知识产权领域创造性人才、推进知识产品研究开发的义务（第 12 条）、国家有义务创造一个令企业能够有效正当利用知识产权的良好环境（第 19 条）等。特别需要指出的是，该法规定日本政府需在内阁下设立"知识产权战略本部"（第 24 条），并每年制订"知识产权推进计划"（第 25 条）。根据这部法律，推进作为知识产权标的物的漫画发展自然成了政府的基本义务。

（三）《文化产业振兴法》

与漫画产业关联性更大的是 2006 年由国会议员发起制定的《促进文化创意产业创造、保护以及活用的法律》（以下简称《文化产业振兴法》）。该法第 2 条将所谓"文化产业"（コンテンツ）定义为："电影、音乐、文艺、写真、漫画、动画、电脑游戏以及其他的文字、图形、色彩、声音、动作和影像或者是这些事物的组合又或者是为了提供关于这些事物的信息以电子计算机为媒介的程序（是指对电子计算机的指令，为了得到一个结果而组合成的事物）。"漫画被明确列于属于该法所称文化内容（contents）的范围。如果说在《文化艺术振兴基本法》里，电影音乐漫画等文化新业态只是该法对象的一部分，那么这部《文化产业振兴法》就是直接针对保护和推进这些新兴文化而制定的。在该法中规定的国家应当对文化产业的发展尽到的义务完全适用漫画产业。因此，根据该法的规定，日本政府就必须制定许多促进漫画产业发展的政策，例如保护权利人权利（第 17 条）、拓展海外市场（第 18 条）、构建公平贸易环境（第 19 条）、支持中小企业（第 20 条）等。

以上这三部行政法律都是为促进文化产业发展而制定的。对应到漫画出版产业来说，这些法律的存在就导致了一个结果，那就是政府与漫画产业关系的法定化。既然法律明确规定了政府对漫画产业应当是扶持的态度，日本政府就不能因为一时施政政策的改变转而打压漫画产业，这会引起合法性问题。① 可以说，日本文化政策的最重要特点就是它的法治化。

二　政府振兴漫画出版产业政策

日本政府十分重视文化产业的发展和对外输出，与其他国家一样，日本政府也会针对本国文化产业制定一系列的发展规划和政策。另外，既然上述行政法律对政府振兴文化事业做出了义务性规定，要求政府扶持文化产业的发展，那么政府就有义务从推广和扶持的角度推动漫画产业的发展。下文就介绍其中的一些重要政策。

（一）知识产权战略本部与知识产权推进计划

知识产权战略本部为会议性质，在制定日本文化产业政策的许多政府机关中级别最高，直接由首相担任长官，属于内阁的内设机构。其设立依据是《知识产权基本法》。

《知识产权基本法》第 24 条规定："为集中而有计划地推进创造、保护和活用知识产权的政策，在内阁设置知识产权战略本部。"该规定在授权政府设置知识产权战略本部这一机构的同时也直接指明了该机构的设立目的，即从总体上推进知识产权政策。其次，该法 25 至 32 条则详细规定了知识产权战略本部的职责、人员构成等事项。另外，第 33 条将与该机构有关的其他事项制定权委任给了行政立法，根据法律的这一具体授权，政府于 2003 年制定了法规命令——《知识产权战略本部令》。根据这一

---

① 当然，以上所谓"基本法"的法性质问题存在争论。在日本，基本法规定的内容通常都是一些理念、国家的职责、施政政策等，即向行政机关和国民表达意愿，属于一种努力义务的规定。这些法律并没有直接规定具体的权利义务及法律后果，不属于行为规范。因此，有学者认为基本法不具有直接的法效力。参照〔日本〕塩野宏：『行政法総論』、有斐閣、2015、63 - 65 页。

法规命令，2003 年 3 月知识产权战略本部正式运行。

知识产权战略本部的主要职责是每年制定一次"知识产权推进计划"（根据《知识产权基本法》第 23 条），从而在整体上保护和发展日本的各种文化产品。在该计划中，政府会大致列举一些当年所需要实施的政策。当然由于知识产权战略本部仅仅是一个会议形式，这些政策并不是它自己实施，而是分别委任指派给各省厅（部委）具体操作。从会议的构成形式上来看，这一知识产权推进计划也是高级别的行政规划，属于国家宏观战略的范畴。例如，2015 年知识产权战略本部的构成人员中，长官即是首相本人，副长官分别是内阁府特命担当大臣、内阁官房长官、文部科学大臣、经济产业大臣，还邀请了日本律师协会会长、东京大学校长以及文化产业相关公司的负责人等。①

在 2015 年内阁知识产权战略本部制定的知识产权推进计划中，与漫画产业有关的有以下几项政策。②

第一，加速活用促进电子存档的建设。为保存日本的优秀文化产品留给后世，并促进交流传播，日本政府正大力推进文化产品的电子存档工作，通过建立巨大的电子数据库上传文化作品。其中，2015 年知识产权推进计划指示文部科学省今后应当做好"媒体艺术数据库"的工作，在改善系统管理、信息收集和系统更新建设的同时加强与民间的合作。该数据库收集的文化作品中就包括漫画。

第二，加强对山寨产品、盗版产品的策略。该计划指示经济产业省今后应当与各国盗版取缔机关合作，依靠"漫画、动画盗版对策协议会"的努力，对明显侵权的海外网站上违法上传的漫画作品迅速地采取删除请求措施，建立诱导用户正版消费的网站，并向国内外消费者开展宣传活动。

第三，战略性培养和活用知识产权人才。在该政策中，推进计划指示文部科学省加强对国内外媒体艺术节中获奖漫画作品的宣传和支援，以培

① 参见日本首相官邸，http://www.kantei.go.jp/jp/singi/titeki2/pdf/meibo.pdf，2014 年 10 月 9 日访问。
② 以下参照〔日本〕知的财产权战略本部：『知的财产推进计画 2015』、https://www.kantei.go.jp/jp/singi/titeki2/、2015。

养漫画领域的创新者。并要求文部科学省加强与专科学校、大学和产业界合作，利用标准型课程等实例讲座形式来推进短期人才培养计划，以培养漫画家。

（二）文部科学省的政策

日本的文部科学省作为中央政府的一个职能部门，其所管事项相当于我国的教育部、文化部、国家体育总局和科技部等管辖的事项。上文提到，随着时代的发展，漫画已不再是快餐式消费品，而变成了被各地图书馆、博物馆争相收藏的文化艺术品。弘扬与宣传日本的文化艺术，自然与文部科学省有关。

文部科学省中直接主管文化政策的内设机构是文化厅。该机构设置于1968年，依据法律是《文部科学省设置法》（26条）。根据该法第27条，文化厅的主要职责是："谋求振兴文化与国际文化交流，适当管理宗教行政事务。"根据第29条，文化厅下设文化审议会，主要职责是制定文化振兴与国家文化交流政策时的调查审议。① 因此，文部科学省中负责政府文化振兴政策制定和实施的主要就是文化厅及其下属的文化审议会。

根据《文化艺术振兴基本法》第7条的规定，日本政府应当制定"文化艺术振兴基本方针"，并且由文部科学省拟定方针的草案。根据该授权，内阁和文部科学省迄今为止制定了四次基本方针，最近一次是2015年5月22日内阁通过的"第四次基本方针"。基本方针公布后，具体的执行者就是文部科学省下属的文化厅，因而文化厅的有关漫画产业的政策都是基于该方针做出的。

在文化厅实施的具体政策里，与漫画产业有关的有以下几个方面。

第一，促进漫画软件的电子存档化，以向国外宣传日本的媒体艺术。上文提到，知识产权推进计划八大政策中有"加速活用促进电子存档的建设"一项，根据政策指示，电子存档的具体工作委任给了文化厅。文化艺术振兴基本方针同样也提出了文化厅必须促进文化产品电子存档的要求，可见其重要性。依此方针，文化厅应当挑选相关漫画作品电子化后上

---

① 〔日本〕文部科学省文化庁：『平成27年度 我が国の文化政策』、文化庁長官官房政策課、2015、9頁。

传至"媒体艺术数据库",其目的就是能够更加方便地向全世界宣传日本漫画的魅力,促进文化的传播和交流。①

第二,振兴媒体艺术。具体来说,基本方针规定文化厅必须举办"文化厅媒体艺术节"和"媒体艺术创造者培养支援事业"来促进漫画产业的发展。媒体艺术创造者培养支援事业指的是年轻人在从事漫画创作活动时文化厅必须给予他们必要的物质帮助和环境支援。文化厅媒体艺术节是文化厅从 1997 年开始每年举办一次的活动,主要是表彰优秀的媒体艺术作品并向公众提供发表新作和观赏的平台。参赛作品被分为"艺术""娱乐""动画""漫画"四个部门进行评选颁奖,分别授予优秀作品大奖、优秀奖、新人奖和功劳奖。② 漫画部门作为单列的评奖部门专门授予该年度的优秀漫画作品,可见文化厅对其相当重视。

(三) 经济产业省的政策

根据《经济产业省设置法》第 3 条,日本经济产业省的主要任务是提高民间经济活力、发展对外经济关系、确保产业发展和能源需求等。漫画出版产业本身作为一种经济产业,涉及国内经济、消费和对外出口贸易,自然与经济产业省相关。这其中,其内设的商务情报政策局生活文化创造产业课与文化情报关联产业课两机构与漫画关联最大。生活文化创造产业课直接分管"酷日本"政策实施,而文化情报关联产业课所管事务第 2 项"印刷业及图书装订业的发展、改善与调整"③ 即直接针对整个出版行业。

与文部科学省相比,经济产业省的文化政策侧重于文化的经济价值、文化产业的国际推广和国际交流。《文化产业振兴法》中所规定的日本政府的一系列义务,主要也是具体由经济产业省实施的。例如《文化产业振兴法》第 19 条规定:"为扩大文化产业的产业规模、通过我国文化产

---

① 参照〔日本〕文部科学省文化厅:『平成 27 年度 我が国の文化政策』、文化厅長官官房政策課、2015、4 頁。

② 〔日本〕文部科学省文化厅:『平成 27 年度 我が国の文化政策』、文化厅長官官房政策課、2015、21 – 22 頁。

③ 参见经济产业省官网,http://www.meti.go.jp/intro/data/akikou08_ 1j.html, 2015 年 10 月 9 日访问。

品在海外的普及以增进对我国文化的理解，国家应当制定有关支援举办和参加国际活动、收集和提供有关文化产业海外市场信息的政策，以达到向海外介绍我国文化魅力和活跃文化产业交易的目的。"由字面规定即可以看出，该条法律所规定的政策义务主要由经济产业省实施而不是文部科学省实施。

现实中，经济产业省针对动漫、音乐、游戏等文化产业所实施的政策统称为"酷日本战略"（Cool Japan）。该战略的目的是通过宣传日本文化，以促进文化向附加价值的转换，从而获得海外市场、促进日本经济的成长。主要通过宣传日本魅力、出售文化商品和服务以及实施观光政策等三个方面全面展开。①

在这些措施中，与漫画产业有关的有以下两点。

第一，打击盗版政策。就像知识产权推进计划中要求的那样，经济产业省主要通过向有关网站提出删除请求、引导用户流向正版网站、向国内外消费者开展正版普及宣传活动三项来实施漫画盗版对策的。这些活动都是由经济产业省、出版社及动画公司等组成的团体——漫画动画盗版对策协议会以及一般社团法人文化产业海外流通促进机构共同来实施的。其中，经济产业省主要负责发布盗版广告的删除请求、过滤盗版侵权网站、漫画侵权的调查三项工作。②

第二，文化产品制作基础建设事业。经济产业省自 2014 年就已经开始调查和探讨实施"漫画制作工程"的可能性。具体来说，就是为促进漫画在国内外的同时发售，引入可以顺利推进翻译、编辑工作和产品流通的一系列电子技术。从 2015 年开始已经举办了几场研讨会，邀请出版社、销售商、漫画家和学生等，向他们出示调查报告书，并介绍该技术的内容。③

---

① 参照〔日本〕経済産業省商務情報政策局文化情報関連産業課：『コンテンツ産業の現状と今後の発展の方向性』、2015、9 頁。

② 参照〔日本〕文部科学省文化庁：『平成 27 年度 我が国の文化政策』、文化庁長官官房政策課、2015、18 頁。

③ 参照〔日本〕文部科学省文化庁：『平成 27 年度 我が国の文化政策』、文化庁長官官房政策課、2015、21 頁。

三　漫画出版业界协会相关措施

日本漫画出版行业取得的辉煌成就不仅因为立法、行政等公权力机关的支持，也更是行业自身努力的结果。这其中，自然与行业协会的作用有关。出版作为囊括广泛领域的行业，相关企业和个人组织的自主团体数量很多，这些民间团体的设立目的和工作任务也不尽相同。有时，这些团体会审查出版物的内容，制定出版行业的行业规则，起到自主规制的作用，这在上文已述。有时，这些团体也与政府一道积极实施推动产业发展的政策，如举办大型活动、设立优秀作品奖项等，起到积极的促进作用。

在整个出版行业中，历史最悠久、对业界影响最大、起到最为重要作用的行业协会有四个，一般被称为"出版四大团体"。它们是日本书籍出版协会、日本杂志协会、日本出版经销协会和日本书店商业组合联合会。从名字上就可以看出，它们分别是由书籍出版社、杂志社、出版经销商和书店组成的业界团体。这些团体都是本着为它们的组成人员提供信息统计服务、制定行业规则、举办推广活动等目的而设立的，四大团体共同主宰了整个出版行业的自主活动，漫画产业也不例外。当然，由于它们分别代表着各自成员的利益，因此四大团体之间既有合作也有矛盾。下面简要介绍一下各团体的状况。

（一）四大团体概要

1. 日本书籍出版协会

日本书籍出版协会设立于 1957 年，性质属于日本《民法》上的一般社团法人。协会由 423 家出版社组成，这几乎囊括了日本所有的出版社。大型出版社如集英社、讲谈社、小学馆、角川书店、文艺春秋等都是该协会的主要成员。现任协会理事长是小学馆法人代表相贺昌宏，其他协会的理事皆为日本大出版社的董事长。毫无疑问它是日本出版行业中最大的自主团体。

该协会设立的主要目的是："谋求出版事业的健全发展和使命的达成，为文化的向上和社会的进步做出贡献。"① 协会主要的工作内容有 6

---

① 参照《一般社团法人日本书籍出版協会定款》第 3 条。

项：（1）为出版事业的健全发展和出版文化的普及向上而做必要的调查研究；（2）为促进出版事业的发展，保持业界关联者的和睦和增进福利；（3）负责与有关政府部门和关联团体的沟通联络；（4）推进出版文化的国际交流；（5）编辑并发行协会杂志等刊物；（6）其他为达协会目的所必要的事项。[①]

2. 日本杂志协会

日本杂志协会设立于 1956 年，当初由 30 家专门刊行杂志的杂志社组成，以促进和保护杂志这种特殊的出版形态。现为一般社团法人，登记于日本内阁府。多年来，该协会已经发展成为出版行业中影响最大的协会之一。协会中的成员都为日本有代表性的杂志出版社，截至 2015 年为止共有 91 家会员，这些协会成员发行的杂志数量占日本总杂志发行数的 80%[②]，可见该协会是杂志出版业界的行业代表。

协会主要的工作内容有 7 项。它们是：（1）杂志出版的健全发展、出版文化和出版伦理的向上；（2）与杂志有关的调查研究；（3）与立法机关、行政机关及其他关联团体联系、交涉和协调；（4）与其他出版业团体联络协调；（5）刊行协会杂志和图书；（6）向出版关联团体出借办公室与会议室；（7）其他为达本法人目的所必要的事项。[③]

3. 日本出版经销协会

日本出版经销协会的前身是出版经销恳谈会，设立于 1950 年。由出版经销商组成的行业协会在其他国家并不多见，日本的这一状况是在深刻的历史背景之下产生的。二战以前，日本存在统一分配出版物流通的企业——日本出版配给股份公司（日本出版配給株式会社）。随着盟军战后解散大财阀政策的出台，该公司被勒令停业，随即解散重组成许多小企业。但是，随后在出版流通环节，企业之间的恶意竞争和融资困难等问题逐渐浮出水面。为保证承担出版社和书店之间"桥梁"作用的经销商市场有序发展，由这一领域的企业组成的行业协会因此就顺理成章地发起成立了。

---

① 参见《一般社团法人日本書籍出版協会定款》第 4 条。

② 参见日本杂志协会官网，http://www.j-magazine.or.jp/guide_001.html，2015 年 11 月 10 日访问。

③ 参照《一般社团法人日本雜誌協会定款》第 4 条。

现该协会有成员 25 家，作为图书经销商的自主团体，它的工作主要是围绕再贩制度、出版物交易的合理化、流通效率的改善、书籍的普及等几方面课题，开展研究、调查和举办各种活动。①

4. 日本书店商业组合联合会

日本书店商业组合联合会简称"日书联"，设立于 1945 年，拥有超过 70 年的历史，是日本唯一的全国性书店联合团体，性质是商业组合联合会，拥有法人资格。全国所有的大中小书店都是日书联的成员，其规模并不亚于日本书籍出版协会。日书联在全国 46 个都道府县分别设有地方书店商业组合，并统领这些地方性团体。截至 2015 年 10 月，下属书店会员超过 4374 家。②

日书联在理事会下设 8 个委员会，分别是政策委员会、组织委员会、指导教育委员会、宣传委员会、流通改善委员会、交易改善委员会、读书推进委员会和书店再生委员会。这些委员会都是常设机构，共同致力于"谋求书籍、杂志零售业中中小企业的改善和发展""确保会员和组合员公正的经济活动机会"以及"经营环境的提高"。③

具体的工作内容有 6 项。它们是：（1）1 月 2 回发行《全国书店报》；（2）为书店共同购入图书；（3）举办读书推进活动；（4）零售书店真实情况调查和研究；（5）与其他事业团体联络协调；（6）其他为达目的所必要的事项。④

（二）具体措施

四大行业协会都会推出一系列促进该行业和协会成员发展的措施。在此，选取出版行业中最大的自主团体，成员囊括所有出版社的日本书籍出版协会的政策，进行介绍。⑤

---

① 参见日本出版经销协会官网，http：//www. torikyo. jp/gaiyo/enkaku. html，2015 年 11 月 10 日访问。

② 参见日本书店商业组合联合会官网，http：//www. n-shoten. jp/information. html，2015 年 11 月 10 日访问。

③ 参照《日本書店商業組合連合会定款》第 1 条。

④ 参见日本书店商业组合联合会官网，http：//www. n-shoten. jp/information. html，2015 年 11 月 10 日访问。

⑤ 以下参见日本书籍出版协会官网，http：//www. jbpa. or. jp/outline/about. html，2015 年 11 月 15 日访问。

第一，开展读书推进活动。日本书籍出版协会开展一系列促进全民读书的活动，以推动阅读文化的普及。其中最有名的当属每年举办一次的"东京国际书展"。该书展是日本最大的书籍展览会，每年有20多个国家近1000个出版社参展，书展期间也会举办包括读者感谢会、著作权交易会、出版研讨会、演讲会等多种活动。

第二，改善流通环境，建立数据库。为改善出版业的交易环境，该协会专门或与其他组织一起建立了许多出版信息数据库以供业界查阅和使用。例如能够迅速查阅每本书的出版状况和销售地点的"日本书籍总目录"以及"日本出版基础中心"数据库。另外，协会每年还会出版《出版再贩流通白皮书》，给业界提供大量有益的统计数据。

第三，保护和宣传著作权的活动。首先，出版业界的出版合同标准样式都是由该协会制定的。其次，以该协会为首成立的日本复制权中心和出版者著作权管理机构（JCOPY）两大组织共同管理着全日本的出版物著作权许可业务。再次，日本出版物借贷权管理中心也是由日本书籍出版协会设立的，它掌管着全国的书籍借贷权许可业务。最后，该协会自身设有著作权出版权咨询室，专门负责向业界企业或个人解释与出版有关的著作权事项。

第四，代表日本参加国际出版业交流活动。例如，国际出版商协会（IPA）中代表日本的加盟成员就是日本书籍出版协会。

第五，向业界提供培训和普及服务。针对每年进入各大出版社的新员工，日本书籍出版协会都会对他们实施培训活动，令他们迅速掌握与出版有关的业务知识。另外，还会面向社会开展一系列讲座，普及相关出版知识。

第四节　日本漫画出版产业中的私法制度

与出版产业最相关的私法法律毫无疑问是《著作权法》。作为调整私人之间著作权关系的法律，漫画产业中的漫画家、出版社、书店等市场组成人员平时较多涉及的自然也是该法。在此，探讨一下漫画出版产业与《著作权法》的关系。

日本《著作权法》第2条第1项第1号规定，所谓拥有著作权的作品是指："用创作来表现思想或情感并属于文艺、学术、美术或音乐领域的物品。"从这一定义来看，漫画当然属于著作权法上所称的作品。《著作权法》第10条列举了作品的类型，它们是：语言类作品、音乐作品、舞蹈戏剧作品、美术作品、建筑作品、图形作品、电影作品、摄影作品和程序作品。从日本漫画的特征来看，它本质上是一种图画和小说的结合，换句话说，不难看出漫画出版物既可以属于第10条所称语言类作品，也可以属于美术作品。

日本《著作权法》将著作权分为财产权和人身权两类。具体而言，财产权可分为复制权（第21条）、改编权（第27条）、上映权（第22条）、颁布权（第26条）等，人身权可分为同一性保持权（第20条）、署名权（第19条）、发表权（第18条）等。这些权利中与出版产业最为相关的应当是复制权。根据该法第2条第1项第15号的定义，"复制"是指："用印刷、照相、复印、录音、录像等方法进行有形再制作"。因此，出版作为一种对漫画原作的"有形再制作"，其本身就是包含在复制权中的概念。漫画家可以通过行使自己的复制权（以出版的方式）与出版社签订著作权合同，从而实现自己知识产权的价值化，获得报酬。

然而，与其他国家不同的是，日本《著作权法》中还有一项特殊的制度，即"出版权"制度。这一制度规定于同法的整个第3章，是日本知识产权制度的重要特色。根据第80条，所谓出版权是指："以颁布为目的，按照原作原样印刷或通过其他机械的或化学的方法复制成书籍或图画的专有权"。也就是说，在日本，原作者不仅可以通过复制权许可合同与出版社之间就漫画的出版问题达成协议，也可以额外通过设定出版权这一行为与出版社之间签订出版权合同。两者的区别就是，前者合同中作家和出版社之间所有的权利义务条款基本根据意思自治，后者则必须符合《著作权法》第3章的规定，例如作者不可以再和其他出版社签订著作权合同（即所谓专有出版权）。

侵害漫画著作权人权利的将承担日本《民法》第709条规定的侵权行为赔偿责任。另外，权利人还可以根据《民法》中的其他规定维护自己的权利（如第112条停止侵害请求权）。日本对严重的侵害著作权行为采取刑事制裁立场，这点由《著作权法》第 8 章予以确认。①

下面选取几个焦点问题，逐一阐明漫画产业中《著作权法》的适用问题。

一 漫画的作品性

如果重视漫画的"画"的部分，很显然它是属于《著作权法》第 10 条所称美术作品；如果重视它的情节和台词部分，也可以称其为语言类作品。那么，是不是可以说漫画既可以单独当作美术类作品又可以单独当作语言类作品呢？并非如此。从漫画的性质上看，图画和文字台词缺一不可。也就是说，缺失任何一部分的话，漫画也就不能称之为漫画，它是图画和文字两者结合才形成的出版形态。关于这点，判例也持同样意见。例如在 2000 年，东京地方法院指出："漫画是由故事情节、登场人物台词、分镜构成、登场人物和背景画等诸多不可分的要素一体有机结合而成的，是语言要素和绘画要素有机结合而成的作品。"② 由此看来，漫画既不能单独视作美术作品，也不能单独视作语言类作品，而应当认为它是两者结合而成的复合作品。

二 漫画著作权的保护对象

那么，是不是漫画中所有的部分都应当视为美术和语言结合的一体不可分的作品呢？换句话说，是不是漫画中的每一个部分都具有著作权呢？这个问题也值得分类讨论。

较容易看出，一般漫画作品中至少包含以下几点可单列的部分：画风和分镜手法、题目、人物和背景画像、人物名称、情节和台词、人物形象本身。这些漫画的构成要素似乎都单独具有著作权，从而应当受到《著作权法》的保护。不过，事实是否如此呢？

---

① 需要指出是，《著作权法》第 8 章所列处罚规定属于行政刑罚，不是我国意义上的行政处罚。日本行政刑罚完全根据刑事诉讼法程序由法庭做出审判，属于由特别法规定的罪责。参见日本《刑法》第 8 条；〔日本〕塩野宏：『行政法総論』、有斐閣、2015、272 – 273 頁。

② 東京地判平成 12 年 5 月 25 日裁判所ウェブサイト。

（一）画风和分镜手法

著作权法上的一个重要法理就是，著作权法的保护对象是思想和感情的表达，而不是抽象的思想本身。[①] 从这点上看，就一部漫画作品的画风和分镜手法而言，其思想和灵感本身并不是《著作权法》的保护对象，这点毋庸置疑。当然，若权利人主张对方侵害的并不是分镜方法本身，而是通过权利人独创的分镜方法所产生的"画"本身，则属于"思想和感情的表达"，应当受到《著作权法》的保护。不过，此时法律保护的也是画的表现形式，并不是技巧和灵感本身。

（二）漫画的题目

漫画的标题对一部作品来说相当重要，题目取得好，便能额外吸引读者的眼球。从这点来说，题目是区分作品的第一标志。但是，是否可以将漫画题目单独拿出来作为著作权的保护对象呢？这点也是有疑问的，因为它不符合能成为作品的第二个条件，即创作性（同法第2条）。一部作品的题目一般来说都很短，往往只有几个字，并且许多题目都是相当常见的，很难说这体现了作者的创作性。因此，对于这类短小的表现形式，日本著作权法制度很难认定其拥有著作权。当然，未经作者同意擅自更改标题是侵害同一性保持权的行为，这点法律有明确规定（同法第20条）。

（三）人物和背景画像

漫画中的人物画和背景画是漫画的本质要素。就像上文分析的那样，所谓漫画正是由画像和文字台词有机结合的复合产物。人物画和背景画正是《著作权法》上所称作者思想和感情的表达。因此，承认这两者拥有著作权应当毫无疑问。

（四）人物名称

所谓人物名称就是指漫画作品中给每个角色所取的名字。这一要素和漫画作品的题目类似，往往由很短的几个文字组成，因而很难承认其作品性。如东京地方法院在1990年的一则判决中指出："单单就漫画主人公……的名称来说，并不能认为它是思想和感情的创作性表达，即不能认

[①]　参见日本《著作权法》第2条。

为是作品。"①

（五）情节和台词

构成漫画的另一个要素即它的文字性，正因为有了每个人物角色的台词，漫画的情节才能成立，也因为日本漫画的故事性和情节性，使它区别于其他的绘画和幽默讽刺画作品，获得了独立的地位。因此，作为漫画本质要素的情节和台词，它本身当然是思想和感情的表达，具有著作权。

（六）人物形象本身

上面总结到，漫画中的人物画，无论是该人物的脸、衣着、身材、发型还是配饰，都作为一个整体构成了一个独特的、只有该作品才会有的角色形象。因此，所有这些要素的绘画表现都应当受到《著作权法》的保护，作者对其拥有著作权。但是，这里还有一个难以解决的问题，即未经作者同意，利用其漫画人物形象本身是否属于侵犯著作权的行为呢？举例来说就是，漫画家是否可以针对玩具商制作的一款布偶、游戏商在其游戏里塑造的一个主人公，主张它们抄袭了自己作品中的人物，就人物形象权本身提起著作权诉讼呢？

关于这一点曾经在1997年的日本最高法院引起争论。最高法院最后做出了这样的认定："不能将所谓的人物角色当作作品。因为，所谓人物角色是一种从漫画的具体表现中升华出来的抽象概念，可以说是登场人物的人格，并不是具体的表现形式，不能说它本身是思想和感情的创作性表达。"②

从以上法院判断中可以看到，法院认为人物形象本身是一种抽象概念，属于"思想和感情"本身，并不是具体表达，从而否定了它的作品性。因此，对作品角色的保护都应当是从人物角色的绘画和图像本身出发进行的，而不是抽象的形象本身。

三　漫画家的权利

作为漫画的创作者，当然是该作品的著作权人，享有《著作权法》

① 東京地判平成2年2月19日判時1343卷3頁。
② 最判平成9年7月17日民集51卷6号2714頁。

中赋予原作者的包括复制权与改编权在内的一切权利。其他利用者若想对该漫画进行二次利用，应当根据法律的规定获得漫画家的同意或支付一定报酬。这一点与其他文化作品一致，无须多言。

但是，由于日本漫画独有的特征，漫画家的权利中还存在一个难以界定的问题。这个问题便是共同创作时著作权的归属问题。上文关于产业特征的论述中提到，由于日本漫画不同于小说、摄影集等其他出版物，从创作到完成需要绘画、情节构思、加工润色等多项工作流程，其结果就是，漫画作品的创作往往不是一个人，而是基于团队。现实中，漫画故事脚本、台词的创作者和包括人物设计在内"画"的担当者经常是由不同的人，通过各自分工而完成的。例如，风靡世界的日本漫画《死亡笔记》就是故事作者大场鸫和绘画作者小畑健两人合作的产物。在这种情况下，如何处理著作权关系呢？

关于这点，有以下三种不同的思路。

第一，既然漫画是绘画的要素和文字的要素两者一体结合不可分割的产物，缺失任何一个部分都不能称之为漫画，那么，漫画的故事作者和绘画作者应当视作共同作者，共同享有该作品的著作权。从现行法的角度来说，就是将这样的漫画当作《著作权法》第 2 条第 1 项第 12 号所称"共同作品"，按照该定义所依据的法理来处理相互间的权利关系。如不可以单独使用自己创作的部分，对作品所有部分的使用应当经过对方的同意（同法第 65 条），但没有正当的理由对方不可以拒绝（同法第 65 条第 3 项）等。

第二，既然很清楚地得知漫画的故事作者是甲，负责绘画的是乙，那就可以把该漫画当作语言作品和美术作品的复合物，甲和乙分别对两者享有专有的著作权。这种考虑出于清楚分配两者权利关系的考虑，认为故事的部分和绘画的部分实际可以分离，故事作者可以不经绘画作者的同意利用自己的故事情节，反之绘画作者也可如此。只有当其中一方需要利用漫画作品整体时，才应当征求对方的同意。

第三，日本最高法院采用的思路与以上两者皆不相同，它来自著作权法领域著名的判例"小甜甜案"（キャンディ・キャンディ事件）。[①] 该案

①　最判平成 13 年 10 月 25 日判時 1767 卷 115 頁。

中，漫画作品《小甜甜》的故事情节和绘画分别由两位不同的作者完成。绘画作者未经故事作者同意将漫画主人公绘制成了平版画出售，于是故事作者就向法院起诉主张绘画作者侵害了他的著作权。该案经过了三级法院的审理，最后由最高法院做出了认同原告请求的终审判决。就故事作者和绘画作者的权利关系问题，三级法院一致认为，漫画的故事、脚本作者是原作者，绘画作者是二次作品的作者。

从这则判例中可以发现，法院并没有采用以上学界的任何一种思路，而是将漫画当作利用故事脚本加工而成的"二次作品"，故事作者是该二次作品的原作者，绘画作者是该二次作品的作者。这可以说大大提高了故事作者的法律地位。具体将会有何种不同，下面予以具体分析。

四　漫画的二次利用

日本《著作权法》第 28 条规定："二次作品原作的作者就该二次作品的使用，享有和该二次作品的作者所享有的同一种类权利的专有权。"第 2 条第 1 项第 11 号规定，所谓二次作品是指："对作品进行翻译、编曲、改变形式、加工润色、翻拍，以及通过其他改编方法创作的作品。"从这两个规定中我们可以看到，对于加工改编原作品的所谓二次作品，著作权法给予了原作品的作者强势地位。二次作品的作者享有的一切权利，原作品的作者也同样享有。

不过，这条规定也是有歧义的。至少学界的大多数都认为，原作者并不是对二次作品的全部享有权利，而是仅对二次作品中体现原作品的那部分享有权利而已。[①] 也就是说，如果二次作品中存在完全没有反映原作品，而是二次作品作者独自创作的部分，难道原作者也对这些部分可以行使著作权吗？现实中，二次作品虽然是原作品的改编和加工润色，但是其中也并不乏二次作者自身独有的表现内容，若认为原作者对该二次作品的全部享有权利，显然有失公平。因此，仅对二次作品中体现原作品的那部分承认原作者的权利，是学界的通说。

然而，法院的态度却截然相反。在上述"小甜甜案"中，法院不仅

---

① 参照〔日本〕金井重彦、龍村全：『エンターテイメント法』、学陽書房、2011、167 頁。

认为案中的漫画是二次作品，绘画作者是二次作者，故事作者是原作者，对《著作权法》第 28 条与该案的关系，还做了如下的解释。例如该案二审东京高等法院这样说道："从性质和某些方面来看，二次作品常常拥有依据、继承原作品创作性的要素和二次作品作者独自创作性的要素这两方面，该点无疑问。但是，之所以著作权法没有将以上两部分区别，是因为第一，现实中往往并不能区别上述两部分，具有一定困难性；第二，既然是二次作品，严格来说可以认为不存在不依照原作品创作性的部分，不区分上述两者，将每一部分都视为依据了原作品的创作性是合理的。"[1]

可见法院的立场依然是给予原作者强势地位，按照该判例的法理，对某一作品做第二次、第三次、第四次等以此类推的加工创作时，作者不仅需要经过上一级作者的同意，还要经过再上一级直至原初作品作者的同意才是符合《著作权法》的。现实中，大多数情况下都会通过双方合同来预先处理好这一问题，以避免产生不必要的争议。

五　出版社的权利

日本《著作权法》并没有承认出版社拥有著作邻接权，因而出版社并不享有法律规定的一系列邻接权利。由于法律上并没有天然地规定出版社的权利，因此必须通过合同行为来预先安排好漫画家和出版社之间的关系。

上文提到，日本《著作权法》中有一项特殊的制度——"出版权"制度，即可以额外通过设定出版权这一行为与出版社之间签订出版权合同，从而使得漫画家与出版社之间的关系适用该法第 3 章的规定，例如作者不可以再和其他出版社签订著作权合同（即所谓专有出版权）。

但是，现实中几乎不存在与出版社签订出版权合同的情况。现在的一般做法是通过普通的著作权合同来处理漫画家和出版社之间的权利关系。这种合同也就是著作权许可合同，出版社通过这一合同从漫画家那里获得作品的复制许可，出版社根据这一许可就可以对漫画作品进行出版发行，从而获得收益，漫画家则从出版社处获得一定比例的报酬，包括杂志连载

---

[1]　東京高判平成 12 年 3 月 30 日判時 1726 卷 162 頁。

稿费和单行本收益。

当然，漫画家也可以将侵权行为的法律维权和二次利用的许可业务委托给出版社，即让出版社代表自己，维护和行使有关权益。在这种情况下，出版社就成了漫画的实际管理者。

六　漫画流通环节

日本漫画的流通渠道不局限于传统发售新书的书店，还有着二手书店、租书店、漫画咖啡店和近年来快速发展的网络渠道等多种形态。这些销售形态所可能涉及的著作权问题也值得一探。

（一）二手书店

二手书店专门收购已出售的漫画书、小说书，以低廉的价格向消费者进行二次销售。初次购买新书的读者在阅读完漫画后，通常愿意以一定的价格卖给二手书店，希望省下钱包。不介意阅读二手书的消费者也愿意去二手书店而不是新书店购买漫画书。正式基于这个原因，专门从事二手买卖的书店雨后春笋般地在日本各地发展起来。

二手书店的发展必然会影响传统书店的销售，这对漫画家和出版社来说也是不愿意看到的事情。现行法上虽然有"让渡权"条款，规定未经作者同意，不可以将作品或其复制品让渡给公众（即销售，《著作权法》第26条之2第1项）。但是又规定了让渡权适用权利一次用尽原则（同法第26条之2第2项）。因此，就现行制度来说，二手书店的二手买卖行为是自由的，并不受到法律的限制。

（二）租书店

日本《著作权法》规定有"借贷权"，规定作者专有将作品的复制品借贷给公众的权利（同法第26条之3）。因此，租书店在从事漫画出租业务前必须经过权利人的同意。

原本借贷权的规定仅针对音乐CD的情况，2004年以前《著作权法》存在附则第4条之2这一条文，规定"当前，借贷书籍和杂志……时，暂时不适用"借贷权条款。后来因为情势变化，租书店的迅猛发展使得漫画家和出版社感到了危机，在出版业界的呼吁下，2004年国会废除了该条文，使得图书的出租也变成了应当经过权利人的同意。目前，由权利集中处理机构"出版物借贷权管理中心"专门处理借贷权的许可业务，租书店向该机构统一支付使用费。

（三）漫画咖啡店

漫画咖啡店指的是，消费者支付一定的费用在店内阅读漫画，并且店家提供饮料、食物或者上网服务的餐饮服务行业形态。消费者可以在这种店铺内在品尝食物、上网娱乐的同时，自由地阅览店内陈列的漫画。正因为这种便利性，近几年漫画咖啡店在日本得到了迅速发展。

漫画咖啡店的发展自然会影响书店的漫画销售。不难想象，即使在咖啡店里阅读漫画，也是一种形式上的"借贷"。那么，著作权人是否可以通过借贷权来主张拥有作品在店内阅读的许可权呢？这相当困难。因为在咖啡店里阅读漫画并不伴随占有权的转移，这种所谓"店内借贷"并不符合法律上的借贷概念。此时，漫画的占有权依然属于咖啡店，如何能说读者对其占有呢？

因此，漫画咖啡店这种行业形态在现行法上还不存在任何限制。

（四）网络流通

随着网络的发达，以电子文件的形式阅读漫画书已成为常见的形式。这种新型业态的发展并不影响漫画家和出版社的权利，因为网络销售商如果要以电子书的形式向消费者出售电子漫画，也应当取得权利人的同意，同时支付一定的报酬，这点和纸质形态没有区别。问题的关键在于不经过正规的电子书商店，而是由网民私自上传流通漫画作品的这一情况。

在这种情况中，未经权利人同意，擅自将漫画作品扫描电子化并上传至网络的行为当然是违反《著作权法》的。权利人可以向侵权人发起民事诉讼，情节严重的侵权人还会受到刑事制裁。近年来，日本政府也积极与其他国家的政府机关合作，打击海外的网络盗版行为，取得了一定的成效。

第五节　日本漫画出版产业法治的未来展望

日本出版行业，尤其是漫画产业始终是日本软实力的重要标志。经过了几十年的发展，如今也已毫无争议成为促进日本经济发展的一股强劲力量。正因为漫画产业的发展既可以为经济找到新的增长点，又能够扩大日本文化在国际上的影响力，所以我们可以肯定，今后，日本政府依然会坚持其漫画产业推进政策，年复一年地出台新的鼓励措施。同时，也不排除国会继续制定一系列新的推动产业发展的法律的可能性。这是值得我们关注的第一点。

第二点，根据上文的分析也看到，包括漫画在内的整个日本出版行业不仅仅只有推动的因素，消极的因素从来都没有式微。自从漫画诞生起，表达规制就伴随其发展。无论是出于淫秽、暴力内容可能会降低社会整体道德风尚的考虑，还是出于对青少年健康成长的保护的考虑，现实中存在大量限制表达、压制某种言论类型的法律法规，出版行业内部也有大量的自主规制措施。这些规制因素的存在一方面净化了市场，规范了良好的社会风气；另一方面也有打压言论自由，违反宪法表达自由条款的嫌疑。这种规制与反规制的斗争今后也必然长期存在，所引起的相关公法争议和课题值得我们注意。

第三点，近年来蓬勃发展的电子书产业也值得关注。虽然笔者对网络和电子书的发展是否一定会导致纸质媒体的衰落这一问题持怀疑的态度，但是，不容否认的是，电子书的发展一定会引起出版产业结构的大调整。例如，传统的出版社和书店会不断地加入到网络销售中来，在实体店提供纸质书本的同时，也会在网络上从事电子书销售业务；漫画家也可能会直接通过网络而不是出版社和书店来发布自己的作品。事实上，这样的新业态已经出现，可以预见今后会进一步扩大。从法律角度看，这些新发展自然会引起许多著作权问题。笔者将继续关注围绕网络时代著作权疑难问题今后学界的讨论和法院的判断，也关注着与之对应的日本《著作权法》的修改状况。

第七章　日本游戏产业法治

日本的游戏产业在全世界占有举足轻重的地位，并且 30 多年来一直保持着一定的优势。因游戏产业带来了丰厚的利润和潜移默化的软文化影响力，日本政府始终将其与动漫产业并列，共同作为文化推进政策的重心。因此，为阐明本书的中心内容——日本文化法治，剖析日本游戏产业制度并理解其中所伴随的法律问题是不可或缺的。本章将围绕游戏产业法治这一课题，从产业概况、法律体系和内容、政府相关政策以及行业协会措施这四个方面着手，深入开展研究。

第一节　日本游戏产业的概况

提起日本的电子游戏，大多数国人想起的应当是《超级马里奥》《勇者斗恶龙》《最终幻想》《口袋妖怪》《太鼓达人》等这些耳熟能详的游戏作品。实际上，不仅在中国，日本游戏在全世界也占有重要的地位。

据统计，2008 年时日本的主机游戏（包括硬件和软件）向海外的输出规模达到 23984 亿日元，为历史最高，占日本游戏总体销量的 81.8%。[①] 这一优势即使在近几年也毫无逊色。日本游戏厂商任天堂公司和索尼公司的游戏机销量远远超过同时期的美国微软公司产品，在世界游

---

① 以上数据来自〔日本〕コンピュータエンターテインメント協会编：『2013 CESAゲーム白書（2013 CESA Games White Paper）』、コンピュータエンターテインメント協会、2013、81 頁。

戏市场中独占鳌头。①

事实上，这仅仅展现了日本电子游戏 30 多年辉煌历史的一角而已。那么，下文就首先对这一产业的历史进行一个全面的介绍。

一　日本游戏产业的历史发展

真正意义上商业化的现代电子游戏起源于专门游戏厅设置的街机（Arcade game）。最早的街机游戏起源于 1972 年美国雅达利公司（Atari）推出的 *Pong*，这是一款简单的点线接口仿真打乒乓球的游戏，也是世界上第一款街机游戏。随后，这种以电子计算机为载体的游戏模式迅速在全世界掀起了旋风。日本也不例外，如 1978 年本土企业 Taito 公司推出了一款名为《太空侵略者》（*Space Invaders*，即后来国内所称的"小蜜蜂"）的街机游戏，因其简单的操作和富有魅力的游戏方式而在日本大为流行。随后日本的街机市场越发活跃起来。然而，街机毕竟不是面向个人和家庭使用的设备，有其功能上的局限性。因此，在整个 70 年代，游戏产业的发展是有限的。当然，那个年代也推出过一些家用型的游戏机，但是由于当时游戏硬件和软件的捆绑以及制作质量粗糙等原因，一直没有取得很好的市场效果。1983 年还发生了著名的"雅利达事件"，给家用游戏产业的发展蒙上了一层阴影。②

80 年代初个人电脑（PC）的出现使得游戏产业恢复了一定的生机。许多厂商面向个人电脑发售游戏，个人电脑用户也将一些街机上的经典游戏进行复制编程从而转换为个人电脑游戏，在玩家之间互相交换分享，电子游戏进入了平常国民的生活。然而，那时的个人电脑与如今不同，价格

---

①　例如，2011 年任天堂公司推出的掌上游戏机——任天堂 3DS，仅 2015 年前 10 个月就已在全世界售出 403 万台，总计销量已突破 5300 多万台。2013 年索尼公司推出的家用游戏机——PlayStation 4（即 PS4）在 2015 年售出了 656 万台，总计销量突破 2477 万台。相比之下，欧美厂商微软公司推出的家用游戏机——Xbox One 在同一时期的销量仅为 289 万台，总计出售量仅 1356 万台。以上数据参见 http：//www.vgchartz.com/yearly/2015/Global/，2015 年 10 月 1 日访问。

②　雅达利事件（Video game crash of 1983），由于雅达利公司的游戏政策，导致家用游戏机市场涌现了大量高价格低质量的游戏软件，使得整个美国消费者群体对家用游戏失去了信心。1982 年的圣诞节商战中，雅利达游戏机 VCS-2600 销量惨淡，这也导致了整个美国游戏市场的大衰退。

相当高昂，并且由于 PC 机毕竟不是游戏专用，所以电子游戏依然没有浸透每一个家庭，所谓游戏市场这样的概念也没有确立。

整个游戏行业的大变革发生在 1983 年。这一年日本任天堂公司发售了著名的红白机（Family Computer），其以低廉的价格和软硬件的分离技术（一台游戏机可以结合无数游戏卡带），在全世界大受欢迎。统计数据表明：任天堂红白机仅 1985 年一年在日本国内就售出了 411 万台，最终以累计在全世界售出 6191 万台的数量，刷新了当时的历史纪录。① 从此以后，家用游戏机的普及化正式开始，电子游戏产业也从这一年开始蓬勃发展起来。

红白机之后，日本的游戏产业进入了辉煌时期。在硬件方面，超级任天堂（1990 年）、任天堂 64（1996 年）、Wii（2006 年）等任天堂公司推出的一系列主机都取得了巨大的成就，获得了市场的好评。另外，索尼公司从 1994 年开始也加入到了游戏主机的市场中来，它所推出的 PlayStation主机系列如今已经发展到第四代（PS4），几乎每一代都取得了良好的销量。索尼公司也与任天堂公司一道成为日本游戏硬件商的代表。

需要特别提出的是掌上游戏机的发展史。与传统的家用游戏机不同，掌上游戏机并不需要接入电视来获得影像，而是利用自带屏幕随时随地享受游戏的乐趣，具有相当的便携性。正因为有这一优势，掌上游戏机一经推出，它的人气就丝毫不逊色于家用游戏机。如任天堂公司 1989 年推出的 Game Boy（GB）掌机系列，累计销量 1 亿 1869 万台，奠定了掌机在游戏产业中的地位。② 索尼公司随后推出的掌上游戏机 PlayStation Portable（PSP，2004 年），在海外也大受好评。不得不提到的是，任天堂公司于 2004 年推出的掌上游戏机任天堂 DS（NDS）以累计 1 亿 5387 万台的销量③，保持着游戏机销量纪录。

在游戏软件的发展方面，以任天堂、卡普空、史可威尔艾尼克斯

---

① 〔日本〕泷田诚一郎：『ゲーム大国ニッポン 神々の興亡』、青春出版社、2000、122 页。

② 数据来自任天堂公司《连结贩壳实绩数量推移表》2015 年 6 月 30 日时点，http：//www. nintendo. co. jp/ir/library/historical_ data/pdf/consolidated_ sales1506. pdf。

③ 数据来自任天堂公司《连结贩壳实绩数量推移表》2015 年 6 月 30 日时点，http：//www. nintendo. co. jp/ir/library/historical_ data/pdf/consolidated_ sales1506. pdf。

（Square Enix）、konami、世嘉、光荣、SCE 等为代表的日本游戏厂商为各
种游戏机平台提供了相当多数量的经典游戏，这其中，任天堂公司于
1985 年开始发售的马里奥系列，站在了世界游戏产业的巅峰。统计数据
表明，在各种游戏软件的总销量表中，除俄罗斯方块以外，皆由日本公司
开发的游戏占据，并且有四款为马里奥系列。① 另外，任天堂公司发售的
《口袋妖怪》游戏软件，整个系列以总计 2 亿 3000 万份的销量，保持着
角色扮演游戏（RPG）的世界纪录。②

　　然而，2010 年以后日本的游戏产业产生了新的变化。与传统的家用
游戏机和掌机平台不同的是，随着网络的发展，智能手机和个人电脑的普
及，以手机和电脑为媒介的网络游戏（或称社交游戏）在日本呈现迅猛
发展的态势，并成为消费者的宠儿。不过，近几年游戏业界的这一状况不
仅是日本国内独有的，也是全世界游戏产业的一大变化。传统的游戏机平
台游戏正在和手机游戏展开火热的市场争夺战。但是无论如何，这是游戏
产业内部构造的变化，并不影响包括手机游戏在内的整个日本游戏产业界
在世界的地位。例如，以《智龙迷城》（Puzzle & Dragons）为代表的日本
手机游戏同样在全世界产生了旋风般的效应。③

二　日本游戏产业的特征

　　尽管近年来情况稍有变化，日本游戏产业的最大特征依然是以家用游
戏机（包括电视主机和掌机）平台为主导。日本游戏在现今世界文化产
业中取得的重要地位，与它所带来的家用游戏机理念是密不可分的，我们
在研究其产业政策和法治状况时不能脱离这一要素。因此，下文将主要针
对主导 30 多年来日本游戏业界发展的游戏机平台来展开分析和探究。

　　自从 1983 年任天堂发售红白机以来，日本的游戏主机经历了数次更
新换代，性能也得到了飞跃式发展。如今，多核心 CPU、立体影像、3D
图形、触摸屏、拍照功能，甚至虚拟现实等先进技术都融入了游戏机中，

---

① 参见 http：//www. vgchartz. com/gamedb/，2015 年 10 月 1 日访问。
② 参见 https：//ja. wikipedia. org/wiki/ポケットモンスター，2015 年 10 月 1 日访问。
③ 《智龙迷城》在 2012 年的谷歌商店中下载量达到了世界第一。参见产经新闻 http：//
　 aplista. iza. ne. jp/news/48199，2015 年 10 月 2 日访问。

游戏性和娱乐性显著上升，这也使得游戏业界与电影、电视、出版等其他文化业态不同，发展出了自身的特点。具体来说，有以下几个特征。

第一，硬件的开发和销售决定了产业的全体动向。当初日本游戏产业的发展始于任天堂公司推出的专业家用游戏机。这种游戏机本身相当于台式计算机的主机，它的运行原理是：依靠接入家庭中的电视来显示画面，通过插入在主机上的游戏卡带读取游戏程序，并用十字键遥控器给予主机操作指示，主机再依靠这些指令在显示器上播放影像、声音等以实现游戏的运行。从这一运行机制可以发现，承载着游戏内容的软件实际上是以硬件为中心的，因为一台硬件可以通过变换卡片（或光盘）的形式运行没有数量限制的游戏软件，同时，因为硬件一直保持着 3 至 5 年更新换代的速度，每一款新的游戏机都有其独有的结构和技术构成，所以同一厂商的不同代硬件或者不同厂商的同代硬件之间游戏软件往往并不兼容。这导致的结果就是，游戏软件必须针对硬件进行开发，而非硬件迎合软件。这样的产业特征明显区别于其他文化业界，因为后者往往都是以内容为中心的[①]，这也造成了硬件商在整个产业链中的强势地位。

第二，内容流通渠道受到硬件限制。硬件商在游戏产中的主导地位也就意味着，游戏机的性能居于主导地位，换句话说，游戏产业是围绕硬件的开发和销售而展开的，如果离开了硬件，游戏也就没有了意义。举个例子，电影可以通过 DVD 机、电影院、有线电视甚至家用放映机的渠道获得传播，但是游戏并不具有这样丰富的流通渠道，特定的游戏软件只能在与之相对应的硬件上运行，没有这种对应型号的硬件支撑，游戏软件就无法启动。正如上文所述，与电影、音乐这些统一规格市场不同，每一家的游戏硬件厂商开发的游戏机规格互不相同，软件也互不兼容，其结果就是游戏软件制作者如果不与这些硬件厂商合作，根本无法发售游戏，因为流通渠道仅仅限定于特定的机器。

第三，硬件商的寡头垄断。由上看出，硬件在游戏产业中拥有举足轻重的地位。每一款游戏硬件的开发和销售牵动着业界的神经，硬件商处于

---

① 例如音乐市场，尽管硬件经历了从唱录机、磁带机到 CD 机的飞跃，但是音乐本身的内容、风格等并不受其影响。参照〔日本〕河岛伸子：『コンテンツ産業論：文化創造の経済・法・マネジメント』、ミネルヴァ書房、2009、230 頁。

整个产业链的上游，它们的一举一动很大程度上决定着游戏产业的未来发展方向。然而不仅如此，日本的游戏硬件商实际上只有两家公司，即任天堂和索尼，属于寡头垄断。历史上其他日本企业如世嘉、NEC、松下电器等都曾经或多或少地参与到游戏硬件生产制造环节中来。特别是世嘉公司，其推出的主机系列曾一度受到日本甚至欧美市场的欢迎，不过，最终这些公司都在激烈的市场竞争中失败，依次宣告退出家用游戏机市场，当代的日本游戏硬件生产商就只有任天堂和索尼两家企业。在全世界范围内来看，这两家企业与美国微软公司一起构成了游戏机制造商三足鼎立的局面。

这样的产业状况会产生垄断的问题。正如有的学者指出，硬件商的寡头独占会带来两方面的问题：第一，数量稀少的硬件生产商不能够带来充分的市场竞争，并且容易引起"价格卡特尔"问题。第二，硬件商的强势地位可能会给游戏软件开发商、商品流通业者带来不公平的交易。① 以上两点问题特别与日本《独占禁止法》（反垄断法）有关，这也是本章需要仔细讨论的重点环节，具体将会在下文予以探讨。

第四，硬件商、软件商和消费者之间拥有很强的双向选择性和互动性。首先，游戏产业有很强的双向选择性。具有其他产业中不存在的复杂三角关系。② 如上所述，对某一款游戏软件来说，其流通渠道是受限制的，只能在特定厂商的特定硬件中运行。这种产业的特殊性会在硬件商、软件商和消费者之间形成两种双向选择机制。比如，如果消费者需要玩某一款游戏，就必须要有能运行这款游戏的机器，尤其是在一台新款游戏机上发售的游戏，消费者如果想要体验到游戏的乐趣，就必须购买这台游戏机。这就造成了一个连锁效应，即如果一款游戏软件受到了消费者的欢迎，那么这款软件对应的硬件必然会销量大增，反之，如果某款硬件上相应的游戏都没有受到很好的市场反应，

---

① 参照〔日本〕河島伸子：『コンテンツ産業論：文化創造の経済・法・マネジメント』、ミネルヴァ書房、2009、236 頁。

② 近年来，手机程序和手机系统之间也呈现出这样的三角关系。但是，由于智能手机系统的特点，同一系统的不同版本都会互相兼容各自的程序，因此其特征也并没有游戏产业这样典型。

那么就算这款硬件的性能和质量多么受到市场好评，也不会达到良好的销量。这是消费者与软件商的双向选择影响硬件商的情况。即使硬件商在整个游戏产业中的地位相当强势，如果没有得到软件商的合作和支持，也依然会陷入"唱独角戏"的境地。另外，同样的，如果购买某一硬件的消费者数量不断增长，那么也会导致该硬件平台上的软件质量越来越高。简单地说就是，购买某款游戏机的人数越多，这款游戏机上高质量的有趣游戏数量也会不断增长，从而形成良性循环。反过来，如果这款硬件购买的人少，那么即使游戏软件多么优秀，也会因为选择在这款硬件平台上发售的缘故而失去消费者市场。这便是消费者与硬件商的双向选择而影响软件商的例子。

其次，消费者与经营者之间的互动性相当突出。与前一个双向选择性不同的是，这是一种有关游戏内容的互动性。为说明这一特征，我们可以对比一下其他的文化产业。在漫画和电影产业中，漫画和电影的内容基本上是由制作者根据自身的创作意愿来决定的，剧本和故事走向是艺术家自己独立创作的，很少会事先听取观众的意见。尽管近年来随着漫画和电影的商业化加剧，很多情况下文化创作者会预先基于消费者的口味和市场意向的调查再进行创作甚至改变故事情节，但这仅仅是近几年来所产生的新现象而已。游戏产业却非如此，它从产业发展的最开始时起，就根据消费者的意向和口味来决定游戏内容。这尤其体现在 *Galgame*（美少女冒险游戏）等领域，软件制作者往往会在制作游戏时和消费者们互动，为了迎合不同消费者的口味，将游戏设计为可以通过玩家自己的选择从而产生不同情节及结局的运行方式。此外，游戏发售以后，作者也会根据消费者的反应和需求制作许多承接原作内容的游戏续篇或改编篇，这种产业特点使得消费者能够通过与生产者间的互动，获得符合自身爱好的游戏作品。不过，游戏续作和改编作的大量出现也会引起著作权纷争，有关的法律问题留待下文具体探讨。

第五，产品开发成本不断攀升。如今的游戏机性能已和过去不可同日而语，如果将过去的电子游戏定义为通过计算机编程从而向玩家提供可互动图像的软件的话，那现今的游戏定义就大不一样了，有着更丰富的内涵。今天的游戏不仅仅是简单的编程图像，还包括剧本写作、三维处理、配音、多国语言翻译、角色设计、背景音乐、真人演出等方方面面的创作形式。从一定意义上来说，如今的游戏已经融进了电影、动漫、音乐、小说、广播剧等各种文化表现形式。再者，不仅是软件内容本身，游戏硬件技术的不断提高客观上也要求软件制作水平的提高和表现形式的丰富。这会导致产品开发成本的增加，增加的开发成本也直接导致了各方面权利处理的复杂化，相关的法律问题也更加突出。①

第六，与其他文化产业的联动性不断增强。近年来，由游戏改编的二次创作乃至三次创作越来越丰富。许多拥有很高人气的游戏作品接二连三地被改编成为轻小说、漫画、动画、电影、电视剧等其他形式的文化产品，一款游戏软件的影响力往往会波及许多文化产业。据有关学者统计，根据游戏改编的动画在20世纪90年代仅占全体动画作品的4%，而2000年至2010年的十年间这一比例已快速上升到11%，且呈不断增长之势。②再者，游戏作品的改编次数也往往没有限制。像 *Fate/Stay night* 这样的游戏作品，就在短短十年间被改编成1部漫画、2部电视动画、2部电影动画以及许多前传外传小说（这些衍生小说也被改编成了漫画和动画），并且根据作品推出的各种周边玩具也受到了消费者的欢迎，经济利润不可估量。另外，游戏产业的这种联动性不仅仅是单方面的，其他文化产品改编成游戏的情况也不在少数。这种现象在丰富日本文化市场、增强不同产业之间人才、资金流动的同时也会导致各种法律纠纷的发生，下文将作详细探讨。

第七，游戏产业与未成年人关系密切。如果说电影、音乐、小说等文化表现形式在某种意义上受众面是全年龄的，那么与动漫一样，游戏明显与未成年人密切相关。据相关统计，在日本游戏人群中，20岁以下的未成年人占33.3%。③正因为游戏产品的消费者中有众多的未成年人，因

---

① 除了引起著作权纠纷外，还有学者分析指出，企业开发成本的增加和相关关系的复杂化会导致游戏软件自身创意性、新颖性的下降。参照〔日本〕生稻史彦：「ゲームソフトの変化と多様性-イノベーションの観点から-」，〔日本〕河島伸子、生稻史彦编：『変貌する日本のコンテンツ産業：創造性と多様性の模索』，ミネルヴァ書房，2013、125頁。

② 〔日本〕増田のぞみ等：「日本におけるテレビアニメ放映データの分析：リストの作成とその概要」甲南女子大学研究紀要 文学・文化編 2013 年 50 巻。

③ 参见 http://www.4gamer.net/specials/questionnaire/2004Q4.shtml，2015 年 10 月 5 日访问。另外，根据日本《民法》第 4 条，成人年龄为 20 周岁。

此，未成年人保护问题在这一产业中显得更加突出。以往由于技术的限制，游戏软件仅仅只能输出低像素的图像，所以那时的游戏基本不会给未成年人带来什么不良的影响。但是，如今随着硬件性能的飞速提高，游戏内容已和电影、电视等表现形式没有差别，随之而来的内容规制问题就变得越来越重要。也就是说，如今的游戏作品完全可以成为传播色情、猥亵、暴力等不良内容的媒介，这给未成年人的成长带来不利的影响，因此，游戏作品的内容妥当性就受到了关注。此外，游戏产业的这一特点也特别涉及一项深刻的宪法问题，即"表达自由"。下文将予以重点研究。

以上七点即与其他文化产业所不同的日本游戏产业的主要特征。这些特征也不同程度地引起了许多该产业特有的法律问题。另外，政府的文化推进政策和相关行业内部的协调机制也是围绕着这些特点来进行的。下文将从法律、政策、行业协会三方面来展开分析日本游戏产业的法治状况。

第二节 日本游戏产业法律体系及其内容

电子游戏作为一项经济产业必然会涉及许多法律法规，日本游戏产业的每一个环节，每一个过程都是在"法"的支配之下，这也是现代法治国家的必然要求。不过，这些法律与制度有时对游戏产业起到了推动和支持的作用，有时却是怀着规制和管控的目的而制定的，而最终的目的是在保护消费者权益和促进产业发展之间寻求平衡。本节将具体介绍这些游戏产业所能涉及的相关法律以及其中的适用问题。

一 宪法与规制表达相关立法

日本《宪法》第 21 条第 1 项规定："保障集会、结社、言论、出版及其他一切表达的自由。"该条规定即日本宪法所保障之基本人权中的表达自由，也可简称为言论自由。游戏作为表达一定思想观和世界观的文化艺术表现形式，当然受到《宪法》第 21 条的保护。

根据立宪主义原理，公权力如对游戏作品进行表达内容方面的规制，需要受到合宪性审查。实际中，对所谓暴力、淫秽游戏作品进行规制的立法不在少数，这些规制性立法基本是出于保护善良风俗和公共道德的目的而对著作物进行内容方面的限制，例如日本《刑法》第 175 条、《儿童色情禁止法》以及日本各地方议会所制定的地方《青少年保护育成条例》。当然，这些规制性立法和小说漫画等出版物的关联性更大，一般也是针对出版业而制定的。但是随着时代的发展，游戏软件也渐渐进入了这些法律规制的范围。

例如上一章中提到的"有害图书指定制度"，该制度散见于日本都道府县地方《青少年保护育成条例》中。根据这些条例规定，地方政府行政首长（知事）拥有指定有害图书的权力。被指定的图书只能在成人专柜陈列，禁止对未满 18 岁的青少年出售。至于何种文化表现形式属于"图书"，各地方的条例皆不相同。但是，日本有的地方条例中将游戏软件也列入了"图书"的范畴中，从而使得游戏作品直接受到了有害图书指定制度的管控。例如 2005 年神奈川县将游戏《侠盗猎车手 3》指定为有害图书。

对思想表达进行规制的立法不能违反日本宪法"表达自由"条款（第 21 条）。根据违宪审查标准之"双重标准论"，限制精神自由权的立法将会受到法院的严格审查。① 若存在针对游戏软件内容进行限制的立法，根据日本通说，该法律本身的文面规定必须符合"明确性"标准，对表达内容直接进行规制时必须符合"明显而即刻的危险"（clear and present danger）标准，对表达的时间、地点和方法进行规制时必须符合 LRA 标准（是否可选择其他更为宽松的手段）。②

若政府实施的言论规制活动引起了国民的不满，相关权利关系人当然可以针对这一行政活动向法院提起诉讼，主张该行政活动违反相关行政法律规定，当然也可以主张相关行政法律规定违反《宪法》第 21 条。因为是对文化艺术作品的表达规制，有害图书指定制度本身受到了合宪性的质疑和挑战，这在出版产业领域中尤其受到关注。

那么，日本法院在游戏软件与表达自由之间是如何掌握平衡并贯彻《宪法》第 21 条的呢？围绕游戏软件被指定为"有害图书"这一行为合

---

① 参照〔日本〕芦部信喜：『宪法』、岩波书店、2011、103 页。
② 参照〔日本〕芦部信喜：『宪法』、岩波书店、2011、188 页。

宪性而产生争议的著名案例即"电脑学园剧本Ⅰ版本2.0案"①。

该案中，原告所生产的一款猜谜游戏软件存在谜题回答正确就可令画面上高中女生脱衣服的奖励措施，并且谜题全部解答完后画面上的女子几乎全裸。宫崎县知事认为该款游戏软件符合《宫崎县青少年健全育成条例》第13条第1项第1号所称"显著刺激青少年的性感情，有可能会阻碍青少年健全成长的物品"。因而做出了指定为有害图书的行政认定。原告对此不服，向法院提起了行政诉讼。

原告的主张主要有四点：（1）宫崎县条例规定的有害图书指定制度违反《宪法》第21条第2项"禁止事前审查"规定；（2）有害图书指定制度违反《宪法》第21条第1项保护的表达自由；（3）上述条例第13条第1项第1号规定违反明确性标准；（4）该游戏软件的内容也并不符合条例中所称的"有害"。因而请求判决有害图书指定制度违宪并撤销知事的行政处分。针对第一点，最高法院认为该案中的游戏软件早已在市场中销售，有害图书指定制度并不是在游戏软件发售前对其进行的审查，不属于事前审查。关于第二点，最高法院认为宫崎县条例规定的对青少年禁止销售有害图书的制度"可以说是为达成营造良好环境以使得青少年健全地成长这一正当的立法目的而采取的必要且合理的规制，并不违反《宪法》第21条第1项"。至于第三点，最高法院认为条例13条1项1号对有害图书的定义（即"显著刺激青少年的性感情，有可能会阻碍青少年健全成长的物品"）字面意思清楚而明确，并不会引起"过度广泛的规制"。最后一点，最高法院认为该游戏软件是"回答简单的猜谜就播放高中女生脱衣服画面的程序，并且该画面非常真实，如果将画面上的指针指向该高中女生的身体，她就会好像对着玩家反应一般出现台词和表情。这完全符合本案条例13条1项1号"。

由此可见，日本最高法院依次驳回了原告的所有主张，该案中政府做法的合宪性得到了肯定。就针对原告第三点主张的判决来看，最高法院采用的是"目的正当"加"手段必要且合理"的审查标准来处理表达自由与游戏内容规制的。自此一案后，根据青少年育成条例限制游戏软件销售

---

① 最判平成11年12月14日裁时1258卷1頁。

做法的合宪性就得到了司法的肯定。

二　行政法与游戏产业发展

（一）《文化艺术振兴基本法》

2001 年日本国会制定了《文化艺术振兴基本法》，以推进文化艺术的发展。该法的主要目的是规定日本振兴文化艺术的基本理念，阐述国家和地方政府的职责，在鼓励文化产业自主发展的基础上明确行政机关的推进政策。该法适用一切文化和艺术的领域，自然也包括电子游戏。例如该法第 9 条规定："为了振兴电影、漫画、动画以及利用电脑或其他电子设备的艺术，国家应当制定必要政策以支援媒体艺术的制作、上映等。"在这条规定里我们可以看到，游戏软件也在该法的范围内。因此，该法向政府课予的一系列义务诸如推进国际交流（第 15 条）、培养艺术家（第 16条）、保护著作权（第 20 条）、支援民间活动（第 31 条）等都适用于游戏产业。

（二）《知识产权基本法》

为保护并推进日本的知识产权，2002 年国会制定了《知识产权基本法》。游戏软件作为著作物，当然也属于《知识产权基本法》的管辖范围。该法与《著作权法》不同，不属于民法范畴，而属于行政法。因为该法主要是明确国家、地方政府、大学和各相关企业对创造、保护和活用知识产权的义务和职责。例如该法规定国家有确保培养知识产权领域创造性人才、推进知识产品研究开发的义务（第 12 条），国家有义务创造一个令企业能够有效正当利用知识产权的良好环境（第 19 条）等。特别需要指出的是，该法规定日本政府需在内阁下设立"知识产权战略本部"（第 24 条），并每年制定"知识产权推进计划"（第 25 条）。根据这部法律，推进作为著作物的电子游戏的发展自然成了政府的基本义务。

（三）《文化产业振兴法》

与游戏产业关联性更大的是 2006 年由国会议员发起制定的《促进文化创意产业创造、保护以及活用的法律》（以下简称《文化产业振兴法》）。该法第 2 条将所谓"文化产业"（コンテンツ）定义为："电影、音乐、文艺、写真、漫画、动画、电脑游戏以及其他的文字、图形、色彩、声音、动作和影像或者是这些事物的组合又或者是为了提供关于这些事物的信息以电子计算机为媒介的程序（是指对电子计算机的指令，为了得到一个结果而组合成的事物）。"可见，以计算机程序为基础的电子游戏也属于该法所称的文化内容的范围。如果说电影、音乐、动漫、游戏等数字文化只是《文化艺术振兴基本法》对象的一部分，那么这部《文化产业振兴法》就是直接针对保护和推进这些新型文化业态而制定的。在该法中规定的国家应当对文化产业的发展尽到的义务也直接适用于游戏产业。因此，根据该法的规定，日本政府就必须制定促进游戏产业发展的政策，例如保护权利人权利（第 17 条）、拓展海外市场（第 18 条）、构建公平贸易环境（第 19 条）、支持中小企业（第 20 条）等。

以上这三部行政法律都是为促进文化产业发展而制定的。对应到游戏产业中来说，这些法律的存在就导致了一个结果，那就是政府与游戏产业关系的法定化。既然法律明确规定了政府对游戏产业应当是扶持的态度，日本政府就不能因为政策的一时改变转而打压游戏产业，这可能会引起行政合法性问题。可以说，日本文化政策的最重要特点就是它的法治化。

三 著作权法领域中的游戏产业

下面我们转入到民法领域。与游戏产业最相关的私法法律毫无疑问是《著作权法》。作为调整私人之间著作权关系的法律，游戏产业中各环节的经营者与消费者平时涉及最多的就是该法。在此，探讨一下游戏产业与《著作权法》的关系。

（一） 总述

首先，游戏软件与其他著作物相比具有一定的特殊性。游戏软件作为一种电脑程序，应当属于计算机软件的范畴。但是，仔细研究可以发现，游戏软件与通常所称的计算机商用软件有很大的不同。游戏软件不单单是一种电子程序，它还包括影像、声音、音乐等娱乐性成分。与普通计算机软件相比，电子游戏有更多的其他要素，因此从这点来看，游戏软件应该受到比普通商用软件更广泛的著作权保护，这点应当首先明确。

日本《著作权法》第 2 条第 1 项第 1 号规定，所谓拥有著作权的作品是指："用创作来表现思想或情感并属于文艺、学术、美术或音乐领域的物品。"对于著作权的具体内容，可分为著作财产权和著作人身权两类。具体而言，财产权可分为复制权（第21条）、改编权（第27条）、上映权（第22条）、颁布权（第26条）等，人身权可分为同一性保持权（第20条）、署名权（第19条）、发表权（第18条）等。例如，未经作者许可复制游戏软件的行为属于侵害作者的复制权，未经作者许可随意改编游戏情节的可视为侵害改编权和同一性保持权。对于这些私法上的侵害行为，侵害人将承担日本《民法》第709条规定的侵权责任。另外，权利人还可以根据《民法》上的其他规定维护自己的权利（如第112条停止侵害请求权）。值得一提的是，日本同样对严重的侵害著作权行为采取刑事制裁立场，这点由《著作权法》第8章予以确认。

因此，游戏软件权利人若遇到著作权侵害问题，就可以运用以上《著作权法》所确认和保护的各种权利来维护自己。鉴于不同的作品类型所能享受的权利内容不尽相同，它们的权利关系处理方法也不尽相同。①这里就有一个需要注意的地方，那就是游戏软件应当属于《著作权法》上规定的哪一种类型的作品呢？

《著作权法》第10条列举了作品的类型，它们是：语言类作品、音乐作品、舞蹈戏剧作品、美术作品、建筑作品、图形作品、电影作品、摄影作品、程序作品。游戏软件属于著作权法上的程序作品，这点应当没有疑问。但是上文也提到，游戏软件与普通计算机软件不同，还有影像、声音、音乐、故事情节、角色设计等其他娱乐性要素。如果一定要对应《著作权法》所罗列的某一种作品类型，相当困难。以角色扮演游戏为例，它自身的程序代码当然属于程序作品，如果未经权利人允许对程序代码进行数据拷贝，就是侵害了作者的复制权。另外，游戏里播放的一系列动画和影像也可以当作电影作品，上映权等权利就由此产生。还有，角色扮演游戏往往拥有丰富曲折的故事情节，游戏的故事脚本也可以属于语言类作品。如果随意改编游戏的脚本可能会引起改编权和同一性保持权侵害问题。除此之外，游戏软件中的音乐、角色设计等也应该分别属于音乐作

---

① 例如电影的权利处理关系就与其他作品不同，见日本《著作权法》第4款。

品和美术作品，随意使用游戏中的音乐和人物角色也会引起权利侵害问题。

正因为游戏软件的这种艺术综合性，在权利实施和处理的过程中也导致了它的复杂化。现实中对于产生法律争议的游戏软件，我们应当具体地分析是哪一类型的作品受到了哪一种权利侵害，根据不同的情况采取不同的处理方式。

（二）游戏软件是否能当作电影作品的问题

游戏软件其本身的表现形式具有多样性，可以成为计算机程序、音乐、影像、美术等不同的作品类型。因此，有关游戏的著作权诉讼也会呈现出与其他文化产业不同的、独有的问题。以下将围绕《著作权法》在游戏产业中的适用，选取几个典型的判例进行分析。

上文讲过，由于日本《著作权法》对待电影作品有许多特别优待，作为拥有影像要素的游戏软件是否能当作电影作品来处理就成为法律实际运用中需要解决的一个问题。当然，这一问题可以再细分为"游戏软件是否可以当作电影作品"和"若可以，那么是否所有的游戏软件都可以当作电影作品"这两个问题。

关于第一个问题，著名的判例即"吃豆人案"①。该案的事实关系是：东京某一家咖啡店内设置了一台可以玩《吃豆人》游戏的街机，以供顾客玩乐。《吃豆人》游戏的著作权人——日本 konami 公司认为这一行为侵犯了《吃豆人》游戏作为电影作品所具有的上映权，于是向该咖啡店提起了基于《著作权法》的损害赔偿诉讼。在该案中，围绕《吃豆人》游戏是否属于著作权法上的"电影"，原被告双方在法庭上产生了争议。

著作权法第 2 条第 3 项规定了："本法所称'电影作品'也包括用产生类似电影的视觉或听觉效果的方法表现出来，并固定在媒介物上的作品。"《吃豆人》这款游戏的表现形式主要是由玩家通过摇杆操作来使画面上的角色不断地移动，这样的情况是否符合该法第 2 条第 3 项的定义呢？对此，法院做出了如下判断："'吃豆人'游戏与电视一样，都是在把图像输入到显像管，以 1/60 秒的帧率使得图像变得移动起来，以实现

---

① 東京地判昭和 59 年 9 月 28 日判時 1129 卷 120 頁。

动态效果……这很清楚地符合电影作品在表现方法上的要件，即用产生类似电影的视觉或听觉效果的方法表现出来""通过何种操作方式产生何种影像变化都已经设定在程序里，因此，玩家脱离程序设定，描绘出新的图像和文字是不可能的，仅可以改变程序中图像等数据出现的顺序而已……可以说游戏中的影像作为可提取的电子信号已经固定在光盘中了。"

可见，法院通过对《著作权法》中电影作品的释义，认定了本案中游戏软件的电影作品性。通过该案，司法实践中就确立了这样一个标准，即游戏软件既可以当作计算机程序作品来保护，也可以当作电影作品来保护。[①]

既然游戏软件可以被当作著作权法上的电影作品来保护，那么就产生了第二个问题，即是否今后所有的游戏软件都可以当作电影作品呢？1999年东京高等法院在"三国志3案"的判决中就回答了这样的问题。

该案中，被告制作了一款可以改变游戏《三国志3》中武将能力值设定上限的程序，于是该游戏的著作权人——原告光荣公司就向被告提起了民事诉讼。在法庭裁判中，原告提起的诉讼请求之一是"被告的行为侵犯了该款游戏作为电影作品所拥有的同一性保持权"。不难想象，《三国志3》是否可以称为电影作品即在原被告间引起了争论。对此，法院判断如下：

"本案作品是属于所谓历史模拟类游戏的游戏软件，是着眼于用户思考过程的游戏，并不是靠程序在显示屏上播放影像来获得乐趣的游戏。本案作品的程序中……在显示屏上显示影像和效果音的数据容量非常有限。显示影像的连续性、真实感也不强，静态画面占压倒性多数。……并且，该游戏也是一款在模拟情景中提供静止画面以便于让用户专心思考的作品。从以上的事实来看，不能认为本案中的游戏属于用产生类似电影的视觉或听觉效果的方法来表现的作品，不属于电影或其类似作品。"[②]

可见，对于这类完全以静止画面为主的游戏，法院并不认为其属于电影作品。至于判断游戏软件可否当作电影作品的标准，按照以上两则判例

---

① 参照〔日本〕金井重彦，龍村全：『エンターテイメント法』、学陽書房、2011、206頁。
② 東京高判平成 11 年 3 月 18 日判時 1684 卷 112 頁。

给出的思路，即是要看游戏软件的实质内容——原则上应当将游戏软件当作电影作品，但是若该游戏的内容实质并不是以体验动态影像的乐趣为主，而是以逻辑思考、文字、静态画面为主的话，就不应该认定其为电影作品。

（三）二手游戏软件销售问题

以上我们可以看到，游戏软件原则上承认其属于电影作品，游戏制作者享受一系列电影作品所特有的权利，其中就有"颁布权"（第 26 条）。按照《著作权法》第 2 条第 1 项第 19 号规定，"颁布"的意思是："指将复制物有偿或无偿地转让或借贷给公众。在电影作品或根据电影作品复制的著作物中是指，以向公众提供这些作品为目的，转让或借贷该电影作品的复制品。"简单来说，就是未经著作权人许可，不得转让或借贷电影作品给公众。传统上颁布权主要针对的是电影公司将电影复制品配发给电影院的这一情形，未经电影公司同意，获得电影复制品的电影院不得再次转让或借贷给他人。① 但是，是否市场上销售的电影复制品（如 DVD）的二手买卖也需要权利人的同意呢？关于这一点，法律并没有详细规定。有趣的是，首先在日本法院引起争议的不是电影 DVD 本身，而是游戏软件的二手买卖问题。

这一案件涉及面之广、历时之长前所未有，可以说是游戏产业法律适用中的标志性案件。在该案中，首先由数家游戏软件厂商在大阪地方法院提起诉讼，主张销售二手游戏的商店侵犯了它们的著作权，请求法院判决停止侵害。② 几乎在同一时间，数家二手游戏店在东京地方法院起诉，请求法院判决确认游戏软件厂商的停止侵害请求权不存在。③ 两处地方法院审理后，案子分别上诉到了各自所在的高等法院，最后两案合并上诉到了日本最高法院。

该案中的主要争议焦点之一即是否认同游戏软件如其他电影作品一样拥有颁布权，并且如果颁布权成立，软件的二手买卖时是否符合"权利

---

① 如果不保护电影作品的颁布权，那么只要有一个电影院取得了复制品，电影院之间通过互相转让就能获得该电影作品。
② 東京地判平成 11 年 5 月 27 日判時 1679 卷 3 頁。
③ 大阪地判平成 11 年 10 月 7 日判時 1699 卷 48 頁。

用尽"原则（若符合权利用尽原则，就不存在颁布权的问题）。对此，日本最高法院在承认游戏软件属于电影作品，权利人拥有颁布权的判断之后，做出了如下说明：

"供家用游戏机使用的电影作品并不是以向公众提供为目的……向公众转让该作品复制物的权利，复制物一旦合法转让后就已经达成了目的，该权利已用尽。应当认为著作权的效力已经不能涉及这一复制物向公众再次转让的行为。"①

从以上的判决词中我们可以得出如下的思路，即《著作权法》第2条第1项第19号规定"颁布"是指："以向公众提供这些作品为目的，转让或借贷该电影作品的复制品。"换句话说，不以向公众提供为目的而转让电影作品的行为不属于颁布，不涉及颁布权。游戏软件此类供家庭个人使用的电影作品，它的颁布权（向公众提供为目的的转让）在第一次销售后已经用尽权利，二手买卖并不侵犯权利人的著作权。游戏软件的二手买卖正式得到了法律上的承认。

（四）游戏软件剽窃问题

如果他人制定了一款与自己的游戏软件故事情节、表现方式完全相同的游戏，当然构成著作权侵害，权利人可以通过《著作权法》第21条的规定向法院主张复制权受到侵害，从而获得救济。但是，如果对方制作的游戏软件并不和自己完全一样，而是在有些场景、风格、画面乃至故事情节展开上相似，这样的情况虽然可以利用《著作权法》第27条改编权规定获得救济，但是对"改编"的认定并非易事，何种程度上的相似才能认定为剽窃（即侵害原作者的改编权）是问题的核心。

关于这一问题，司法实务中存在一则著名的案例，即"尤特娜英雄战记案"。该案中，任天堂和游戏《火焰之纹章》制作公司双方一起，以游戏《尤特娜英雄战记》剽窃《火焰之纹章》，侵害了它们的改编权为理由，将制作《尤特娜英雄战记》的公司告上了法庭。在实际的诉讼中，原告还主张被告违反了《反不正当竞争法》，原被告人数众多、案情复杂，引起了社会的关注。

---

① 最判平成14年4月25日判時1785卷3頁。

该案中，原告主张有三点：第一，《尤特娜英雄战记》的全部内容是《火焰之纹章》全部内容的改编（属于二次创作物）；第二，《尤特娜英雄战记》中的"对战地图画面"是《火焰之纹章》全部内容的改编；第三，《尤特娜英雄战记》的"对战地图画面"是《火焰之纹章》"对战地图画面"的改编。

在进入对法院判决的分析之前，首先需要确认著作权法上普遍承认的两个规范。第一，关于作品的创造性。《著作权法》将作品定义为"指用创作来表现思想或情感并属于文艺、学术、美术或音乐领域的物品"（《著作权法》第2条第1项第1号），也就是说没有创作性的作品是不受著作权法保护的。至于什么是创作性，通行的意见是"只要在创作行为中体现出了作者的个性即可。"① 也就是说，即使是幼儿的画也受到著作权法的保护。

第二，如果主张侵害改编权，必须是作品的"本质特征"被改编时才能成立，这是日本最高法院树立的规则。② 也就是说擅自将该作品的"使其成为作品的部分"制作成二次创作物时才属于侵害改编权的行为。

基于以上两点规则，法院在"尤特娜英雄战记案"中进行了如下分析。③

首先，法院承认了"对战地图画面"是原告游戏的本质特征。那么是否应该拿原告游戏的"对战地图画面"和被告游戏的"对战地图画面"进行整体上的对比以判断是否侵害改编权呢？对此，法院认为如果被告游戏内容和原告游戏的本质内容中"不具有创作性的部分"雷同，也不涉及侵害改编权。因此，即使承认"对战地图画面"是原告游戏的本质特征，也因将其逐一分解，判断每一部分是否有创造性。法院这样说道：

"在判断一个集成作品的创作性时，正当的分析方法是，分解到它的构成部分并将每一个构成部分逐一考察，研究其创作性的有无程度。""创作性的程度自然是有大小的……就创作性很高的创作物，扩大其保护范围，而对体现了作者的个性但仅有极小创作性的作品，保护范围限制在

---

① 〔日本〕田村善之：『私的财产法』、有斐閣、2003、12页。

② 最判平成13年6月28日民集55卷4号837页。

③ 東京高判平成16年11月24日裁判所ウェブサイト。

极小的限度内。"

最后，对于如何构成改编权侵害，法院认为必须要从二次创作物中直接感觉到原作品的创作特征，如果发现"二次创作物与原作品失去同一性，虽然非常相似但与原作品整体的印象截然不同"就不能认为侵害了改编权。

基于以上的思路，法院没有认同原告的任何一个主张。判决理由中的大部分都是"在其他游戏中也被采用""重复展开"等，从而否定了原告游戏"对战地图画面"构成部分的创作性。

因此，我们可以总结出游戏产业中剽窃问题的法律规则，即若想主张对方的游戏内容剽窃了自己游戏中的某一个部分，那么这一部分首先必须是作品（即有创作性）。反过来说，如果这一部分并没有创作性，即使擅自制作雷同游戏，也并不涉及侵权。

可以看到，为保护游戏产业的多样性，法院尽到了自己的使命。

四　专利法领域中的游戏产业

与游戏产业密切相关的民商事法律除《著作权法》之外，就是日本的《专利法》（特許法）。众所周知，专利法的保护对象是发明。这点日本《专利法》也不例外，该法第 2 条第 1 项规定："本法中所称的'发明'是指利用自然规律做出具有高水平技术思想的创作。"那么，游戏产业中有哪些产品涉及发明呢？

首先，游戏硬件属于发明，受到《专利法》保护应当没有争议。一台游戏机包括控制手柄等的内部构造和操作方式当然涉及发明创造。因此，这些硬件设备里包含的技术发明可以向日本专利厅申请专利，涉及专利权纠纷的，专利权人可以根据《专利法》第二节的规定维护自己的权利。

其次，游戏软件能不能作为发明，享受《专利法》的保护呢？这一点是明确的，日本《专利法》将计算机程序也视为"物的发明"的一种（第 2 条第 3 项第 1 号、第 2 条第 4 项）。游戏软件作为一种计算机程序也自然属于《专利法》保护对象，其程序内含的各种创造思想、演算方法等都可以向日本专利厅申请发明专利。我们可以看到，在电影、音乐等产业中，作为其文化内容（或软件）的电影和音乐本身并不属于发明，也不受到《专利法》保护，仅仅与《著作权法》相关。文化内容本身受到《专利法》保护也是游戏产业区别于其他文化产业的一个主要特征。

不过，由于专利诉讼往往比著作权诉讼时间更长，难度更大，对相关企业来说负担也比较重，因此，现实中与游戏有关的专利权纠纷相对来说比较少。

五 经济法领域中的游戏产业

某些不能称之为侵害著作权或专利权的不法行为可能会触犯日本《反不正当竞争法》（不正競争防止法）。例如某一游戏企业窃取其他游戏企业的商业秘密，模仿其他游戏软件的包装标识等，虽然这些行为往往很难得到知识产权相关法律的保护，但是都符合日本《反不正当竞争法》所设定的不正当竞争行为（第2条）。因此，相关权利人可以运用该法的规定向法院提起私法上的救济请求。

上文在研究游戏产业的主要特点时提到，硬件商在游戏产业中不仅仅拥有主导地位，而且事实上它们的数量也是稀少的。现今日本游戏硬件商只有两家，是典型的寡头制。不难想象，这可能导致不健全的市场竞争，引起"价格卡特尔"，给游戏软件开发商、商品流通业者带来不公平的交易等一系列垄断问题。因此，日本《反垄断法》（独占禁止法）与游戏产业密切相关。日本经济法领域中最重要的问题也就是《反垄断法》。[1]

根据日本《反垄断法》（私的独占の禁止及び公正取引の確保に関する法律），以下三种企业行为受到禁止：私有垄断（第2条第5项）、不正当交易限制（第2条第六项）、不公正交易方法（第2条第9项）。针对违反该法的垄断行为，法律规定了行政处罚[2]、民事诉讼（同法第7章）和刑事制裁（同法第11章）三种处理方法。

---

[1] 日本所谓"经济法"最主要指的是反垄断法。

[2] 根据《反垄断法》第27条，日本内阁府以下设置"公正交易委员会"，该委员会对违反该法的垄断企业有下达排除措置命令和课征金纳付命令的权限。值得一提的是，2013年《反垄断法》修订之前，对公正交易委员会行政决定不服的，必须首先向公正交易委员会提起行政裁决程序（行政审判），然后才可以向法院提起诉讼（裁决前置）。但是2013年该法修改之后，公正交易委员会的这一权限已被取消。参照〔日本〕岩成博夫·横手哲二、岩下生知：『逐条解説・平成25年改正独占禁止法』、商事法務、2015、1頁。

　　日本游戏产业的特点是少数硬件商在市场竞争中占主导地位，它们不仅在产业链中位居上游，而且可以在实际市场中控制指挥下游企业，这种寡头制很容易造成硬件商与其他企业之间的矛盾。相关下游企业经常会运用《反垄断法》为自己提供救济，政府也会根据《反垄断法》对硬件商进行规制。日本游戏产业历史上围绕《反垄断法》产生过许多纠纷，其中"索尼电脑娱乐（SCEA）公司审决案"① 最为著名。下面着重分析。

　　上文提到，经过旷日持久的法庭审理，日本最高法院认为二手游戏买卖并不违反《著作权法》，承认了它的合法性。② 自该案以后，所有面向个人家庭消费的二手游戏软件买卖行为都将受到司法的保护。不过，仍然有一个可以逃避该司法判决的方法存在，那就是，虽法律并不禁止二手游戏买卖行为，但是否可以通过双方当事人的合同行为排除二手游戏买卖呢？也就是说，如果游戏企业规定零售店必须与其签订不进行二手买卖的合约才能够销售自己的游戏软件，这样的行为是否合法呢？该案就是围绕这一问题展开的。

　　本案中，制造游戏硬件的大企业——索尼电脑娱乐公司（SCE，简称索尼公司）建立了如下的流通体制：从软件商那里购入游戏软件的版权，并指定一些零售商店作为独家销售店铺。若想要和索尼公司签订独家销售合约，必须满足不得降价、不得二手买卖、不得同行之间买卖这三个条件，不满足这三个条件的商家不可以销售索尼游戏。在实际操作中，存在一些店家和索尼签约成为独家销售店后违反上述要求的情况，索尼公司也对这些店家采取了停止供货和解除合同等措施。根据这些事实状况，日本公正交易委员会以违反《反垄断法》的嫌疑为名，对索尼公司进行了调查。最后，公正交易委员会认定索尼公司违反该法，下达了不允许索尼公司对违反上述条件的公司停止供货和解除合同的行政处分。索尼公司不服公正交易委员会的行政处分，向该委员会提起了行政裁决申请。

　　在审理中，公正交易委员会针对索尼公司的缔约三要件做出了以下的判断。第一，零售价格和批发价格的禁止降价要求属于《反垄断法》所

---

① 公取委审决平成 13 年 8 月 1 日判时 1760 卷 39 页。
② 最判平成 14 年 4 月 25 日判时 1785 卷 3 页。

称不公正贸易中的"制约二次销售价格"（再販売価格の拘束），但是裁决之时禁止降价对公正交易不利影响已消失，因此对索尼公司做出了今后禁止采取类似行为的裁决。第二，关于禁止二手买卖的要求，委员会认为："如果考虑到新品和二手品之间关系的普遍经济规律，禁止二手商品买卖会影响到新游戏软件的销售价格，实际上通过禁止二手买卖能够有效制约二次销售的定价，是制约二次销售价格的辅助行为。因此，禁止二手买卖这一行为也属于制约二次价格销售行为，应当认为该行为阻碍了公平竞争。"第三，禁止同行买卖这一行为相当于阻止了索尼游戏软件在销售阶段的市场竞争，属于不公正交易中的"不当附加条件交易"，认定其违反了《反垄断法》。

可见，即使不涉及《著作权法》，硬件商以自己的强势地位要求相关经营者不得从事二手软件买卖的行为也属于限制市场竞争，是《反垄断法》所规制的行为。通过这一案件，二手游戏软件买卖市场得到了法律彻底而全面的保护。

第三节　日本政府促进游戏产业相关政策

日本政府十分重视文化产业的发展和对外输出，与其他国家一样，日本政府也会针对本国文化产业制定一系列的发展规划和政策。然而，需要特别指出的是，这些政府政策并不是此一时彼一时的，而是严格按照法律的授权和指令，根据法治原则而实施的，换言之，即文化政策的法治化。

日本《知识产权基本法》《文化艺术振兴基本法》《文化产业振兴法》等对政府振兴文化事业做出了义务性规定，要求政府推出相关政策以扶持文化产业的发展。这一点上文在介绍这些行政法律时已经强调过。既然法律已经规定了政府施政的义务，并且也授权政府行使权力，那么剩下的也就是制定具体的政策了。根据笔者总结，制定日本游戏产业政策主要涉及三个机构，即内阁知识产权战略本部、文部科学省和经济产业省。这些政府机构根据不同的法律指示，每年都会为日本游戏产业制定一系列的推进政策，涉及产品、产业构造和国际拓展等方方面面。

一 知识产权战略本部相关政策

知识产权战略本部为会议性质，在制定日本文化产业政策的政府机关中级别最高，直接由首相担任长官，属于内阁的内设机构。其设立依据是《知识产权基本法》。

2002 年制定的《知识产权基本法》第 24 条规定："为集中而有计划地推进创造、保护和活用知识产权的政策，在内阁设置知识产权战略本部。"该条规定在授权政府设置知识产权战略本部这一机构的同时也直接指明了该机构的设立目的，即从总体上推进知识产权政策。接着，该法 25 至 32 条则详细规定了知识产权战略本部的职责、人员构成等事项。另外，第 33 条将与该机构有关的其他事项制定权委任给了行政立法，根据法律的这一具体授权，政府于 2003 年制定了法规命令——《知识产权战略本部令》。根据这一法规命令，2003 年 3 月知识产权战略本部正式运行。

知识产权战略本部的主要职责是每年制定一次"知识产权推进计划"（根据同法第 23 条），从而在整体上保护和发展日本的各种文化产品。在该计划中，政府会大致列举一些当年所需要实施的政策，当然由于知识产权战略本部仅仅是一个会议形式，这些政策并不是它自己实施，而是分别委任指派给各省厅（部委）具体操作。从会议的构成形式上来看，这一知识产权推进计划也是相当高级别的，属于国家宏观战略的范畴。

游戏作为重要的知识产权产品属于该计划的对象，每年的知识产权推进计划中都有许多涉及游戏产业的部分。

以 2015 年推进计划为例。[1] 在 2015 年的计划中，一共罗列有十一个专门项目，包括三大支柱和八大政策。这其中，三大支柱中的第三个是"文化产业及其周边产业的海外扩展推进一体化"。在这个项目里，推进计划首先总结了包括游戏、电影、动漫等在内的日本文化产业在国外发展

---

① 以下参照〔日本〕知的财产权戦略本部：『知的财产推进计画 2015』、https://www.kantei.go.jp/jp/singi/titeki2/、2015。

的成就和不足，指出虽然游戏产业在海外的销售规模大于其他文化领域，但是与美国的竞争相当激烈，并不能说绝对安稳。接着，对迄今为止实施的一系列海外文化推进政策进行了评价和反思，指出政府在向海外宣传本国文化时应当注意到文化的双向性，"在向海外推广日本文化的同时，也应当接受海外文化进入日本，构筑双方互惠的关系可以确保继续性""尊重文化双向性本身也有助于向海外展示日本的国家品质"。最后，提出了今后应当继续或新推出的政策。其中有关游戏领域，指示经济产业省今后必须继续针对游戏软件顺应当地文化的本土化措施（添加字幕、配音等）进行支援，以促进日本游戏产业及其相关联产业在海外的扩展。

八大政策中与游戏产业有关的有三项政策。它们是"加速活用促进电子存档的建设""推进国际知识产权的保护和合作"和"战略性培养和活用知识产权人才"。其中在"加速活用促进电子存档的建设"政策中，推进计划提出为了保护日本的文化产品和成果，方便向国内外传播，必须对文化品进行电子存档，以电子数据形式存放在信息库中。在游戏产品领域，将选定收集对象、统一元数据格式等电子存档方针的制定、电子存档机关之间的协调、元数据的集约化、与民间合作等"媒体艺术数据库"的系统建设工作委任给了文部科学省文化厅。在"推进国家知识产权的保护和合作"政策中，推进计划指示经济产业省应当与各国盗版物取缔机构通力合作，同时向侵权严重的海外资源网站提出删除盗版游戏软件的请求，并诱导用户使用正版游戏，以解决日益严重的游戏软件违法上传和下载的问题。在"战略性培养和活用知识产权人才"政策中，该计划指示文部科学省加强对"媒体艺术节"或海外相关媒体艺术节中优秀获奖游戏作品的宣传和支援，以培养游戏领域的创新者。加强与专科学校、大学合作，利用标准型课程等实例讲座形式来推进短期计划，以培养游戏企业需要的人才。

二　文部科学省相关政策

日本的文部科学省作为中央政府的一个职能部门，其所管事项相当于我国的教育部、文化部、国家体育总局和科技部等管辖的事项。游戏产业虽然是一个经济领域的概念，但其本身所产生的内容（content）毫无疑问属于文化艺术领域，因此，弘扬与宣传日本的文化艺术，自然与文部科学省有关。

文部科学省的内设机构中直接主管文化政策的是文化厅。该机构设置于 1968 年，依据法律是《文部科学省设置法》（26 条）。根据该法第 27 条，文化厅的主要职责是："谋求文化的振兴和国际文化的交流，适当管理宗教行政事务。"根据第 29 条，文化厅下设文化审议会，主要职责是在制定文化振兴与国际文化交流政策时进行调查审议。① 因此，文部科学省中负责政府文化振兴政策制定和实施的主要就是文化厅及其下属的文化审议会。

《文化艺术振兴基本法》指令政府需要实施的一系列文化政策主要由文部科学省文化厅负责。例如，《文化艺术振兴基本法》第 7 条第 1 项规定："为综合推进文化艺术的振兴政策，政府应当制定文化艺术振兴基本方针。"同条第 3 项规定："文部科学大臣应当听取文化审议会的意见，制定基本方针的草案。"也就是说，根据法律规定，首先由文化厅及其下属文化审议会提出"文化艺术振兴基本方针"的意见，再由文部科学大臣根据这些意见制定基本方针草案提交内阁审议，内阁根据这一草案最终确定基本方针，而基本方针所规定的各种政策则再交由文部科学省文化厅具体实施，构成了一个完整的体系。日本电子游戏作为文化艺术的一部分，也包括在文化艺术振兴基本方针中，其产业振兴政策受到文部科学省文化厅的管理。

根据《文化艺术振兴基本法》第 7 条授权，内阁和文部科学省迄今为止制定了四次基本方针，最近的一次是 2015 年 5 月 22 日内阁通过的"第四次基本方针"。

第四次基本方针主要布置了至 2020 年 6 年间的文化政策，是根据第三次方针（2011 年）制定后相关形势变化而做出的略微修正（例如 2020 年东京奥林匹克、东日本大地震等）。方针中有两点十分引人注目：第一，方针明确地提出了日本"文化艺术立国"的口号；第二，方针具体

---

① 〔日本〕文部科学省文化厅：『平成 27 年度 我が国の文化政策』、文化庁長官官房政策課、2015、9 頁。

地制定了到 2020 年时文化发展应当达到的数字目标。例如，至 2020 年时
认为文化艺术是日本一大骄傲的民意比例应当从 2014 年的 50.5% 上升至
60%，从事文化艺术活动的国民比例应当从 2009 年的 23.7% 上升至
40%，来日本旅游的外国人数应当从 2014 年时的 1341 万人提升至 2000
万人等。①

在具体政策方面，基本方针列举了今后需要文化厅实施的五大重点战
略和十项基本政策。五大重点战略是：有效支援文化艺术活动、培养创造
并支撑文化艺术活动的人才以及充实面向少年儿童的文化艺术政策、确保
文化艺术的隔代传承和有效应用于地域振兴、促进国内外文化多样性和相
互理解、加强文化艺术振兴体制建设。十项基本政策是：振兴文化艺术各
领域、振兴地方文化艺术、推进国际交流、培养和确保艺术家、促进国语
的正确理解、普及和完善日语教育、保护和利用著作权、充实国民文化艺
术活动、充实文化艺术基地、扩充其他基础设施。②

以上这些重点战略和基本政策里还有更详细的内容。这其中与游戏有
关的有以下几点。第一，促进游戏软件的电子存档化，以向国外宣传日本
的媒体艺术。上文提到，知识产权推进计划八大政策中有"加速活用促
进电子存档的建设"一项，该政策提出为保护日本的文化产品和成果、
方便向国内外传播，必须对文化品进行电子存档，以电子数据形式存放在
信息库中。并且，推进计划将电子存档的具体工作委任给了文化厅。文化
艺术振兴基本方针同样也提出了文化厅必须促进文化产品电子存档的要
求，可见其重要性。依此方针，文化厅应当每年挑选优秀、经典的游戏软
件以电子数据的形式存入信息库中保存，其目的是能够更加方便地向全世
界宣传日本游戏的魅力，促进文化的传播和交流。③

第二，振兴媒体艺术。基本方针认为，包括电子游戏在内的媒体艺术
广泛接近普通人的生活，也是最受海外关注和欢迎的日本文化内容，对它

---

① 〔日本〕文部科学省文化庁：『平成 27 年度 我が国の文化政策』、文化庁長官官房政策
課、2015、3 頁。

② 参照〔日本〕文部科学省文化庁：『平成 27 年度 我が国の文化政策』、文化庁長官官房
政策課、2015、3 - 4 頁。

③ 参照〔日本〕文部科学省文化庁：『平成 27 年度我が国の文化政策』、文化庁長官官房
政策課、2015、4 頁。

的宣传和推广有利于提高全世界对日本的理解和关心、促进产业经济发展和旅游观光。因此，振兴包括游戏在内的媒体艺术被安排在基本方针的施政内容中。具体来说，基本方针规定文化厅必须举办"文化厅媒体艺术节"和"媒体艺术创造者培养支援事业"来促进游戏的发展。媒体艺术创造者培养支援事业指的是年轻人在从事媒体艺术创作活动时文化厅必须给予他们必要的物质帮助和环境支援。文化厅媒体艺术节是文化厅从1997年开始每年举办一次的活动，主要是为了表彰优秀的媒体艺术作品并向公众提供发表新作和观赏的平台。2014年文化厅媒体艺术节上有3853件作品获得展出，其中来自海外的作品有1818件。这些作品被分为"艺术""娱乐""动画""漫画"四个部门进行评选颁奖，分别授予优秀作品大奖、优秀奖、新人奖和功劳奖。① 其中，游戏作品被划归娱乐部门，每年在娱乐部门中获得大奖的作品也大多数是游戏软件。例如，1998年娱乐部门大奖得主是任天堂游戏《塞尔达传说时之笛》，2000年大奖得主是史克威尔艾尼克斯游戏《勇者斗恶龙7伊甸的战士》，2007年大奖得主是Wii主机游戏《Wii sports》等。

第三，制定海外盗版对策。日本游戏软件在获得全世界好评的同时，海外的盗版现象也越发严重。针对这一问题，文化厅在今后的6年中将加强著作权保护，打击盗版。具体对策有五点：（1）通过两国协议加强盗版取缔；（2）支持侵权行为发生国的执法行动；（3）为侵权行为发生国的盗版取缔机关职员举办培训研讨会；（4）支持日本企业在外国行使权利；（5）在侵权行为发生国举办著作权普及宣传活动。②

第四，参加海外的媒体艺术节。③ 文化厅不仅在日本举办自己组织的媒体艺术节，也鼓励相关企业和个人去海外参加别国组织的媒体艺术活动。为此，文化厅与民间一起合作，以促进游戏公司在海外活动中展示优秀作品。例如，在2014年意大利举办的"卢卡漫画游戏展"（Lucca Com-

---

① 〔日本〕文部科学省文化厅：『平成27年度 我が国の文化政策』、文化厅長官官房政策課、2015、21－22頁。

② 〔日本〕文部科学省文化厅：『平成27年度 我が国の文化政策』、文化厅長官官房政策課、2015、53頁。

③ 〔日本〕文部科学省文化厅：『平成27年度 我が国の文化政策』、文化厅長官官房政策課、2015、64頁。

ics & Games）上，文化厅就联合相关企业向意大利的观众展示了一系列
日本游戏作品，获得了当地的好评。

三　经济产业省相关政策

根据《经济产业省设置法》第 3 条，日本经济产业省的主要任务
是提高民间经济活力、发展对外经济关系、确保产业发展和能源需求
等。如果说文部科学省偏向于文化政策，那么经济产业省就明显偏向
于经济政策，其内容侧重文化的经济价值、文化产业的国际推广和国
际交流。

《文化产业振兴法》中所规定的日本政府的一系列义务，主要也是具
体由经济产业省实施的。例如《文化产业振兴法》第 19 条规定："为扩
大文化产业的产业规模、通过我国文化产品在海外的普及以增进对我国文
化的理解，国家应当制定有关支援举办和参加国际活动、收集和提供有关
文化产业海外市场信息的政策，以达到向海外介绍我国文化魅力和活跃文
化产业交易的目的。"由字面规定即可看出，该条法律所规定的政策义务
主要由经济产业省实施而不是文部科学省定资。

游戏产业本身作为一种经济产业，涉及国内经济、消费和对外出口贸
易，自然与经济产业省相关。这其中，内设的商务情报政策局生活文化创
造产业课与文化情报关联产业课两机构与游戏产业关联最大。生活文化创
造产业课直接分管"酷日本"政策实施，而文化情报关联产业课又称
"媒体文化产业课"，其所管事务第 2 项即"有关情报处理事务中的游戏
软件"①。

经济产业省针对动漫、音乐、游戏等文化产业所实施的政策统称为
"酷日本战略"（Cool Japan）。该战略的目的是通过宣传日本文化、促进
文化向附加价值的转换，从而获得海外市场、拉动日本经济的成长。战略
主要通过宣传日本魅力、出售文化商品和服务以及实施观光政策三个方面

---

①　参见经济产业省官网，http：//www.meti.go.jp/intro/data/akikou08_1j.html，2015 年 10
月 9 日访问。

全面展开。① 毫无疑问，"酷日本战略"注重的是文化输出，通过向全世界宣扬日本的魅力而获得一系列经济和政治效应。近来，"酷日本战略"已经越来越成为一项国家战略，2012 年安倍内阁成立时甚至任命了"酷日本战略担当大臣"，2015 年在内阁官房下设"酷日本战略推进会议"，由酷日本战略担当大臣作为议长，总体上谋划和开展这项战略。可见，这一战略近年来受到了政府的高度重视，也是安倍政府文化输出政策的一个重要组成部分。

在这些措施中，与游戏产业有关的有以下几点。

第一，本土化和推广支援（J-LOP）。从上文中可以看到，日本知识产权推进计划也特别重视这一点，专门指示经济产业省对游戏软件的添加字幕、配音等本土化措施进行支援。经济产业省根据这一指示即实施了J-LOP政策，并将这一政策与"酷日本战略"结合起来，作为该战略的一部分予以执行。过去日本游戏厂商往往出于成本的考虑并不会给自己的游戏产品配上多国语言和字幕，也不会在市场有限的地区做产品推广工作，以至于长期以来只有日本和英语圈的消费者能够享受到日本游戏的乐趣，其他地区（特别是亚洲）的消费者体验日本游戏有一定的困难。J-LOP 政策正是针对这一情况而做出的，2014 年经济产业省拿出了 60 亿日元的预算专门帮助文化产品走出去，支援它们在国外的本土化和推广工作。②

第二，和电脑娱乐协会共同举办"东京游戏展"。经济产业省每年都会举办大型的文化产业盛典——日本国际文化产业节（CoFeata）。这一活动由经济产业省和文化产业相关企业团体联合举办，将原本单独开展的东京国际动画节、东京国际电影节、东京国际音乐交易会等活动合并在一起，成为日本文化产业的一次盛典，是世界上规模最大的娱乐文化活动。③ 这其中，经济产业省与电脑娱乐协会共同举办"东京游戏展"，是游戏界最为关注的活动。

---

① 参照〔日本〕经济产业省商务信息政策局文化信息关连产业课：『コンテンツ産業の現状と今後の発展の方向性』、2015、9 頁。

② 参照〔日本〕经济产业省商务信息政策局文化信息关连产业课：『コンテンツ産業の現状と今後の発展の方向性』、2015、11 頁。

③ 参见日本维基百科"JAPAN 国际コンテンツフェスティバル"词条，https：//ja. wikipedia. org/wiki/JAPAN 国際コンテンツフェスティバル，2015 年 10 月 20 日访问。

第三，举办"业界研究会"。在电脑娱乐协会举办的"电脑娱乐开发者大会"中，经济产业省从 2009 年开始召开业界研究会，作为该大会的一个构成内容。这一活动专门作为游戏企业和大学生之间的沟通桥梁，面向对游戏关心度很高的学生，以会议和小组讨论的形式向他们介绍游戏产业现状和展望、游戏企业的人员录用情况以及现任游戏开发人员的经验。

第四节　日本游戏业界协会的推进措施

纵观日本游戏产业整体制度状况，其取得的辉煌成就不仅由于立法、行政等公权力机关的支持，也是企业自身努力的结果，同时，也更离不开诸多行业协会的作用。这些行业协会不仅经常为游戏企业提供可靠的市场统计数据和情报以供它们经营决策参考，有时也起到了协调各企业之间关系的作用。

由于日本《宪法》保障结社自由（第 21 条），日本的非政府组织（NGO）相当多，游戏行业也不例外。以下选取与游戏产业关系最密切的两个团体——数字文化产业协会和电脑娱乐协会，分别介绍它们推进产业发展的措施。

一　数字文化产业协会推进措施

数字文化产业协会（デジタルコンテンツ協会）于 1991 年设立，2001 年改为现名，2012 年改组为民法上的一般社团法人。根据该协会的章程，所谓"数字文化"定义为："属于影像、画像、音声、文字、数据信息，不管其媒介如何，与电子信息有关的文化内容。"该协会的设立目的是："推进制作、流通、活用能够在信息化社会领先的优质数字文化，促进与之相关的产业健全发展，为提高文化品质、实现舒适丰富的国民生活以及国际发展做出贡献。"（第 3 条）

具体来说，该协会的工作内容主要有四种。第一种称为技术开发事业，主要是对文化产业所涉及的科学技术进行调查研究，向企业普及相关先进技术成果。例如，该协会近年来正在致力于有关虚拟现实技术的调查研究。第二种是国际发展事业，即支援日本文化产业向海外发展，如为企业和各国文化产业所管政府机构之间构筑沟通渠道等。第三种是产业振兴事业，主要是负责活跃日本文化产业及培养相关人才，例如举办技术展示会、研讨会和行业优秀人才表彰会等。第四种是调查统计事业，专门负责统计国内外数字文化市场的各种数据，搜集产业最新动向和商务信息等，例如该协会每年会根据自己的统计和信息搜集结果出版《数字文化产业白皮书》，供政府和相关企业参考。①

　　数字文化产业协会并不是专门针对游戏行业成立的团体，根据它的定义，所涉及的行业也包括电视、动画、音乐、电影等。不过，游戏行业显然是该协会的一个工作重点，事实上，日本游戏行业的相关企业如索尼公司、任天堂公司、世嘉游戏公司等都是它的会员。

　　作为一个综合团体，该协会的工作特点是在数字文化产业领域开展全面支援和推广工作。因此，它每年会举办许多包括动画、电影、游戏、电视、电子技术开发等在内的综合性活动。例如，该协会也参与举办 CoFeata，是其中"数字文化展览会"的主要承办者，通过每年的展览会向国内外展示最先进的文化制作技术。近年来展览会上出现的 3D 成像技术和虚拟现实技术为游戏的未来提供了无限的可能性。

　　数字文化产业协会也会不定期地主动或受托开展一系列特别事业。例如 2014 年，该协会自己开展了"构筑积累创造新产业基础的支援事业"以及受机械系统振兴协会委托制作了"4K 影像战略测定报告书"，这些工作都为游戏企业提供了必不可少的技术支援。另外，该协会每年会出版《数字文化产业白皮书》，详细分析当年各文化产业领域的市场状况、销售情形和今后动向，提供完整细致的统计数据以供企业决策和经营参考，因而也与游戏产业相关。

　　值得一提的是该协会和经济产业省联合举办的"数字文化大奖"。该奖项专门授予对文化产业做出巨大贡献的作品和人物。评奖时并不限定文化种类，而是所有的数字文化作品共同竞争。游戏作品时不时地会获得该奖项，例如在 2007 年第 22 回数字文化大奖评选中，光荣公司制作的 PS3 平台游戏《高达无双》就获得了其中的优秀奖。

---

① 以上参见数字文化产业协会官网，http://www.dcaj.or.jp/project/，2015 年 10 月 10 日访问。

二 电脑娱乐协会推进措施

如果说数字文化产业协会是统领整个数字文化产业的行业协会，那么电脑娱乐协会（コンピュータエンターテインメント協会）就是专门的游戏产业协会了。该协会设立于 1996 年，2002 年改为现名。原本属于经济产业省所管，但是随着日本公益法人制度改革，如今已成为民法上的一般社团法人，不再受到政府的直接管理。几乎所有的日本电子游戏关联大企业都是该协会的会员。索尼、任天堂、世嘉、卡普空、史可威尔艾尼克斯、konami、世嘉、光荣等代表日本游戏业的硬软件公司皆不例外。可以说，该协会就是游戏产业自己的行业协会。

根据协会章程第 3 条，该协会的主要目的是通过调查、研究、推广的方式振兴电脑娱乐产业，至于何为电脑娱乐产业主要指的是，提供通过家用计算机供人娱乐的软件、相关商品和服务的产业。由此可见，电脑娱乐协会就是各游戏企业联合设立的，旨在推动自身产业发展，协调互相关系的团体。

作为游戏产业自身联合组织的行业协会，其举办的活动自然是专门且全面面向游戏领域的。日本游戏业界耳熟能详的各种活动如东京游戏展、日本游戏大奖、日本电脑娱乐设计者大会（CEDEC）等都是由该协会举办的。[1]

第一，举办东京游戏展。上文已经提到，电脑娱乐协会每年会和经济产业省合作，在 CoFeata 活动中举办东京游戏展。该展览会开始于 1996 年，是世界三大游戏展之一。每年许多游戏软硬件新作都会在这项活动中发布，参加者也可以体验到各种各样的新奇游戏，是世界游戏业界的最大盛典，创造了巨大的经济价值。在 2013 年的东京游戏展上，有 33 个国家和地区的 352 家企业参展，来场者达到 27 万多人，创下了历史纪录。[2]

第二，举办日本游戏大奖。电脑娱乐协会于 1996 年开始评选日

---

[1] 参见电脑娱乐协会官网，http：//www.cesa.or.jp/index.html，2015 年 10 月 10 日访问。

[2] 参见日本维基百科"東京ゲームショウ"词条，https：//ja.wikipedia.org/wiki/東京ゲームショウ，2015 年 10 月 20 日访问。

本游戏大奖，每年举办一次，是东京游戏展中的一个活动。这一评选活动由于是电脑娱乐协会主办，可以说是日本游戏业界最重要和最专业的奖项。日本游戏大奖具体分为三个奖项，它们是"全年游戏大奖""未来游戏大奖"和"业余游戏大奖"，评选对象分别是已发售的游戏、并未发售的游戏和民间爱好者制作的游戏。日本游戏大奖可以说是游戏界的最高荣誉，尤其是"全年游戏大奖"，每年的获奖作品几乎都是该年度最有人气、最受欢迎的游戏作品。这一评奖活动不仅激励了业界创造和开发优秀游戏，也通过与玩家互动组织评选的模式，活跃了整个游戏行业的气氛。

第三，举办电脑娱乐开发者大会（CEDEC）。电脑娱乐开发者大会是该协会举办的又一项大型活动，开始于 1999 年，主要面向游戏开发者，是日本最大的技术交流研讨会。电脑娱乐协会举办这一会议是为了给游戏软件的制作者们提供一个技术交流的平台，在这个平台中，制作者们不仅能够了解当年最新的游戏开发技术，获得协会的技术支持，也能利用会议机会与其他同行深入交流，共同探讨有关游戏开发的话题，是促进日本游戏产业良性发展的重要手段。

第五节　日本游戏产业法治的未来展望

以上介绍了日本游戏产业的整体法治状况，归纳列举了与该产业有关的法律法规、政府政策以及相关行业协会措施，并对它们进行了具体介绍分析。

日本游戏产业在过去 30 多年的风风雨雨里总是保持着世界游戏市场领导者的地位。究其原因，除了自身行业构造和运作模式优点外，恐怕离不开一系列法律和制度因素的推动。过去学界的考察重点往往集中于从经济或企业经营角度研究日本游戏产业成功的原因。笔者意识到日本游戏风靡全球的背后蕴藏的更是法治的力量，因而围绕文化法治这一主题对游戏行业进行了深入考察。通过上文的分析可以看出，日本游戏产业在几十年的发展过程中形成了一个以法律为中心、政府政策为支撑、行业协会自主活动为辅助的完整法治体系，这一体系以法律的有效化和政策的法制化为主要特征。笔者认为，正是这种完善的法治体系推动了游戏产业自身的发展和革新。

本章开头已经提到，近年来手机游戏的蓬勃发展迅速冲击着传统以家用游戏机为主的日本游戏业态。传统游戏软件的"萧条化现象"乃至"家用游戏机不要论"在媒体中甚嚣尘上。[①]据统计，2014年日本国内包括家用机和掌机在内的游戏硬件市场规模比前年缩减11.7%，已经连续2年减少，而游戏软件的销售量也比前年减少7.1%，连续4年下降。但是相反的，手机游戏的市场规模已经连续7年增加，达到了5622亿日元，是2007年市场规模的1400多倍。[②]虽然这丝毫不影响连同手机游戏在内的整个日本游戏产业在世界的地位，但是这一现象由于涉及产业自身的结构调整，因而对产业内部的冲击是非常大的。

对应到法治状况来看，这种变化也在悄然改变着法律和政策的关注趋向性。在私法领域，手机游戏由于其与互联网紧密结合的特点，传统上关系不大的电信商也被拉入游戏产业中来，相关民事法律的处理方式更趋复杂化。同时，公共治理方面的关注点也在发生改变，例如日本的《青少年安全安心使用互联网的环境法》（青少年が安全に安心してインターネットを利用できる環境の整備等に関する法律）就将"有害信息过滤系统"直接指向了手机游戏，引起了相关学者的关注。[③]

不过，以上的变化也仅仅是近几年刚出现，还并没有从根本上改变以游戏机为主导的日本游戏产业状况。虽然能够看出其对相关法律和政策的影响，但尚不明显，还需要我们进一步观察。手机游戏与游戏机游戏的博弈，以及随之而来的法治状况的改变，是今后需要重点关注的领域。

---

① 参照〔日本〕デジタルコンテンツ協会編：『ソーシャルメディアとコンテンツ「いま」を伝え、「共感」でつながる』、一般財団法人デジタルコンテンツ協会、2011、86頁。

② 〔日本〕コンピュータエンターテインメント協会編：『2015 CESAゲーム白書（2015 CESA Games White Paper）』、コンピュータエンターテインメント協会、2015、157頁。

③ 参照〔日本〕金井重彦、龍村全：『エンターテイメント法』、学陽書房、2011、206頁。

第八章　日本广告产业法治

　　日本广告产业近年来在经济不景气的状况下依然保持平稳的发展态势，在某些方面还表现出强劲的上升趋势，这与日本广告产业良好的法治状况是息息相关的，本章旨在探明日本广告产业法治的优点和问题，以求为我国广告产业法治的探索提供一种参考。本章第一节是关于日本广告产业与法治状况的概述。在这一节中首先介绍在日本是如何界定广告以及广告产业，并在此基础上通过对日本广告费的状况的分析以及国际化背景下日本广告产业的特点的介绍来勾勒日本广告产业的总体客观状况。日本广告产业的法治状况有着自身的特点，其核心的法治理念体现在对消费者权益的保护、公正竞争秩序的维护以及其他权益的保护上，这三者之间并不是相互独立而是有机联系相互影响的。在该法治理念之下来看各种与广告相关的规制时可以总结为三类：法律规制、自主规制、公认自主规制（自主规制与公认自主规制合称为伦理标准），其中法律规制是强制的普遍性规制，但由于日本没有统一的《广告法》，与广告相关的法律规定相对分散且难以面面俱到，而在日本自主规制和公认自主规制是非常成熟的。本章第二节至第四节就广告产业法治理念中所需要保护的三方面权益，介绍日本与广告相关的具体法律法规，其中对与广告联系最为紧密的《景品表示法》《反垄断法》《反不正当竞争法》《个人信息保护法》《知识产权基本法》等做重点论述。第五节是关于日本广告产业伦理标准的目的、意义和具体内容的介绍和论述。近年来日本互联网广告发展迅速且出现了很多新的法律问题，日本为了应对这些问题而采取的各种措施是值得我们重点关注的，因此本章在第六节对日本互联网发展对广告产业法治的影响进行了论述。最后关于日本广告产业法治中立法上存在的问题提出了笔者的建议，并指出日本广告产业伦理标准是我国所欠缺的，也是我国广告产业法治努力的方向之一。

第一节　日本广告产业与法治状况概述

一　日本广告产业现状

（一）日本广告产业概况

1. 日本广告产业界定

不同的时代背景下对于广告的定义不同，根据须藤纯夫的观点，资本主义经济中广告（以商品广告为主要形态）的社会性机能体现在通过调整市场中生产与消费以图实现资本的增值。广告可以看作广告主与消费者的"交流"行为，是一种双方行为，而不是传统意义上的由广告主单方面向消费者传达的行为。[①] 他指出，倘若从"交流论"的角度来讨论广告，应当注意以下几点：第一，广告可以利用媒体技术发展及其特性将传播效果最大化。广告对于媒体的运用也使广告成为支撑大众媒体经济基础不可或缺的因素。第二，广告行为会影响到消费者的心理过程，是可以促进商品购买行动的交流行为（说服性机能）。现代广告与以往将商品直接需求置于中心位置相比，更加重视广告通过对于人们生活价值观及意识形态的影响来促进消费行动的机能。第三，广告在发展过程中不断被人们所接受，逐渐形成广告文化这一广告独有的领域。

广告是企业、团体等为了提供商品及服务不可或缺的传播活动。在这些活动中开发出了商品名及特征的表示、CM、海报、各类活动、招牌、奖品、优惠券、网页等丰富多彩的手段和方法。"全日本广告联盟"（简称全广联）是由广告主、媒体公司、广告公司、广告相关公司等组成的

---

① 〔日本〕须藤春夫：『広告産業の構造と特質——広告代理業の機能分析を中心に——』マス・コミュニケーション研究、1994 、113 頁。

"日本最大的综合广告体"。从全广联所制定的"广告纲领"① 可以看到，广告活动的核心是提供有益且适当的信息，这些信息通常在具有创造性的同时还应保持品位，广告活动有提高广告内容可信赖性的责任。另外，由于广告是有偿的传播活动，原则上各当事人以营利为目的进行经济活动，因而广告还有创造经济价值的作用。可见广告活动和由广告派生出来的丰富多彩的广告形式不但可以促进经营者销售，同时有利于丰富普通大众的文化生活。

在日本，广告产业主要由广告代理业和广告制造业（广告产品制造）构成。根据《电子大辞泉》（《デジタル大辞泉》）的解释②，广告代理业是指代行广告主与新闻、杂志、放送等媒体之间的业务，一方面为广告主代行市场调查、广告策划立项、广告制作、媒体选定、广告作业实施等，另一方面为媒体代行贩卖广告空间、时间等。我国对于广告代理业的界定与日本相似。③

2. 日本广告产业规模

广告产业的发展状况在某种程度上反映了一国经济的发展状况，首先从世界范围来看日本广告产业的规模，日本的广告市场曾一度仅次于美国位居世界第二，但近年来由于中国经济的迅猛发展，日本降到了第三位（见表 8－1）。从日本国内来看，若仅考察广告公司数量以及人数，近几十年日本的广告产业规模基本上呈现增长的态势，20 世纪 80 年代初日本

---

① 公益社团法人全日本广告联盟（略称：全广联）广告纲领（昭和 61 年修订）
　广告是促进人们自由而富裕生活的传播活动。
　1. 信息：广告为企业及个人提供其所必要的和可供选择且有助于生活多样性的正确信息。
　2. 责任：广告不做违反事实及误导的表现。对于内容，明确责任范围、提高广告的信赖度。
　3. 品位：广告为了促进自由的表现活动要重视品位，遵守自主规制及相关法规。
　4. 创造：广告尊重个性和独创，以创造性、健康性的内容为目标。
② 《デジタル大辞泉》。https：//kotobank.jp/word/広告代理業 – 495160，最后访问时间：2015 年 10 月 6 日。
③ 根据国家工商行政管理局关于印发《广告经营者、广告发布者资质标准及广告经营范围核定用语规范》的通知，我国对于广告代理业的界定如下：广告经营者接受广告主或广告发布者委托，从事广告市场调查、广告信息咨询、企业形象策划、广告战略策划、广告媒介安排等经营活动。

从事广告业公司的数量为3623家，90年代初增加到4898家，而2014年更是达到9286家，从业人数也从不到6万人增长到12万多人。但同时也可以发现，从销售额来看，80年代到90年代之间有一个较为快速的增长，而90年代之后的增长速度明显放缓（见表8-2）。这说明日本的广告产业已经进入了一个比较稳定的发展阶段。

表 8-1　世界广告费前 5 的国家及地区①

单位：百万美元

顺位	国家、地区	2013 年	2012 年	2011 年	2004 年
1	美国	158550.5	154859.2	147761.9	133739.6
2	中国	44820.6	37913.3	32573.1	7762.3
3	日本	39827.0	47633.9	46088.7	37618.5
4	德国	24863.1	23895.7	26540.0	19983.7
5	英国	24424.5	23766.7	23600.2	24849.5

表 8-2　广告产业概况②

	1982 年 11 月	1992 年 11 月	2014 年
广告公司数	3623	4898	9286
从业人数	59944	97693	123424
年销售额	2 兆 7112 亿日元	6 兆 7823 亿日元	8 兆 2620 亿日元
公司平均销售额	7 亿 4834 万日元	13 亿 8472 万日元	8 亿 8973 万日元
人均销售额	4523 万日元	6943 万日元	6694 万日元

3. 日本广告费状况

广告费是考察广告产业状况最重要的内容，笔者主要以近几年特别是2014年的数据来介绍日本广告费的状况。根据电通2015年2月发布的

---

① 日經広告研究所编『広告白書2014』、日經広告研究所、2014、227 页。

② 日本经济产业省：《特定サービス产业实态调查》，http://www.meti.go.jp/statistics/tyo/tokusabizi/result-2.html，最终访问日期：2015 年 10 月 7 日。

《日本的广告费》中所计算出的总广告费（2014 年 1 月 ~12 月）2014 年广告费为 6 兆 1522 亿日元。① 这比前一年增加了 2.9%，虽然受到了消费税率提高的影响仍然实现了连续三年的增长。② 2014 年增长率相对于 2013 年的 1.4% 上升了 1.5 个百分点。因此从总体上来看，近几年日本的广告费呈现稳中有涨的状态。具体来看，各主要媒体及主要行业的 2014 年与 2013 年的数据对比如下。③

（1）报纸（6057 亿日元，同比增长 1.8%）

消费税增长之前有较大幅度增长，但是 2014 年 4 月以后受到消费税提高的影响后一直没有恢复。虽然之后的索契冬季奥运会和众议院选举都是利好因素，但从全年数据来看相对上一年度并没有增长。其中"精密仪器、事务用品"（比如腕表），"能源、原材料、机械"，"药品、医疗用品"，"邮购型食品"（健康食品）以及"饮料、嗜好品"（健康饮料）类的出稿量有所增加。另一方面，"时尚、饰品""信息、通信"类的相对减少。除了以上的特点之外还出现了一系列变革，比如面向初高中生的报纸的创刊、改版，吸引年轻人内容的扩充及电子化等。

（2）杂志（2500 亿日元，与上年度持平）

近年来，杂志广告业界环境虽然不好，但 2014 年杂志广告费还是达到与上一年相当的水平。这主要是业者通过创立网络杂志，发行迷你版、

---

① 日本电通：『日本の広告費』，http：//www.dentsu.co.jp/news/release/2015/0224-003977.html，最终访问日期：2015 年 10 月 5 日。

② 在此有必要介绍 2014 年 4 月 1 日消费税从 5% 增长到 8% 这一重要的经济事件。由于这一增税的变化对于消费活动的影响比预想更长久，日本政府不得不将再次增税的计划往后延迟（原定于 2015 年 10 月增加至 10%）。受增税影响，个人消费恢复乏力成了日本经济复苏的绊脚石，企业设备投资和库存的减少也困扰着经济发展，11 月发表的 7 - 9 月实际 GDP 速报值显示相比前期降低了 0.5%。但在经济和政治都不安定的状况中，广告市场相对而言比较坚挺，广告活动也显得较为积极。进入 2015 年后广告市场可以说仍然处在缓慢成长的轨道上，只是个人消费仍然乏力。日元急速贬值引起原材料价格上升抬高了物价，而工资的增长跟不上物价的上涨。如果企业的良好业绩能够在工资的增长中反映出来，那么可以期待消费在今后会变得更有活力，那时候应该可以看到广告市场的扩展和成长的加速。

③ 以下主要论及日本传统宣传四大媒体（报纸、杂志、广播、地面波电视）和互联网；日本电通：「日本の広告費」，http：//www.dentsu.co.jp/news/release/2015/0224-003977.html，最终访问日期：2015 年 10 月 5 日。

电子版杂志等，调动一切可以利用的资源以求实现杂志的活用。其中份额较高的"时尚、饰品"同比增长0.5%，"化妆品、护理产品"也增长了0.2%，"汽车及其相关产品"以及"交通、休闲"也较为活跃。

（3）广播（1272亿日元，同比增长2.3%）

首都圈（东京圈）大体与上年度持平，但关西、中部、北海道、九州普遍增长。由于面向办公室事务者的广告需求旺盛，对于广播的利用也随之增多，"精密仪器、办公用品"较上一年度增长了18.8%，随着不动产买卖和复建需求的增长，"不动产、住宅设备"方面的业务也较上年度增长12.6%，另外，与汽车的进出口相关的广告费同比增长12.5%。radiko.jp（ラジコ）的独立用户数达到1300万人，2014年4月启动的radikoVIP收费服务的用户也达到了17万人。

（4）地面波电视（1兆8347亿日元，同比增长2.4%）

地面波电视中的广告费是日本各媒体中总量最大的。由于"2014年索契奥林匹克""2014年FIFA巴西世界杯"及"2014年韩国仁川亚运会"等体育赛事的利好推动和常规节目的稳定，节目（时间）广告同比增长1.2%。因为消费税增长前出现的购物高潮，1~3月增长明显，4月份虽较2013年4月有所下降，但5月后随着市场的活跃，良好的势头持续到了年末。从行业来看，"信息、通信"（智能手机相关，游戏程序等大幅增加），"化妆品、护理产品"（洗发水＆护发素等的增加），"药品、理疗用品"等行业出现了增长。

（5）互联网（媒体费＋广告制作费计1兆519亿日元，同比增长12.1%）

在互联网广告快速发展的过程中，2014年日本互联网广告费首次突破1兆日元。其中互联网的媒体费为8245亿日元，广告制作费为2274亿日元。互联网广告费的增速是各媒体中最快的，可见互联网广告是日本广告产业增长的重要引擎之一，而在互联网广告发展的过程中出现的法律问题是本章将要重点讨论的内容之一。

（二）日本广告产业国际化背景下的特殊性

1. 日本广告产业的垄断性

日本电通以及博报堂这样规模巨大的广告代理公司在世界范围内都是

极为少见的。① 且随着这两家公司不断推进业务收购和重组改编，它们在日本市场上的垄断地位越来越明显（见图 8 − 1）。相比而言，在欧美国家的各个城市可以看到有很多中小规模的广告公司相互竞争。垄断企业往往拥有更多的发言权，因此如何保证广告产业公正的竞争环境也成了日本立法者在制定广告相关法律，以及行业制定自主规制时的重要课题。

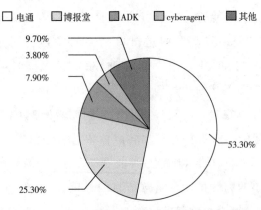

图 8 − 1   日本广告业主要公司市场占有率②

2. 市场相对局限

世界上有名的中等规模以上的广告公司一般会在多个国家建立分公司以开展国际化业务，相比而言，日本的大型广告公司基本以日本为中心开展业务。比如电通营业收入的 90% 以上来自日本业务。为了改善这一局面，近年来日本广告代理公司也开始加快海外扩张的步伐，比如电通在 2013 年收购了英国大型广告公司 Aegis Group 等。

① 电通集团（Dentsu Group）是日本最大的广告与传播集团，电通"全方位沟通服务"（从广告到促销、公关、文化、体育活动等）理念在世界上都被称赞独具特色，电通总能理解客户真正的需求，且具备最先进最尖端的知识与技术的服务能力，电通集团母公司电通广告公司是全球规模最大的广告公司，营业额在全球单一广告公司排名中连续 22 年位居首位；日本株式会社博报堂（HAKUHODO）是日本排名第二的广告与传播集团，也是日本历史最悠久的广告公司，由 Hironao Seki 于 1895 年 10 月创立，开始以代理教学杂志广告为主。

② 业界动向调查网站，http://gyokai-search.com/，最后访问日期：2015 年 10 月 10 日。

3. 从世界范围内看日本的广告公司

有些在广告界有名的公司（比如美国的 McCann Erickson），虽然只有中等规模，但与其他的媒体购买代理公司、市场调查专业公司、公关专业公司等一起形成相同资本系列集团。1980 年代中期在世界范围内兴起的企业收购、吸收合并的热潮催生了广告产业世界性的网络，或者说形成了交流、商业、跨业务的广告公司。这一类型广告公司的大股东中有 WPP、OMINCOM GROUP、Publicis Groupe、Interpublic Group of Cos. 等。在这个问题上，河岛伸子老师做了较为深入的剖析，她认为，在发达国家出现规制缓和动向的背景下，经济进一步自由化，国际化不断发展，美国的广告公司较早推行国际化，并在欧洲建立起了相对于本地同行业公司的优势地位。但是，1980 年代发端于英国的广告产业的全球化、网络化运动（即在一个广告公司国际化的基础上，收购若干关联业务公司在全球范围内形成网络）可以说重新划分了世界广告业务版图。[①] 而日本的电通在营业收益上相比这些大公司还有一些差距（见表 8－3）。

表 8－3　世界规模前 10 位的广告集团[②]

单位：百万美元，增长率：%

排位		集团名	所在地	收益	
2014 年	2013 年			2014 年	增长率
1	1	WPP	伦敦	18956	9.9
2	2	OMINCOM GROUP	纽约	15318	5.0
3	3	Interpublic Group of Cos.	巴黎	9625	4.3
4	4	Publicis Groupe	纽约	7537	5.8
5	5	Dentsu Inc.	东京	6015	4.0
6	6	Havas	皮托，法国	2479	5.3
7	7	Alliance Data Systems Corp's Epsilon	欧文·德克萨斯	2074	6.2
8	8	Hakuhodo DY Holdings	东京	1912	3.9
9	10	IBM Corp.'s IBM Interactive Experience	阿蒙克，纽约	1590	27.2
10	9	Deloitte's Deloitte Digital	纽约	1470	15.0

① 〔日本〕河岛伸子：『コンテンツ産業論—文化創造の経済・法・マネジメント—』、ミネルヴァ書房、2009、187 頁。
② 日經広告研究所編：『広告白書 2014』、日經広告研究所、2014、228 頁。

二　日本广告产业法治概述

近年来日本经济不景气，但是广告产业依然能保持活力，笔者认为日本良好的法治是其广告产业保持活力的重要因素之一。下面将重点论述日本广告产业法治理念以及广告规制结构，并在此基础上论述广告中的法律责任。

（一）广告产业法治不同理念及其平衡

日本广告产业法治理念强调通过法律规制、自主规制等来保护消费者权益、维持公正的竞争以及保护其他权益，并使三者达到平衡状态。具体内容如下。

第一，保护消费者权益。广告正如其字面意思那样，在广阔的范围内流通并对广告的受众具有影响力。在广告活动中，消费者作为广告受众相对于广告主、广告经营者处于劣势地位。为避免消费者合法权益受到损失，必须在法律等规制中充分保证消费者权益。

第二，维持公正的竞争。为了使各个经营者之间良性竞争，以及消费者能在经过层层竞争后面世的产品及服务中做出更好的选择和得到更好的消费，维持竞争的公正性不可或缺。

第三，保护其他权益。广告作为创造性活动，除了不能侵犯消费者合法权益以及要遵守公正竞争规则外，还不能侵犯他人的知识产权、隐私权等合法权益。但是绝大部分广告活动以营利为目的，经营者可能为了追求利益的最大化而做出有利于自己的广告表示，而其中的不当表示则可能损害他人的合法权益。这种情况下就需要对此类不当广告予以规制来保护相关的权益。

日本没有像我国那样统一的《广告法》对不当广告进行规制，其关于广告种类繁多的规制大体上可以分为"法律规制""自主规制"以及处于中间位置的"公认自主规制"三类。① 这些广告相关规制与法治理念所强调需要保护的对象并非一一单独对应的关系，而是互相影响的有机结构

---

① 在日本公认自主规制属于广义的自主规制，自主规制与公认自主规制又被合称为广告伦理标准。

关系。比如对于消费者权益的保护不仅需要法律，还需要自主规制等对不当广告进行规制；公正的竞争以及对于知识产权、隐私权等的保护会直接或者间接地影响消费者权益的保护。

（二）广告产业法治的层次构造

日本现行的广告相关的各种规制可以总结成图 8 – 2。

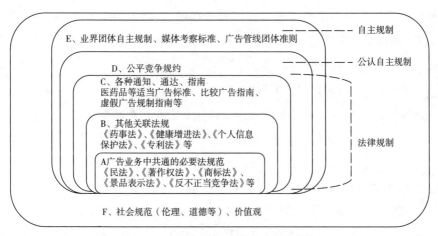

图 8 – 2 广告产业法治的层次构造①

从图 8 – 2 可以看到，日本广告产业法治所涉及的内容广泛。其中"法律规制"处于中心位置，"自主规制"与"公认自主规制"必须在不违背法律的前提下制定和实施。此外，社会规范（伦理、道德等）、价值观也是日本广告产业法治的重要内容。

所谓"法律规制"是指法律、政省令或行政指导、判例等基于公权力的各种规制。首先，在广告传播活动中存在大量的合同行为和侵权行为，因此《民法》特别是其中的合同法与侵权责任法是处理广告传播活动中民事法律关系的重要依据。其次，如何对待《著作权法》《商标法》《景品表示法》等是广告活动中共通的重要事项。再次，虽然日本法令中没有对"肖像权"进行明文规定，但如何适当对待"肖像权"也是对于

---

① 〔日本〕東京広告協会編：『広告法規マニュアル第 38 号－広告法規概論 2015 －』、東京広告協会、2015、4 頁。

广告活动的基本要求。最后，还有根据商品及服务的种类及广告活动的过程、场合所应该遵守的相关法规。行政机关对于法规会发布相关的标准或指南进行解释。

"自主规制"是不同行业团体的经营者基于合意而制定的行业规则，比如日本报业协会制定的《报纸广告刊登标准》等。"自主规制"虽不具有法律拘束力，但对于业界团体有事实上的拘束力。团体所制定的关于虚假、夸大广告的自主规制若得到消费者厅的认定就被称为"公正竞争规约"，也就是拥有准法规性质的"公认自主规制"，比如《关于食用盐的公正竞争规约及实施规则》等。

（三）广告与法律责任问题

在介绍日本与广告相关的具体法律规制之前，有必要阐明广告活动中会产生哪些法律责任，以及做出不当广告的广告主、广告公司、媒体（以下总称"广告经营者"）要如何承担相关法律责任的问题。

1. 与广告受众相关的法律责任

从广告的功能来看，若广告经营者不正当地利用广告的功能，做出虚假、夸大的广告来吸引和误导广告受众，广告受众有可能因为信任广告而购买了并不符合广告所表示的商品，从而产生侵权、违约等民事法律责任。

从广告的传播方法上来看，若广告发出噪音，阻碍交通的招牌放在道路上，未经允许在他人的墙壁以及电线杆上张贴影响街道美观的广告等给广告受众及他人带来困扰从而产生侵权法律责任。

从广告内容来看，有两类不正当的广告：第一类，为了使受众购买广告商品，或者至少使其接触广告主，而在商品的性能、价格等上没有做出真实表示的广告。第二类，损毁他人名誉、评价，利用受众不安心理或受众对广告主信赖的不当广告，以及助长性别、人种、宗教歧视等的广告。第一类广告所缺少的是对于真实的公开，第二类广告缺少的是对于包括人格在内的种种权益的尊重。因此可以看到广告内容不当可能触犯到行政法规、条例甚至刑法而产生相应的法律责任。

2. 与广告制作相关的法律责任

广告制作过程中需要反复琢磨在何种标题下完成广告内容、广告语所使用的词语、使用什么样的明星及背景等。从法律观点来看，知识产权中的著作权与广告制作密切相关，未经著作权人同意在广告中使用他人著作物的行为是侵权行为。著作物受到法律保护，若要在广告中使用著作物，重要的是要与著作权者签订相关的合同。同理，在广告内容中使用商标、意匠等被法律（《商标法》、《意匠法》）保护的内容时也需要得到相关权利人的同意。此外若广告制作中未经他人同意使用他人肖像、姓名等也会产生侵权责任。

在广告制作中还必须特别注意的是有些权益虽然不是上述法律所规定的但仍然不可侵犯。随着社会的变迁会有新的权益产生，另外，到目前为止并没有考虑到的权益也有可能通过审判被认可。因此，若要在广告活动中涉及他人时，就必须要预先考虑到不侵害此人权益的措施。①

3. 广告中法律责任的承担

日本的法律体系中对于不正当广告行为有行政、刑事、民事责任的规定，广告经营者对不同程度的违法行为承担不同的法律责任。

（1）行政责任

对不当广告行政责任做出规定的法律主要有《不当景品类及不当表示防止法》（简称《景品表示法》）等。与不动产广告相关的《宅基地建筑物交易业法》中也有对于不当表示的规定。另外还有很多地方自治体制定规制表示的条例。广告活动中一旦违反了这些规制，相关行政机关就会对违法的广告经营者实施行政指导、行政处罚等。

（2）刑事责任

在日本，卖淫广告或者骗取钱财的欺诈广告等满足了犯罪条件，国家通过刑罚对这类广告进行处理，由此来禁止侵害社会善良风俗以及骗取他人财产的行为。比如秋田县"比内地鸡虚假表示案"涉案金额特别巨大，情节恶劣，影响广泛，企业主要负责人因为犯了欺诈罪而被判处3年有期徒刑，其他相关主要负责人也都被追究了不同程度的刑事责任。此外日本还规定有"毁坏名誉罪"，在地方裁判例中有认定广告业者在广告活动中

---

① 〔日本〕国弘正樹、藤田昌德、大槻純夫、橋本皇原、長尾治助：『広告の法理』、民事法研究会、1998、5～6頁。

损毁他人名誉从而成立该罪的判决。

（3）民事责任

广告受众相信了虚假广告，与广告经营者签订关于广告商品等的合同并交付金钱后，如何对广告受众进行救济成为广告法律责任中的重要课题。《反不正当竞争法》等法律虽对救济途径也有所规定，但《民法》作为一般法是救济的最主要途径。日本《民法》中有以下几种规定与广告中的法律责任相关。

第一类：错误及欺诈。

广告受众的意思表示是因广告主欺诈而做出时，可以撤销该意思表示（《民法》第 96 条），另外因为错误做出的意思表示无效（《民法》第 95 条）。① 由此，广告受众可以主张合同归于空白而请求返还已经交付的金钱。与错误及欺诈相关的案例有"永久脱毛机"案。②

该案件的主要事实关系：Y 的宣传册上有"本公司永久脱毛机每年通过 120 所医院的测试后开始销售"，并在周刊杂志上载有"可以简单快捷地实现永久脱毛""无论谁都可以短时间做到"等内容，此外在说明书上也使用了近似意思的表述。X 提出自己相信了永久脱毛机广告中所表示的性能（永久脱毛）而购买相关机器，但实际上该机器并没有永久脱毛的效果。X 对 Y 提起诉讼要求判决合同无效，撤销合同并赔偿损失。

法院判决主要内容是，认可 X 提出的合同因要素错误而无效的主张，命令 Y 返还价款以及培训费。裁判所基于以上事实，认为在广告、宣传中虽然会有夸张的成分，但脱毛产品若用到"永久"这样的说法就必须在非常长的时间内具有脱毛效果，并认定 X 的合同要素中有错误。关于欺诈，由于在本案中没有符合欺诈要件的事实，且因在追究卖主的瑕疵担保责任上已经认同了合同因错误而无效，就没有必要再援用《民法》第 570 条了。③

---

① 关于欺诈的案件可参见东京地方裁判所 1973 年 6 月 9 日判决，案件号：昭和 43 年（ワ）第 4619 号，载于《判例時報》726 号 67 頁。

② 大阪地方裁判所昭和 1981 年 9 月 21 日判决，案件号：昭和 54 年（ワ）429 号，载于《判例タイムズ》465 号 153 頁。

③ 长尾治助：『広告と法』、日本評論社、1988、189 頁。

第二类：债务不履行。

若交付的商品质量不如广告所表示的，接受交付一方可以援用债务不履行（《民法》第415条）及瑕疵担保责任（《民法》第570条）的规定追究广告主及卖主的违约责任及损害赔偿责任。"报纸广告中的债务不履行案"① 就是典型案例之一。

案件主要事实关系：Y在兵库县佐用郡开发了别墅区并建造了休闲公寓（以下称本案公寓）以分别销售，同时还管理着佐用爵士体育设施俱乐部（以下称本案俱乐部）。X等分别购买了公寓，X同时还从Y处购买了本案俱乐部的会员权并支付了相关费用。然而在本案不动产买卖合同中写明该不动产是附有俱乐部会员权的，另外特别约定事项载明，买主在购买本案不动产的同时成为本案俱乐部会员，从买主处受让该不动产的人也必须要遵守本案俱乐部会规。Y在报纸上发布的关于本案公寓的广告中承诺购买本案公寓就可以享有俱乐部会员资格，在报纸广告、介绍册上关于本案俱乐部的设施内容写明将会建成网球场、室外游泳池、桑拿、餐厅，并承诺在1992年9月末建成室内游泳池和按摩浴缸。但过了承诺的期限仍然没有建成室内游泳池，X等再三要求Y完成室内泳池的建设都没有得到满意的答复。于是X等对Y提起了解除本案买卖合同以及本案会员权合同的诉讼，并请求返还相关费用。

最高法院的判决理由：Y在本案公寓以及俱乐部会员权买卖中通过报纸广告等明确表示会在期限内完成温水泳池以及按摩浴缸，但是在期限过后的相当长的时间内仍然没有完成，由于Y对于债务履行的迟延，合同目的无法达成，因此根据《民法》541条判决认可X的诉讼请求。

虽然室内泳池的建设并不是合同中明确记载的Y的义务，但是根据Y在报纸广告所载的内容，可以判断室内泳池作为体育俱乐部的重要设施，Y有义务将其建设完成并交付使用。从这一点上来看，最高法院的判决是适当的。

---

① 最高裁判所1996年11月12日判决，案件号：平成8年（才）1747号，载于《判例时报》1585号21页。

第三类：侵权责任。

广告被作为欺诈手段使用或者毁坏他人名誉时，权益受损方以侵权为由向广告主请求损害赔偿的案例很多（《民法》第709条）。特别是向非商品提供方的广告主提起诉讼时，由于权益受损方与该广告主没有合同关系而不能请求债务不履行等合同上的责任，但可以通过《民法》第709条来向广告主主张侵权责任来保护自己的利益。

第二节　日本广告产业法治与消费者权益保护

一　广告中的不当表示与消费权益保护

（一）市场经济中不当表示发生的危险性

市场经济中广告的基本功能之一是为消费者提供商品知识（信息），由此供给与需求得以结合。广告的这种功能要求其不能提供使消费者对商品、服务的内容、质量发生误解的内容，但现实中的广告存在出现不当表示的危险性。产生这种危险性的原因主要有：第一，经营者一般以自己商品、服务的营业额增长、收益的增加为目的从事营利活动，在此过程中为了促销和宣传往往会做广告，经营者对广告、表示的应有状态若没有正确的认识、道德观念及诚实，就有可能为了扩大营业收益在广告中加入错误、夸张以及虚假的内容。第二，经营者可能出于对自己商品、服务的自豪感和偏爱，在广告活动中提供夸张、偏袒信息。第三，与客观记述事实的学术书籍、公报不同，广告需要将商品、服务的内容、性质、机能及特征通过通俗易懂的方式强调地展现出来，这种活动多少会带有夸张，但这种夸张的界限若不明确或得不到严格的遵守也会导致不当表示。第四，经营者为了降低成本可能会用较为便宜的原材料代替本应使用的材料，而忽视明确表示这一点。第五，经营者与消费者之间信息能力有着明显的差别，消费者与经营者的商品知识也不在同一水平上（在经济学上称作"信息的非对称性"），经营者可能根据自己的情况在广告中有选择性地提供有利于自己的内容，这种信息的非对称性不止在经营者与消费者之间，制造业者与贩卖业者这样的经营者之间也可能存在。第六，经营者通常会在与竞争者的激烈竞争中表示自己提供的商品、服务比竞争者的更好，这种情况下的广告也可能包含夸张的成分。第七，若部分经营者通过不当广告表示来进行促销活动，那其他的经营者为了与之进行对抗也可能做出同样的不适当的广告表示。最后，就像"挂羊头卖狗肉"所说的，在商业中为了获得利益而不当表示的危险性自古有之。①

（二）日本与不当表示相关的消费者权益侵害问题

近年来，不当表示、虚假表示的问题已经成为社会问题而被重视，其中中心问题是食品安全、不当表示问题。2007 年发生的 Meat Hope 及比内地鸡的原料肉虚假表示事件，以及白色恋人、赤福、船场吉兆等食品的过期时间改写和捏造事件轰动一时，2007 年的代表汉字被选为"伪"字，而之后 2008 年的非食用米不当包装事件、2013 年浪花造酒的虚假原材料事件、牛肉中混入马肉事件等都得到很多关注，引起了全社会的讨论。这一连串的事件也给社会带来了强烈的冲击，提倡重视民生的各党派提出了重新审视不当表示规制、强化消费者行政的提案，政府在 2008 年提出了消费者行政机构一体化等方案。食品的过期时间和原料的不当表示虽然基本不会危害食品卫生安全，但虚假表示给消费者带来不安，也降低了消费者对于经营者的信任。

在食品问题之外还有很多由于虚假表示而引起的消费者权益侵害问题，比如 2008 年 1 月被大量报道的回收纸虚假包装事件、2006 年建材耐震强度虚假表示事件、2008 年建材等耐火强度虚假包装问题接连发生，这些问题虽然发生在经营者之间的交易活动中，但是住宅等的耐震强度对于消费者在选择住宅时有很大影响。发生在经营者之间的交易中的问题虽然不成为以排除一般消费者误解为对象的《景品表示法》中的问题，但从确保公正竞争的角度来看，属于《反垄断》中的不公正的交易方法之"欺瞒性吸引顾客"问题，同时也是《反不正当竞争法》的规制对象。这样的不当表示虽然给消费者带来的损害不是直接的，却有可能给消费者造成广泛的利益损害。

---

① 〔日本〕伊从宽、矢部丈太郎编『广告表示规制法』、青林書院、2009、5-6頁。

（三）与广告表示相关的法律规制沿革

1. 从世界范围看

在商业贸易（包括海外贸易）兴起之初，"买者当心"是商业交易习惯中的基本原则之一。该原则作为经营者（商人）之间的原则，是"卖家宣传商品的长处，买家对宣传要谨慎并经过充分考虑后做出判断"的"买家责任主义"原则，这样的原则与经营、契约自由等原则有着密切的关系，在海外贸易中因具有方便、高效性而曾经一度被认为是合理性原则。① 但随着大众社会形成，越来越多的消费者成为市场买家，技术不断发展加大了经营者与一般消费者之间的信息差，因此"买家责任主义"原则开始发生变化。19 世纪，由于大企业和消费者之间的交易激增，开始形成了大众消费市场。对于商品混同、误解表示等不当表示，部分西欧国家开始对经营者之间为了获得顾客而使用不正当手段竞争的问题进行规制。1883 年的《保护工业产权巴黎公约》第 10 条中的第 2 款（1900 年追加）在知识产权相关联规定中规定各加盟国有义务维护公平正当的竞争。进入 20 世纪后关于广告出现了民法上的规制（损害赔偿请求、停止侵害请求）以及欺诈罪等刑法规制。在美国，为确保市场中的公平竞争通过《反托拉斯法》来加强对不当表示行政上的规制。

2. 日本

在日本，对于商品、服务中使一般消费者发生误解的广告、表示（不当表示），从明治时代开始以《刑法》中的欺诈罪和轻犯罪法中的"夸大广告"来进行规制。第二次世界大战后又有了《反垄断法》中的"不公正的交易方法"、《景品表示法》及《反不正当竞争法》等进行规制。而其中与消费者权益保护关系最为密切的就是下面重点介绍的《景品表示法》。

二　《景品表示法》与消费者权益保护

（一）《景品表示法》概述

《景品表示法》全称《不当景品类及不当表示防止法》（昭和 37 年

---

① 〔日本〕伊从宽、矢部丈太郎编：『広告表示規制法』、青林書院，2009、11 頁。

〔1962 年〕法律第 134 号），该法 2009 年修正前的目的（第一条）是："作为《反垄断法》的特别法，为防止通过商品及服务①交易相关联的不当景品类以及表示吸引顾客，确保公正竞争，保护一般消费者的利益制定本法。"2009 年 5 月其目的改成了"为防止通过商品及服务交易相关联的不当景品类之提供以及不当表示吸引顾客，限制及禁止有可能阻碍一般消费者进行自主且合理选择的行为"，并于 2009 年 9 月 1 日移至消费者厅管理。由此可知，该法规制的主要内容为不当景品类之提供与不当表示。②

日本《景品表示法》的结构和机制如图 8-3 所示。

（二）《景品表示法》制定的经纬和后来的展开

《景品表示法》于 1962 年制定之后，为了应对经济形势的变化，日本一直在对其进行调整和修改。大致可分为以下 5 个时期。③

1. 第 1 期：消费者问题的产生与《景品表示法》的制定（20 世纪 50 年代 ~1965 年左右）

这一时期，日本的经济基调逐渐从控制经济恢复到自由竞争上，与此同时，经营者之间的竞争也变得激烈起来，不同行业中出现了提供大量的景品、招待，以及靠抽选券等方式来扩大销售的倾向。这样通过提供不当景品和做不当广告、表示来吸引顾客的行为是当时《反垄断法》中的"不公正竞争方法"（1953 年《反垄断法》修正之后）的规制对象。

---

① 日文原文为"役务"，是为他人提供劳务或者便利，是可以成为独立商品交易的对象的服务。

② 由于景品一词在中文中并不常用，在此做简单的解说。《景品表示法》第 2 条第 3 项对于景品类的定义是"作为吸引顾客的手段，其方法是直接还是间接在所不问，经营者在自己提供的商品及服务的交易中附带提供给对方的物品、金钱以及其他经济上的利益"，在《定义告示》的第一项中的具体规定如下：《不当景品类及不当表示防止法》第 2 条第 3 项中所规定的景品类是指作为吸引顾客的手段，其方法是直接性间接在所不同，经营者在自己提供的商品或者服务的交易中附带提供给对方的物品、金钱以及其他经济上的利益，具体如下：（被认为是按照正常的商业习惯降价或者进行售后服务等经济上的利益，以及按照正常的商业习惯属于该交易的关联商品以及附属于服务的经济上的利益不包含在内）。1. 物品、土地、建筑及其他建造物。2. 金钱、代金券、存单、奖券、公司债权、股票、商品券以及其他有价证券。3. 招待券（包括电影、戏剧、体育、旅游及其他演出的招待以及优惠）。4. 便利、服务等。

③ 日本公正交易委员会：《公正交易委员会年次报告 1997 年 ~》。http://www.jftc.go.jp/soshiki/nenpou/，最后访问日期 2015 年 10 月 20 日。

之后的技术革新带来了大批量生产的发展和国民收入水平的提高，在日益激烈的销售竞争中，虚假、夸大广告，缺陷产品，有害、危险商品等与消费者相关问题层出不穷，导致从立法层面对消费者进行保护的呼声越来越高。在当时对"掺假牛肉罐头事件"以及过大的附景品销售问题的讨论中，《反垄断法》对"欺瞒性表示"与"过大附景品销售"规制的局限性凸显出来，因此有意见认为应该制定特别法来解决这一问题。

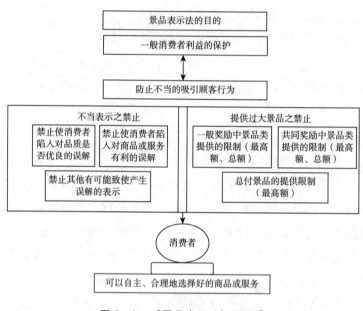

图 8-3 《景品表示法》概要①

在这一状况下，公正交易委员会为了能迅速有效规制经营者通过提供过大景品以及实施欺瞒性广告等不当表示行为等手段吸引顾客，于 1961 年 8 月左右开始着手准备新法的立案。公正交易委员会在进行与消费者相关的行政时，按照《反垄断法》的精神，对于过大景品和不当表示进行规制是其基本方针。根据这一基本方针，在协调相关省厅的意见后，于

---

① 日本消费者厅：《事例解读〈景品保护法〉》，http://www.caa.go.jp/representation/pdf/130208premiums.pdf，最后访问日期：2015 年 10 月 20 日。

1962 年 3 月向国会提交了"景品表示法案"，同年 5 月通过表决并于同年 8 月 15 日实施。①

2. 第 2 期：伴随社会经济变化的景品表示的行政强化（1965 年左右～1985 年左右）

《景品表示法》所规制的虚假、夸张广告、表示或过大的附景品销售在全国各地经营者的日常经营活动中可能会出现反复性、传播性以及突进式发展。为了对此进行取缔，有必要在全国范围内对其进行监视并对违反行为予以迅速的处理。

《景品表示法》当初的原案中虽然包含有都道府县知事向公正交易委员会请求处分等措施，最终却没有得到实现。1968 年在审议消费者保护基本法案时，进行了"关于《景品表示法》，都道府县知事可以就不当表示向公正交易委员会请求处分"为要旨的附带决议，并且在 1970 年民生审议会的《关于消费生活信息提供以及知识普及的答复》中也指出"关于《景品表示法》……应当强化与地方公共团体的合作体制，进一步讨论地方公共团体行使取缔权利的体制"。

公正交易委员会为了更迅速适当地行使对提供过大景品类或不当表示的规制，在开展《景品表示法修正法案》的制定工作时，提出将同法部分权限委任给与区域居民关系密切的行使消费者保护行政的都道府县知事。该法案于 1972 年提交国会，并于同年 5 月通过，10 月 1 日实施。

3. 第 3 期：经济全球化与制度改革潮流下的行政转换（1985 年左右～1998 年左右）

日本经济在 1975 年后进入恢复期，这一期间美元坚挺，日本对美的出口大幅增长，特别是 1985 年后，日本大幅贸易顺差的背景下，贸易摩擦问题频发，与此同时外界对于日本市场封闭的批判增多，要求日本市场更加开放和自由。外部对于日本市场开放的迫切要求对景品表示规制产生

---

① 当初的《景品表示法》由全文共 11 条及附则构成，第 1 条：目的；第 2 条：景品类以及表示的定义；第 3 条：景品类的限制及禁止，第 4 条：不当表示的禁止；第 5 条：公听会及广告；第 6 条：排除命令；第 7 条：与《反垄断法》的关系；第 8 条：审判程序等；第 9 条：排除命令的效力；第 10 条：公平竞争的规约；第 11 条：《行政不服审查法》的适用除外等。

了巨大影响。

公正交易委员会于1986年5月公布了应对贸易摩擦问题竞争政策的总括性政策声明之《改善市场准入之竞争政策》。其指出有碍于市场准入竞争政策内容是：（1）景品规制的实际状况中，对于外国经营者促销活动的过分限制。（2）对原产国表示的规制及比较广告的规制会妨碍进口商品的销售及效果性广告宣传活动。

关于比较广告，公正交易委员会于1986年6月明确了《景品表示法》并不禁止、限制与竞争经营者商品的比较本身；为了明确《景品表示法》不当表示的比较广告的要件，于1987年4月公布了《关于比较广告的〈景品表示法〉上的见解》；此外，由于部分公正竞争规约对比较广告做出严格限制，公正交易委员会对相关的公正交易协会提出修正指导意见以促使这些规约改变。

在原产国的表示上，1986年9月至12月，公正交易委员会以国产红酒为对象进行了原产国表示的检查，基于该结果进行了改善指导。另外，1988年10月开始举行"原产国表示问题研究会"，1989年9月发表了讨论的结果《原产国表示与〈景品表示法〉》。

4. 第4期：公正交易委员会对于消费者问题的新举措（1999年左右以后）

日本经济在泡沫破裂后进入了长期的停滞状态。为实现经济的活性化及社会的富裕，当局认为有必要在进行经济社会结构改革的同时积极推行竞争政策，通过保证竞争的公平性使日本经济在透明的规则、市场原理以及自我责任原则的确立中变得公正自由。

2001年6月开始举行的"面向21世纪竞争政策"恳谈会议在11月整理提出的《提案书》中提出强化消费者援助，重新审视现行的不当表示规制以及积极推进消费者政策的提案。在此基础上，同年11月开始举行"消费者交易问题研究会"，该研究会就"竞争政策与消费者政策的关系""确保消费者做出合适的选择""有实效性的排除措施""有效的消费者支援措施"等问题进行了讨论。此外，该研究会还对公正交易委员会的消费者政策问题、对扭曲消费者适当选择的规制问题，以及强化民事救济制度、强化公正交易委员会调查、提案机能、强化相关机关合作等内容进行讨论，并将讨论结果于 2002 年以报告书的形式予以公布。2003 年 5 月在该提案的基础上通过了《景品表示法修正案》并于同年 11 月全面实施。

5. 第 5 期:《景品表示法》移管至消费者厅和新的执行体制确立(2009 年 9 月以后)

福田总理在 2007 年第 168 次国会的演说上谈道:"在给国民生活带来巨大不安的耐震伪装问题发生后,进行了以图实现向安全、安心的居住生活转变的修法活动,我们应该认识到对于成为成熟发达国家的日本来说,已经到了从生产第一向重视国民的安全、安心转变的时代。"明确指出要强化消费者行政。

2008 年 9 月 29 日,《消费者厅设置法施行相关法律调整法律案》与《消费者厅设置法案》以及《消费者安全法案》一起作为消费者厅相关 3 法案被提交到 170 回国会会议,并在 2009 年 5 月 29 日经过必要的修改后通过,消费者厅于 2009 年 9 月 1 日成立,修正后的《景品表示法》也在消费者厅下施行。从此《景品表示法》就成为排除广告活动中的不当表示从而保护消费者权益的重要法律。

2014 年 6 月通过了《景品表示法》修正法案,并从同年 12 月 1 日起实施。该修正案确立了经营者法规遵从性体制,并试图强化行政监督指导体制。

(三)《景品表示法》对不当表示的规制

由于景品类规制与本章主题的关系并不十分紧密,笔者将以与广告关系更为密切的不当表示为主要内容展开论述。

1.《景品表示法》中"表示"的定义

《景品表示法》第 2 条第 4 项对于表示的定义是:"作为吸引顾客的手段,经营者对自己提供的商品或服务的内容及交易条件等与交易相关的事项进行的广告等。"公正交易委员会的告示(《不当景品类以及不当表示防止法第 2 条所规定的景品类及表示的指定》〔1962 年公正交易委员会告示第 3 号〕〔也称为《定义告示》〕)第 2 项关于上述"广告等表示"做了如下①~⑤的规定:① 通过商品、容器及包装等以及添附在这些上的内容进行广告等表示;②通过样品、传单、宣传册、说明书等(邮件、传真等也包含在内)以及口头广告等表示(包括电话)进行广告等；③通过海报、招牌（包含标语牌以及登载于建筑物和电车、汽车等上面的内容）、霓虹灯、广告气球、陈列物以及表演等进行的广告等表示；④通过报纸、杂志等出版物，播放（包括通过有线电气通信设备以及扩音器的播放）、投影、戏剧以及灯光进行的广告；⑤通过信息处理机器进行的广告等表示（包括网络、电脑通信）。①～⑤所包含的内容非常广泛，可以说几乎包含了所有能想到的经营者吸引顾客时所使用的方法及手段。

需要注意的是《景品表示法》第2条第4项中所指的广告等表示必须是作为"吸引顾客的手段"而使用。"吸引顾客"不仅指吸引至今没有交易关系的人来进行新的交易，且包括吸引已经存在交易关系的对象扩大交易、继续和再次进行交易，因此例如商品包装上所隐藏的消费者购买前看不到但购买后可以看到的表示也是《景品表示法》所规制的对象。① 判断是否"作为吸引顾客的手段"并不是以经营者的主观意图为标准，而是以对于表示的受众来说是否在客观上有吸引的效果来判断。

关于表示的定义最后要阐明的是做出不当表示的主体即"经营者"的概念问题，《景品表示法》中不论是否以营利为目的，只要进行经济活动的主体都可以被称为经营者。因此，不以盈利为目的的合作社、互助会等在提供商品或服务的情况下也属于经营者②，另外，学校法人、宗教法人等如果进行销售出版物等有收益的行为时，就该收益行为而言也应当是经营者。③

2. 《景品表示法》禁止的表示

《景品表示法》第4条第1项对于不当表示的规定可以分为3类：①与商品或服务内容相关的言过其实的误导表示（第1项）；②与交易条件相关的利于经营者的误导表示（第2项）；③其他不当表示（第3项）。具体内容如下。

---

① 〔日本〕片桐一幸：『景品表示法』、商事法务、2014、37頁。
② 具体的事例有对千岁市开拓农业合作社的排除命令（昭和45年〔排〕第30号）（1970年9月7日）等，不仅合作社、互助社，国家以及地方公共团体发行国债、地方债的情况下也属于经营者的范畴。
③ 具体事例有对学校法人文化学院的排除命令（昭和49年〔排〕第8号）（1974年5月24日）。

《景品表示法》第 4 条：

经营者关于自己所供给的商品或服务的交易不能做以下表示：

第 1 号：关于商品或服务的品质、规格等内容，对一般消费者做出相比实际明显言过其实的表示；或者违背事实表示自己提供的商品及服务明显比同种或者类似商品的其他经营者所提供的商品更加优良，从而不当地吸引顾客等有可能会妨碍一般消费者做出自主性的合理选择的表示。

第 2 号：关于商品或服务的价格等交易条件，称自己提供的商品及服务明显比同种或者类似商品的其他经营者所提供的优良，引起一般消费者误解从而不当地吸引顾客等，有可能会妨碍一般消费者做出自主性的合理选择的表示。

第 3 号：在商品或服务交易相关事项上除前两项之外的，经内阁总理大臣认可并指定的，可能引起一般消费者误解的不当吸引顾客等，有可能会妨碍一般消费者做出自主性合理选择的表示。

其中，第 1 号的优良误解表示和第 2 号的有利误解表示的类型是法律规定的不当表示的内容。第 3 号所指的不当表示的具体内容需要通过内阁总理大臣告示的指定来特定化。表示是多种多样的，经济社会状况变化过程中可能出现第 1 号及第 2 号规定的类型所无法涵盖的问题表示，由内阁总理大臣指定不当表示内容的方式可以迅速对该类问题表示予以应对。

3. 不当表示的主体

根据《景品表示法》第 4 条第 1 项的规定，受到规制的不当表示的主体是做出"自己提供的商品或服务相关"的不当表示的经营者。有时不止是单一的经营者与不当表示有关系，比如决定不当表示的宣传单上的图案、文字以及向一般消费者发放的是零售商，但是该零售商相信了提供该商品的生产商、批发商的说明后做出了不当表示，在此情况下，谁是应当接受《景品表示法》中的措施的"表示主体"就成了问题。

根据《景品表示法》的规定，参与决定违法表示内容的经营者都是属于规制对象的经营者，而参与决定表示内容的经营者有：①自己或者与他人共同积极决定了表示内容的经营者；②基于他人的表示内容相关的说明做出决定的经营者；③委托其他经营者做出决定的经营者等。

4.《景品表示法》与广告相关的案例介绍与分析

（1）比内地鸡①虚假包装事件②（适用《景品表示法》案件）

2007年10月，该案由举报者向大馆市保健所打匿名电话举报而案发，保健所基于《食品卫生法》，县生活环境文化部基于《景品表示法》以及《JAS法》③对秋田县大馆市肉食加工企业"比内鸡"公司展开了调查，调查结果显示秋田县大馆市肉食加工企业"比内鸡"公司从2006年4月开始到2007年10月期间将已经不能下蛋的所谓"废鸡"和普通鸡肉生产成熏制产品，在商品包装上做出了让人认为其使用了每千克2300日元（按当时汇率约合人民币140元左右）的比内地鸡的表示，并卖给了秋田县内外共11家公司，销售额约6300万日元。该公司的虚假包装涉及以熏制产品为首的多个品种的产品。

秋田县于同年11月21日以该公司的不当表示违反了《景品表示法》及《JAS法》而做出了行政指示。事发后该社陷入经营危机并于2007年12月申请破产，破产债权总额为8000万日元，2008年2月，秋田县地方法院大馆分院决定开始进入破产程序。

由该案可以看到，相关公司一旦违反了《景品表示法》，行政机关部门可以依职权对该公司进行调查，如果违法情况属实可以依法做出行政指示。在该案中除了行政上的措施以外还追究了相关人员的刑事责任，秋田地方检察院与2008年5月21日对该公司原社长以欺诈及违反《反不正当竞争法》（虚伪表示）的罪名为由提起了公诉，并逮捕了公司其他5名干部，但由于这些干部处于从属于社长的地位，因此免于起诉。最终对于该社长处以3年有期徒刑。不仅如此，该案事发后还引起了一系列的社会反

---

① 比内地鸡主要产地是日本秋田县北部，由于1942年被认定为"天然纪念物"而不能食用，于是秋田县畜牧试验场从1970年代开始将比内地鸡的公鸡与美国的罗得岛红羽鸡杂交并以近似放养的方式培育出了新的品种，该品种的口感和味道都很好，与萨摩地鸡、名古屋油鸡并称为日本三大美味鸡。

② 朝日新闻电子版：『比内地鶏偽装、元社長に懲役4年　秋田地裁判決』。http://www.asahi.com/special/071031/TKY200812240102.html，最后访问日期：2015年11月1日。

③ 全称是《关于农林物资规格化与品质表示适当化的法律》。

应，秋田县对首都圈的百货商场及县内的超市进行了走访调查，发现比内地鸡的生肉及加工品的销售额下降了二至三成。秋田县为了挽回声誉，于2008年4月建立了正品比内地鸡的认证制度，并给通过认证的养殖户及加工企业颁发认证书，这些措施得到了良好的评价。

（2）关西电视台的"纳豆减肥"案①（未适用《景品表示法》案件）

由关西电视台制作的介绍纳豆减肥功效的生活信息节目"发掘！千真万确大事典"出现了不当表示的问题。该节目播出（2007年1月7日）后超市的纳豆被抢购一空，表现出非常强的吸引顾客的效果。节目中为了使消费者相信仅吃纳豆就可以减肥而展示了试验数据等证据，后来经调查表明这些数据大都是捏造的。节目中介绍的关于纳豆减肥功效的要点有三：第一，一天食用两盒；第二，早晚食用；第三，充分搅拌之后放置20分钟后食用。按照以上三点来做就能够体验超群的减肥功效。

如果是电视广告的话就会涉嫌违反了《景品表示法》，但由于该案涉及的是电视节目，而并非以营利为目的的商业广告就没有用《景品表示法》来规制。总务省以违反了《放送法》向关西电视台下达了最为严重的行政指导。而民间放送联盟（民放联）在2007年4月19日对关西电视台予以除名处分，一度影响到该电视台对北京奥运会转播，直到2008年10月27日关西电视台才重新加入民放联。

三　其他法律对不当表示的规制与消费者保护

（一）《药事法》对不当表示的规制

《药事法》第8章"医药品等的广告"的第66~68条是关于医药品等（医药品、医药外围品、化妆品、医疗器械）的规定。《药事法》对于医药品广告的规制虽然在很大程度上是为了保护消费者权益，但除此之外还有一定的综合性。

第66条规定禁止夸大广告。关于医药品等的名称、制造方法、效能、效果、性能不得做虚假、夸大的广告。由于规定了"不管是明示还是暗

---

① 〔日本〕伊从宽、矢部丈太郎编：『広告表示規制法』、青林書院、2009、750頁。

示"，所以即使不是明确的表示而是会导致误解的表示也属于规制的对象。若做出医药品等的效能、效果、性能是经医生等保证这样的可能导致误解的表示同样是规制的对象。

第 67 条的主要内容是关于若不在医生的指导下使用就很有可能发生危害的用于特定疾病的医药品的广告，规定政令可以限制以医药相关人之外的普通人为广告对象的广告方法。

第 68 条规定禁止未得到认可的医药品等的名称、制造方法、效能、效果、性能相关的广告。

（二）《健康增进法》对不当表示的规制

《健康增进法》制定的目的是促进国民保健。上文中的《药事法》中有关于医药品、医药外围品、化妆品、医疗器械广告等的规制，而《健康增进法》对所有食品广告进行规制。在广告实务中，有必要留意的是健康食品、特定保健食品、营养功能食品广告等，若顾客在使用商品的过程中没有体验到广告所表示的虚假、夸大的效果就会产生纠纷。《健康增进法》规制食品广告中与健康的提升和保持效果等不符事实，或者明显会误导人的表示（《健康增进法》第 32 条第 2 项）。

此外，若主张含有医药品的成分，标榜有医药品的功能或者用医药品专有的形状及用法、用量来表示，就算是基于事实的表示，仍可能因为属于"未被承认的医药品"而触犯《药事法》。比如"对癌症有效果"、"可降血压"等关于病痛治疗、预防的表示，以及"净化血液"、"提高新陈代谢水平"等关于增强、增进身体机能的医药品性质的表示。但蔬菜、水果等从外观来看明显是食物而不可能被误解为医药品，那么像"预防感冒吃蜜柑"这样包含效能、效果的表示有时也是被认可的。在《健康增进法》中有关于"特定保健用食品"和"营养功能食品"的规定（特别用途表示、营养表示标准），只要是这些规定中被认定、许可的表示就不违法。

2013 年出台了《食品表示法》，该法将《健康增进法》《食品卫生法》、《JAS 法》中关于食品表示的规定整合，目的之一是让关于食品的表示规制更加简明。其规定了食品表示标准的制定、遵守义务、违反的指令、命令（召回食品、公示等措施）、罚则等。

第三节　日本广告产业法治与公正竞争

一　广告与《反不正当竞争法》

《反不正当竞争法》是通过防止不正当的竞争以维持公正的竞争秩序的法律。该法与《知识产权基本法》《民法》中的侵权行为都有密切的关系。下面主要介绍该法中与广告实务关系密切的禁止行为。

（一）与众所周知表示的混同行为（第2条1项第1号）

该条所指的"混同行为"是指使用与他人已经在需求者中广泛被认知的商品等表示相同或者相似的表示，引起混同的行为。比如说使用与众所周知的商品名"X"同样的招牌。法院支持对使用"有限公司X"的经营者提出禁止使用表示、消除商号请求的案件①就是这样的例子。所谓"众所周知"并不要求全国范围内都知晓该表示，特定地方上的需求者若广泛知晓也可认为是"众所周知"。"混同行为"并不要求实际上已经发生混同，若有引起混同的可能性也是受到规制的。该规定对于防止、牵制"搭便车"行为发挥了重要的作用。②

（二）冒用著名表示行为（第2条第1项第2号）

《反不正当竞争法》第2条第1项第2号所称该行为是指将他人著名的商品、营业表示作为自己的商品、营业表示使用的行为。条文中的"著名"是指在全国范围内、社会中被普遍知悉的内容，与第2条第1项第1号不同的是，就算没有"混同行为"也适用第2条第1项第2号，因此可以认为这一规定是防止积累建立起来的品牌形象受到污染化、稀释化的强有力手段。另外，1号和2号都不同于商标的登记制，因此较为灵活。

---

① 千叶地方裁判所1997年4月17日判决，案件号：平成3年（ワ）第1746号，载于《判例タイムズ》第931号第284页。

② 〔日本〕東京広告協会編《広告法規マニュアル第38号—広告法規概論2015—》、東京広告協会、2015、57頁。

（三）导致对原产地、品质等误解的行为（第 2 条第 1 项第 13 号）

比如在混有鸡肉、猪肉的碎肉商品上标示"100% 牛肉"的行为会导致消费者对商品质量的误解，是涉及《反不正当竞争法》以及《刑法》（欺诈罪）的行为。该行为的典型裁判例有"札幌地方裁判所 2008 年 3 月 19 日判决"①。

（四）毁损他人信用行为（第 2 条第 1 项第 14 号）

损毁他人信誉行为中的"他人"不一定要指名道姓，只要从传播的内容或者从业界信息等可以理解"他人"所指何人就满足了该条的条件。另外比较广告中导致对内容等事实误解的表示行为也属于该条所禁止的行为。② 在广告实务中还必须注意的是毁损信用的行为除了是《反不正当竞争法》规制的对象，如果构成《刑法》中的欺诈罪，相关经营者还可能被追究刑事责任。

（五）基于国际规约的禁止行为

为了确保《保护工业产权巴黎公约》以及《TRIPS 协定》等国际性公约的实施，在《反不正当竞争法》中设定了几种禁止行为。在广告事务中需要注意的有：第一，禁止在商业上使用外国的国旗等（第 16 条）；第二，禁止在商业中使用国际机关的标志（第 17 条）。

二 广告与《反垄断法》

（一）《反垄断法》与《景品表示法》的关系

《反垄断法》与企业活动有着深厚、直接关系。其全称为《禁止私自独占及确保公正交易相关法律》（类似我国的《反垄断法》）。《景品表示法》是为了规制《反垄断法》中"不公正交易方法"的部分"不当吸引顾客"行为在昭和 37 年作为《反垄断法》特别法而制定的，因此可以说

---

① 札幌地方裁判所 2008 年 3 月 19 日判决，平成 19 年（わ）第 1454 号，日本 TKC 法律信息数据库：http://202.248.47.42/lexbin/DBSelectAC.aspx，最后访问日期：2015 年 11 月 3 日。

② 日本并不禁止"比较广告"本身，而是对可能导致误解的比较广告进行规制，美国等外国企业在进入日本市场时担心的是在其本国经常被使用的"比较广告"在日本会受到规制，事实上这样的理解并不正确。为此日本公正交易委员会于 1987 年发布了《关于比较广告的〈景品表示法〉上的思考》（指南）以明确"比较广告"在日本的意义。详情参见〔日本〕冈田米藏、梁濑和男：『広告法規』、商事法务研究会、1993、176 頁。

《反垄断法》是《景品表示法》的母法。虽然《反垄断法》也可以规制不当表示和提供过大景品类行为以维护公正的竞争秩序，但是鉴于认识到这些行为具有波及性和突进性，需要通过《景品表示法》来做出迅速且有效的规制。[①]

（二）《反垄断法》与《景品表示法》对广告规制的区别

被定位为消费者法的《景品表示法》的运用已经移管至消费者厅，通过《反垄断法》对广告表示的规制依然是由公正交易委员会运用。这样的话消费者厅和公正交易委员会都可以进行广告表示规制，那么就有必要明确二者分工。二者在法治理念上的区别在于《反垄断法》对于广告的规制的目的是维护公正的竞争秩序，而《景品表示法》更加侧重于保护消费者权益。公正交易委员会下的《反垄断法》和消费者厅下的《景品表示法》具体的区别如下。

1. 《反垄断法》规制的对象更加广泛

《景品表示法》第4条的不当表示规制以经营者"关于自己提供的商品或者服务"做出的使一般消费者误解的表示为对象。由于劳务在提供的同时被消费，即使经营者提供的劳务让接受服务的经营者发生误解，也不一定会使一般的消费者发生误解，这种情况下就不是《景品表示法》的规制对象。另一方面，关于商品，由于生产商销售的商品一般是原封不动或者改变形状后流通至消费者，可能出现比如消费品生产商所做表示致使批发商发生误解因而导致一般消费者也发生误解的状况，这种情况下若可以判断出面向经营者的表示也是面向一般消费者的表示的话，这种面向经营者的表示同样可能成为《景品表示法》的规制对象，否则就不能成为《景品表示法》的规制对象。但《反垄断法》在规制不当吸引顾客行为的不当表示时，对该行为对象的"顾客"是经营者还是一般消费者在所不问。

相对于《景品表示法》第4条第1项只对"致使误解的表示"进行规制，《反垄断法》第2条第9项（不公正交易方法）的修正案（通称《一般指定》）第8项规定所有的"欺瞒性吸引行为"都在规制范围中；

---

① 〔日本〕伊从宽、矢部丈太郎编：『广告表示规制法』、青林书院、2009、132 頁。

相对于《景品表示法》第 3 条只规制"景品类"的吸引行为，《一般指定》第 9 项规制所有"为获取不当利益的吸引行为"。

在经营者团体做出不当表示或者提供过大景品的情况下，可以适用《反垄断法》第 8 条 1 项 5 号（关于经营者团体禁止行为的规定）。由于经营者团体的行为不适用于《景品表示法》，事业者团体的不当广告表示只能通过适用《反垄断法》来进行规制。

2. 执法主体不同

在执法上，《景品表示法》将一部分权限委任给都道府县的知事，从而都道府县担当了法运用的一部分，而《反垄断法》只由公正交易委员会执行。

3. 救济方式不同

因不当表示等成为受害者的消费者及经营者等对违反者请求停止侵害时，若基于《反垄断法》一般指定第 8 项，可以自己作为原告向法院提起诉讼，而只有《消费者合同法》上的适格消费者团体才能通过《景品表示法》来提起停止侵害的诉讼。另外，公正交易委员会因经营者不当吸引顾客的行为向其发出排除措施命令后，受害者可以基于《反垄断法》第 25 条提起无过失损害赔偿请求诉讼，而违反《景品表示法》的情况下只能基于《民法》709 条[①]提起损害赔偿请求的诉讼。

4. 对于违反行为的措施

在广告表示或者提供过大景品类作为不公正的交易方法（欺瞒性吸引顾客或因不当利益而吸引顾客）而违反《反垄断法》的情况下，公正交易委员会可以对实行该行为的经营者发出排除措施命令（《反垄断法》第 20 条）。在排除措施命令中可以命令的内容有"停止该行为，去除合同条款"等排除该行为的必要措施。《景品表示法》的命令中不仅有"停止违反行为"，还有防止该行为不再发生的必要事项及实施公示等必要事项，《反垄断法》第 20 条虽然没有明示这样的防止再发的措施及公示措施，但可以认为该条中的"必要措施"是包括这些措施的。[②]另外，公正

---

① 《民法》709 条：因故意或过失对他人权利或者法律上受保护的利益侵害者，负有对因此产生的损害进行赔偿的责任。

② 〔日〕伊从宽、矢部丈太郎编：『広告表示規制法』、青林書院、2009、136 頁。

交易委员会在违反行为已消失的情况下，特别是认为有必要时仍可以对经营者采取排除命令措施。

第四节　日本广告产业法治与其他权利保护

一　广告与《知识产权基本法》

（一）《著作权法》对广告的规制

《著作权法》是广告活动无法回避的法律。无论是电视广告还是图形广告，在制作时使用的材料基本上是著作物。广告一般通过使用原创，或者经过许可使用已有的音乐、照片、视频等著作物（或者可以成为著作物的事物）来制作的。

此外，广告本身就是著作物，可见《著作权法》对于广告的重要性。虽说实际上在广告中少有表示著作权人名字的，但是绝不意味着在广告中可以轻视著作权的处理和对著作权人的考虑。

1. 著作物

（1）著作物的界定

在日本《著作权法》中，对著作物的定义是"用创作来表现思想或感情并属于文艺、学术、美术或者音乐领域的物品"。《著作权法》保护的著作权必须要满足以下要件：第一，表达思想或者情感，比如"富士山高 3776 米"这样的单纯的数据是不受《著作权法》保护的。第二，具有创造性，比如"富士山于 7 月 1 日解禁"等普通的表现排除在保护范围之外。第三，须表现出来，保护的是表现出来的事物而不是保护背后的理念，比如虽然某人想到了全新的广告表现手法，但最终保护的是表现物本身，而非表现手法，在制作广告时需要留意的是实际的表现与表现手法有着非常密切关系时，模仿表现手法也可能侵犯著作权。第四，需属于文艺、学术、美术或者音乐的范畴，那么可以大量生产的工业制品等原则上不是著作权的保护对象，但在裁判例中也存在认可非独一无二事物的量产物为著作物的判决。满足上述条件就可以成为著作权法的保护对象，在此基础上《著作权法》第 10 条对著作权物的类型做了列举。① 此外，以上述著作物为原著作物，对其进行翻译、编曲、变形、改编（电影化等）创造的著作物被称为二次著作物。

（2）广告中的著作物

构成一个广告的要素、素材可能各自成为著作物，那么广告可以说是这些著作物的复合体。在日本主要有：①画刊画报、插图、形象，这一类型通常属于美术或者相片的著作物。②广告标语，由于广告标语通常是比较短的语句，所以在创造性这一点上存在疑问，但从裁判例来看，虽然有时在字数和表现上有所限制，却没有一概否定其著作权性，只要认定其具有创造性就可以成为著作物，此时属于语言的著作物。③商业广告歌曲、有声标示等，商业广告歌曲属于音乐的著作物是没有争议的，但由于有声标示是比较短的旋律，因此也有和广告标语相同的问题，这种情况下若被认为是著作物的话就属于音乐的著作物。

2. 广告中的著作权侵害

著作权人在保护期内享有著作权，在不经著作权人允许的情况下使用他人著作物就会造成对著作物著作权的侵害。

在广告中，以海报为例，某个摄影师拍了照片 A，未经该摄影师的同意对 A 进行加工并使用时，使用相片 A 制作海报的行为就是对 A 的复制权的侵害，而加工 A 后制作成 B 的行为由于改变了 A，所以又侵害了改编权（同时也侵害了著作权人同一性保持权）。

现今由于著作物的电子数据化以及网络的迅速发展，著作物的复制、获取都变得更加容易，所以与广告相关的业者要特别注意在无意识的行为中侵害到他人著作权的情况。在日本，判断是否侵害著作权的要素有三

---

① （a）语言的著作物：论文、小说、台词、诗歌、俳句、报告等。（b）音乐的著作物：乐曲以及与乐曲配套的歌词。（c）舞蹈、哑剧的著作物：日本舞蹈、芭蕾、交际舞等舞蹈以及哑剧的舞蹈设计。（d）美术的著作物：绘画、版画、雕刻、漫画、书籍、舞台设置等（包含美术工艺品）。（e）建筑物的著作权：地图和学术性的图纸、图表、模型等。（f）影片的著作权：影院用的电影、电视播放的影片、录像软件、游戏软件等。（g）照片的著作权：照片、凹版影页等。（h）程序的著作权：电脑程序等。除以上类型外，还规定以下著作物：（a）编辑著作物：百科全书、辞典、诗集等在素材的选择、配列上被认为有创作型的事物。（b）数据库的著作物：编辑著作物中，电脑可以检索的、在信息的选择、体系构成上有创造性的事物（这类著作物与其他著作物不同，有保护为数据库信息收集而付出劳动的一面）。

个：第一，依据性，广告表示是利用已有的著作物做出；第二，类似性，广告中的表示与他人的著作权物有类似性。第三，属于法定的利用行为。满足上述要件就构成对著作权的侵害，著作权人可以通过请求停止侵权、向侵权人请求损害赔偿来对自己的权益进行救济。①

一旦广告侵害了著作权人的著作权，就会因著作权人停止侵害的请求而回收、停止使用，而且也会被要求对到目前为止的侵权使用行为进行损害赔偿。因此广告中必须要尊重著作权，对于他人的著作物必须在得到著作权人适当的许可后才能加以使用。② 此外在得到许可后还有必要确认是否可以改变原著作物，是否必须标示出著作权人姓名等与著作权人人格权相关的内容。

最近较有影响力的是"2020 年东京奥运会及残奥会标志事件"③。事件主要内容如下：

在 2020 年东京奥运会及残奥会标志征集比赛中，佐野研二郎的设计从众多参赛作品中脱颖而出。但标志公开后，居住在比利时东部城市列日的设计师奥利维尔－黛比（Olivier Debie）在社交网站 Facebook 和 Twitter 上发文称，这与其设计的列日剧场（Theatre de Liege）的标志"惊人的相似"（见图 8－4）。

图 8－4　2020 年东京奥运会标志与列日剧场标志对照

---

① 〔日本〕田村善之：『知识产权法』、有斐阁、2006、408～440 頁。
② 在日本，使用第三人的著作物时，得到著作权人的许可并向著作权人给付对价是惯例。但在音乐上，有时是将音乐著作权的管理信托给以一般社团法人"日本音乐著作权协会"（JASRAC）为首的"著作权等惯例经营者"。在这种情况下，需要向著作权管理经营者等申请使用，在得到许可后向该经营者支付使用费。并且值得注意的是有时还需要同时得到著作权人的许可。
③ 朝日新闻电子版：「東京五輪エンブレム問題」，http：//www.asahi.com/special/time-line/tokyo2020emblem/，最后访问日期：2015 年 11 月 5 日。

剧场设计师的代理律师接受日本共同社电话采访时称"将要求不要使用会徽",并表示将要求 IOC 和东京奥组委在 8 天内做出答复,如果不加以应对,最快可能在 8 月向比利时法院提起诉讼,要求其停止使用。2015 年 8 月 5 日,该会徽的设计和制作者、艺术总监佐野研二郎在东京都内举行记者会,称"对于被指剽窃感到吃惊,完全没有事实根据"。2015 年 8 月 14 日,黛比向当地法庭以著作权受侵害为由提起诉讼,要求停止使用 2020 年东京奥运会会徽,否则(每使用一次这个会徽)便索赔约 34 万元人民币的金额。2015 年 8 月 14 日,佐野研二郎深夜发表声明,就"剽窃门"事件致歉。佐野通过名为"设计先生"的事务所官网发表声明说,他的设计团队一部分作品借鉴了第三方,他对此表示歉意。2015 年 9 月 1 日,东京奥运会组委会宣布停用该标志。对于是否因为侵权纠纷没多做解释。

(二)《商标法》对广告的规制

1.《商标法》的目的

在日本,《商标法》不同于《著作权法》属于文化厅所管,而是与《专利法》(特許法)同属于特许厅所管。其目的在于"通过保护商标来维持商标使用者在业务上的信用,促进产业发展和保护需要者的利益"(《商标法》第 1 条)。

2.《商标法》概要

商标是在自己的商品或者服务中使用的"文字、图形、符号、立体形状或者它们之间的结合以及它们与色彩的结合"(称为标识)①,广告中往往会使用商标中的这些元素。商标权是指经过向特许厅申请并得到登记后才开始发生的权利(登记主义,《商标法》第 18 条),此外,同时有多个同一或者类似的商标的申请时,根据申请日期的前后来决定谁拥有商标权(先申请主义,《商标法》第 8 条)。权利存续期间是从登记之日起 10 年,但可以通过申请得到更新,更新的次数没有限制(《商标法》第 19 条)。在这样的规定之下,看似商标范围很广,但《商标法》第 3 条第 1 项对于不能登记的商标做了规定,要求商标具有识别性。《商标法》第 4 条对于商标

---

① 平成 26 年(2014 年)《商标法》修正后,该条内容变成"在人可认知的事物里,文字、图形、符号、立体形状、色彩以及它们的结合、声音等政令所决定的内容"。

的适格性做了规定，这也就将商标缩小到一个可以识别的范围，在广告活动中必须要充分把握商标的这些特性，才能避免做出侵犯商标权的表示。

（三）广告与肖像权

在日本现有法体系中并没有法律明文规定肖像权，但在判例中认可肖像权，因此在广告实务中无法忽视肖像权。有的日本学者在编写广告法规的书籍时，将肖像权放在知识产权相关内容中，这一点与我国法律体系有所不同。①

1. 构成肖像权的两个侧面

著作权由人格权之一的著作者人格权与狭义的著作权即财产权所构成。按照著作权的这一构造来讨论肖像权会容易理解一些。肖像权有不被他人随意拍摄，以及被拍摄的肖像不被随意公之于众这样的精神上的、人格上的利益的侧面（隐私权），还有以金钱对价为条件许可使用自己的肖像这样的财产权上的侧面（公开权）。

2. 肖像权人格权属性（隐私权）

前文说过在日本肖像权是通过判例得到认可的权利，对于肖像权特别是作为人格权的肖像权产生巨大影响的判例是"京都府学联事件"判决。② 最高法院在该判决中做出如下叙述："应该说，作为个人私生活上的自由之一，任何人都拥有在不做出许可的情况下其容貌、姿态不被随意拍摄的自由。"广告中，若是没有征得本人的同意而使用了可以辨别容貌、姿态的拍摄物就可能会侵犯到肖像权。

3. 肖像权的财产权属性（公开权）

与隐私权一样，公开权也是从人格权而来，但更加侧重财产权的一面，是通过许可使用自己的肖像等而取得请求对价的权利。广告实务中经常会发生侵犯肖像权的案件。"粉红女郎事件"判决中对公开权的依据以及何种情况在法律上属于侵权做出了明示。③ "粉红女郎"组合对减肥杂

---

① 〔日本〕冈田米藏、梁濑和男：『广告法规』、商事法务究会、1993、286～307 页。

② 最高裁判所 1969 年 12 月 24 日判决，案件号：昭和 40 年（あ）第 1187 号，载于《最高裁判所刑事判例集》第 23 卷第 12 号第 1625 页。

③ 最高裁判所 2012 年 2 月 2 日判决，案件号：平成 21 年（受）第 2056 号，载于《最高裁判所民事判例集》第 66 卷第 2 号第 89 页。

志擅自刊登其相片的侵权行为提起了损害赔偿诉讼，最高法院在判决中做了以下关于肖像公开权的定义以及要件的陈述："……人的姓名、肖像（以下合称为'肖像等'）是个人人格的象征，该个人作为人格权的主体拥有其不被滥用的权利。肖像等有时候可以促进商品销售、吸引顾客，这种商业性价值来源于肖像等本身，是由肖像的人格权派生出来的。那么第一，将肖像等本身作为独立观赏对象的商品等使用；第二，为了使商品等个性化而在商品上使用肖像等；第三，将肖像作为商品的广告而使用等行为，应认定为属于侵害肖像财产权（公开权）的侵权行为。"

二　广告与《个人信息保护法》

日本《个人信息保护法》在制定后被误解为是限制个人信息利用的法律，但事实上该法律以兼顾适当保护个人的利益、权利与个人信息的有效利用为目标（《个人信息保护法》第1条）。广告活动中要充分考虑对于个人信息及隐私权的保护。

（一）个人信息的定义

个人信息是有生命的个人的相关信息，通过该信息中所包含的姓名、出生年月等内容可以识别特定的个人（也包括通过与其他信息结合而能容易识别特定个人的信息）（《个人信息保护法》第2条）。从个人特定化可能性的观点来看可以做这样的解释：知道了姓名就可能将某个人特定化，那么姓名就属于个人信息。肖像照、邮箱等也可能成为个人信息。

（二）个人信息处理经营者

不管是否以营利为目的（法人、个人在所不问），在过去的6个月内持有5000件以上个人信息的人被称为"个人信息处理经营者"。其义务有：①获得方式适当；②限制利用目的；③确保正确性；④确保安全性；⑤限制向第三人提供；⑥确保透明性。该个人信息的数量包括"内部信息"（职员信息）的数量，法人的职员达到5000人时就成为"个人信息处理经营者"，每年举行活动的公司、单次活动中募集参加者超过5000人的公司、广告主、媒体公司以及广告公司等大量的公司都属于"个人信息处理经营者"。①

（三）个人信息泄露对策

发生个人信息泄露事故（以及有泄露嫌疑的事态）时必须要做到以下事项：（1）事故的报告，在实施个人信息处理经营时，必须要有事故报告途径的预案，在事故实际发生时，按照该报告途径以最快速度进行报告。（2）探明原因，必须查明个人信息泄露的原因。若不查明原因就无法制定有实效性的防止事故再次发生的对策。另外，在内部调查的同时，有时还有必要考虑委托外部机关进行调查，特别是 WEB 服务器受到不正当侵入而导致个人信息泄露的情况。（3）通知本人，将泄露的事实迅速通知到本人是防止二次侵害的重要因素。但是为了防止引起当事人不必要的不安，要掌握尽可能传达正确的事实方式。（4）制定防止再发的方案，有必要根据探明的原因，制定防止事故再次发生的相关方案。（5）向主管大臣报告，泄露事故发生时要向监督的官厅报告，如果业界团体有报告规定的话，还应该向该团体报告。

第五节　日本广告的伦理标准

一　广告的自主规制

（一）自主规制的内容

关于广告的自主规制，从主体来看主要分为三大类：第一类，发出广告的广告主团体根据业种的不同所设定的；第二类，受广告主委托制作广告的广告公司团体所制定的应当遵守的标准等；第三类，广告媒体（报社、杂志社、播放公司等）团体就登载广告的标准而设定的。此外还有广告审查机构（日本广告审查机构、新闻广告审查协会等）的自主规制。

1. 广告主团体的自主规制

广告主团体为了加入的经营者能够正确地进行广告表示活动而制定广告表示标准的行业很多。基于《景品表示法》设定的《公正竞争规约》

---

① 〔日本〕東京広告協會編：『広告法規マニュアル第 38 号－広告法規概論 2015 －』、東京広告協会、2015、65 頁。

是关于行业及商品类别表示的自主规制中的一种，但其定位在法令与自主规制的中间位置，关于这一点在下文中还将详细论述。以下列举几种除《公正竞争规约》以外的民间团体所制定的广告相关自主规制。①

（1）日本广告协会（日本アドバタイザーズ協会）的《行动指针》

日本广告主协会成立于 1957 年，2007 年更名为 Japan Advertisers Association（JAA）。JAA 现在大约有 300 个加盟的广告主企业，为解决单独的广告主无法解决的问题而进行适当有效的活动。JAA 的主要事业之一是为提高广告主伦理而制定《伦理纲领》《JAA 广告宣言》等自主规制。

（2）日本证券业协会的《广告及景品类的提供等相关规则》

日本证券业协会就证券行业中关于广告等的表示以及景品类的提供规定其表示、方法以及应当遵守的事项做出自主规制。在规则禁止的行为中包含 "可能妨害会员间公正竞争" "恣意或者过度主观" 的表示等。

（3）全国贷款业协会的《关于贷款业的业务运营的自主规制基本规则》

全国贷款业协会是基于《贷款业法》第 25 条设立的团体，其工作之一是规定防止过剩放款和与贷款相关广告的内容、方法、次数等事项（《贷款业法》第 32 条）。得到金融厅认可的自主规制的基本规则中关于向个人放款合同相关的广告，对不同的媒体又定有不同的标准。

（4）日本大众药工业协会的《普通医药品等的广告自主公约》

该公约以面向消费者的所有广告媒体的普通医药品以及新指定医药外围品、新范围医药外围品等的广告为对象。关于广告表示列举了 "可以表现的例子" "禁止表现的例子" 等，规定得非常详细。

（5）电气通信服务向上推进协议会的《电气通信广告表示相关的自主标准及指南》

该协议会是由日本电气通信经营者 4 个团体（电气通信经营者协会、远程通信服务协会、日本网络提供商协会、日本有线电视联盟）设置的，制定该《标准及指南》是为了确保电气通信服务广告表示的正确性。

---

① 〔日本〕東京広告協会编：『広告法規マニュアル第 38 号—広告法規概論 2015 —』、東京広告協会、2015、85～89 頁。

2．广告业团体的自主规制

广告相关团体以真实性、创造性、品位、社会责任等为内容制定伦理纲领。

（1）日本广告业协会的《广告伦理纲领》

日本广告业协会（JAAA）是由约160家有实力的广告公司组成的社会团体。该团体以广告为中心，作为各种传播服务的中坚力量，为提高广告伦理而制定《广告伦理纲领》等。

（2）日本广告、内容制作公司联盟的《影像广告制作伦理纲领》及《CM制作伦理标准》

该联盟由"日本电视商业广告制作公司联盟"于2007年7月更名而来。该联盟制定了《影像广告制作伦理纲领》，同时还以提高广告质量这一共同宗旨为理念，制定了《CM制作伦理标准》并为之实践而努力。

3．广告媒体的自主规制

同种媒体团体及媒体公司为了保护读者、视听者以及维持、提高媒体价值而制定广告的登载标准及是否可以播放的标准。主要有以下自主规制。

（1）日本报纸协会的《报纸广告登载标准》

该标准提出作为报纸广告应有之态需要满足：第一，传递真实；第二，无损版面的品位；第三，不违反相关法规。协会中的会员报社制定广告登载标准时应参考该标准。

（2）日本民间播放联盟的《播放标准》

该标准提出作为广告的责任，要遵守以下三个原则：第一，传递真实，为视听者带来利益；第二，不违反相关法令；第三，未危害健康的社会生活及良好习惯。所涉及的领域有医疗、医药品、化妆品、金融、不动产广告等。

（3）日本杂志广告协会的《杂志广告登载标准》

该标准开头部分规定了广告利用频率较高的医药品、医药外围品、健康食品、瘦身食品、邮购等广告的标准，共涉及30余种不同行业。

（4）网络广告推进协会的《广告登载标准》

该团体由网络广告的媒体公司、网络广告中间商、广告公司等196家公司作为会员组成，制定网络广告中的广告登载标准。

（二）　自主规制与《反垄断法》

自主规制是经营者联合起来的活动，有可能成为或者助长垄断行为，因此其与《反垄断法》的关系值得重视。关于这一点，公正交易委员会在《与经营者团体经营活动相关的〈反垄断法〉指南》中表示：

"事业者团体排除虚假、夸大的表示、广告，以及规定表示、广告应有状态的最低限度等。设定有利于消费者做出正确商品选择的自主性标准时，只要在内容上对特定的经营者没有差别，以及不做强制经营者加入该团体的要求等，原则上就不成为《反垄断法》中的问题（该指南 8 - 6）。但是如果经营者团体就参加经营者的表示，广告对内容、媒体、次数进行限定，对提供有利于消费者正确的商品选择的信息加以限制，这样的自主规制就会成为《反垄断法》中的问题（该指南 8 - 2）。"

在公正交易委员会发表的咨询事件中，有对于美容整形医疗机关团体关于广告的自主规制咨询案。主要内容如下：接受美容整形的人很多是通过阅读周刊杂志等上面的广告后去医院的，部分医院在周刊杂志上登载数页广告，或者通过自己编辑、发行有关美容医疗的相关书籍、影像的方式发布广告。此外根据采访形式的不同还有各种报道形式的广告。有很多看了这些广告而接受整形手术的消费者因为手术不到位、费用过高等与广告内容有出入的问题而投诉。为此，美容医疗机构团体就书籍、影像广告的标准（禁止免费提供书籍的表示，广告大小的标准，禁止夸大广告等）等内容制作了自主规制的准则并向公正交易委员会提出咨询。公正交易委员会答复的宗旨是：业界团体为了美容医疗相关的广告更为合理而制作的自主规制准则只要不含强制性的遵守规定，原则上就不违反《反垄断法》，但免费提供书籍、限制广告影像以及限制广告规格等有可能触犯《反垄断法》（《平成 14 年关于经营者团体活动咨询事例集》）。①

---

① 公正交易委员会事务总局：『事業者団体の活動に関する主要相談事例』。http：//www.jftc.go.jp/dk/soudanjirei/h14/h14dantaimokuji/index.files/dantai-jirei.pdf，最后访问日期：2015 年 11 月 1 日。

（三）自主规制的意义

日本对于广告的规制，除了法律法规等，自主规制所占的比重很大。日本广告产业的自主规制可谓遍布跟广告有关的各个行业，且大多数情况下，广告行为在这些自主规制的影响下有条不紊地进行，出现纠纷时往往也会在第一时间在自主规制的范围内寻求解决方案。有学者认为，就算广告相关法律已经很完备，自主规制也不会因此而消失，相反从广告法规的历史来看还会更加强化。① 由于自主规制是在实际业务中形成的，且参加者对其熟悉并认可，在解决纠纷时相比法律也更有效率。可见自主规制在高效保护消费者的同时也可以最大限度地减少法律的介入。自主规制是广告活动中"确保自由度"所不可或缺的内容，其重要功能是促使建立"某一经营者自己遵守了自主规制那么其他参加的经营者（经营者团体）也会遵守"的秩序，被认为可以维持经营者的社会信用。

司法是维护社会公平正义的最后一道防线，当问题可以在行业自律和互相监督中解决，就不一定要诉诸法律了，这不仅有利于广告产业效率的提高，也有利于公平诚信社会的构建，是值得我国在广告产业法治探索进程中重点学习的地方。

二　《公正竞争规约》

（一）《公正竞争规约》的界定

《公正竞争规约》是广义上的自主规制，可以认为是刚好位于法律与业界之间的自主规制。此类规约得到公正交易委员会的承认，经营者及经营者团体可以就景品以及与表示相关的事项自主制定业界规则，同时是《景品表示法》规制提供过大景品类以及不当表示的具体措施之一。由于《公正竞争规约》是业界所制定的自主性规则，因此只直接约束加入的经营者。在违反规约时，经《公正竞争规约》规定的程序由规约的运用机关（公正交易委员会）来采取相关措施。

（二）《公正竞争规约》设立的状况

自 1963 年关于不动产表示的《公正竞争规约》设立，到现在为止关

---

① 〔日本〕冈田米藏、梁濑和男：『广告法规』，商事法务研究会、1993、57 頁。

于表示的竞争规约有 70 多个。最近成立的有自动二轮车（2003 年 10 月）、味噌（2008 年 4 月）、鸡蛋（2009 年 3 月）等行业的规约。①

设定《公正竞争规约》的效果有以下几点：首先，公正竞争规约是竞争企业关于销售方法的自主规制，虽然可以说是一种卡特尔，但却不受《反垄断法》的规制；其次，经营者只要根据《公正竞争规约》来进行表示就不会违反《景品表示法》，关于表示的《公正竞争规约》一般会包括其他法令中关于表示的义务事项，因此只要看了规约就可以全面把握与该商品的表示相关的事项；最后，关于表示的公正竞争规则由此确立，从而保证通过价格、品质的竞争来实现公正竞争。

（三）《公正竞争规约》的内容

《公正竞争规约》中通常包含的事项包括规约的目的、用语的定义、必要表示事项、表示的标准、不当表示的禁止、特定用语的使用标准、公正标志、公正交易委员会的设置与其业务以及违反后的处理程序、施行规则等。主要内容如下。

1. 规约的目的

几乎所有的表示规约中所用的定式规定是："该《公正竞争规约》基于《景品表示法》第 12 条第 1 项的规定，对某某行业表示相关事项进行规定。目的是有利于普通消费者做出适当的商品选择，同时防止某某行业中发生不正当的吸引顾客行为，以及确保公正的竞争。"

2. 必要的表示事项

制定规约时有义务对法令中所规定的表示事项做网罗性的规定。只要熟悉该行业的规约就能较为全面地把握某一行业表示上的事项，因此在实务上具有便利性。

3. 特定事项的表示标准

在不动产的规约中，用时间表示到各种设施的距离时，徒步所需时间以每 80 米 1 分钟算出的时间来表示（不满 1 分钟的部分按 1 分钟计算）。啤酒的规约中规定了表示啤酒种类用语相关的标准。比如，熟啤是指经过贮藏工艺的熟化啤酒，而生啤是未经过热处理的啤酒等。

---

① 〔日本〕伊从宽、矢部丈太郎编：『广告表示规制法』青林書院、2009、621 頁。

4. 不当表示的禁止

有些规约禁止在各个业种中都有可能被使用的不当表示，有些行业也可能会根据行业的特殊性而禁止其他行业普遍认可的"比较广告"等。

5. 过度包装的禁止

规定过度包装判断标准，禁止不符合标准的过度包装。旅游土特产、蜂王浆、冰激凌、食用海苔、牙膏等行业的规约中都对此有具体的规定。

6. 公正标志

认可在遵守规约进行表示的商品上贴"公正标志"，以及在店面展示公正竞争规约会员证的行为。

7. 运用机关

规定施行规约的机关的组织、权限、程序、对违反行为所采取的措施等。为了施行规约而特别设置机关时用"某某公正交易协议会"为名称。

三　日本民间广告自主审查机构 JARO

日本广告审查机构（Japan Advertising Review Organization，JARO）的理念是"消除虚假、夸大广告等不良广告，培育正确的优良广告"。该机构是成立于昭和 49 年（1974 年）的民间广告自主规制机关。其目的是提高企业与广告的信赖度，推进公正的企业活动，确保消费者的利益。为了达成这样的目的而以广告、表示相关的咨询和投诉审查为中心业务，据统计，近年来 JARO 每年受理的咨询（包括投诉）案件数在 5000 件[①]上下浮动，事实上这远远超过了与广告相关的诉讼案件数量[②]，可见 JARO 这一民间自主审查机构在解决广告相关的纠纷中发挥着重要的作用。JARO 的审查过程如图 8-5 所示。

---

① 公益法人日本广告审查机构，http://www.jaro.or.jp/jaro_gaiyou/katsudou.html，最后访问时间：2015 年 11 年 15 日。

② 据不完全统计，2014 年日本与广告相关的诉讼案件数为 300 件左右。日本 TKC 法律信息数据库，http://202.248.47.42/lexbin/DBSelectAC.aspx，最后访问时间，2015 年 11 月 15 日。

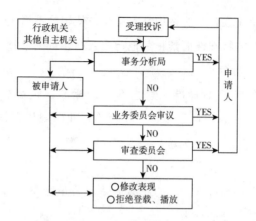

图 8-5 JARO 的审查过程①

在此需要注意的问题有两点：第一，由于 JARO 的最终目标是消除不正当的广告，因此经审查被认定为"问题广告"的类似广告也不能再次被登载及播放。第二，不仅限于对"问题广告"提起审查的申请者（消费者）与被申请者（广告主等），其他媒体及广告公司也要熟知该"问题广告"，理解其问题所在。从法律的观点来看，也许被申请企业相关的隐私以及名誉可能会因此受到损害，但是考虑到"问题广告"侵害的是公共的利益，那么也就不是法律所保护的对象了。

JARO 所受理的案件主要涉及食品、化妆品、不动产、汽车等各行各业，下面介绍一个比较有典型意义的案例。

事例：关于某某植物苗对"癌症和艾滋病有功效"的广告审查事件②

A 公司在广告宣传的小册子中登载了推荐文章称某某植物苗"对癌症和艾滋也有功效""可以提高疾病免疫力""有减缓衰老和健忘的功效"等。并载明"如果在意动脉硬化、高血压、低血压、糖尿病"等疾病的话，推荐使用本公司产品。这样的表示会让消费者认为吃了某某植物苗就可以治疗和预防疾病，对此有消费者向 JARO 咨询这样的广告是不是存在

---

① 〔日本〕冈田米藏、梁濑和男：『广告法规』，商事法务研究会、1993、74 页。
② 该事件于 2011 年上载于 JARO 官网上，http://www.jaro.or.jp/ippan/bunrui_ soudan/shokuhin05.html，最终访问时间：2015 年 11 月 15 日。

问题。JARO 为此向 A 公司发出询问函，A 公司回函称："B 大学的 C 博士、D 大学的 E 博士以及 F 研究中心的 G 博士的著作中认可某某植物苗对于癌症和艾滋病有功效，3 位老师对于本公司引用该说法也是知情的。另外本公司还收到大量食用某某植物苗的消费者从全国各地寄来的感谢信。"

对此 JARO 认为，虽然有研究成果表明某某植物中的成分有各种功效，但是并不能做出暗示该植物苗对众多疾病、症状有功效的表示，这样的表示会使消费者抱有过大的期待而产生误解，其结果是可能延误患者及时接受适当的医疗。因此希望 A 公司不要再出现类似使消费者产生误解的广告。JARO 将对于该事件的处理结果登在了自己的官方网站上予以公开。

第六节　日本广告产业法治展望

一　互联网发展对广告产业法治的影响

随着智能手机和移动终端的普及，网络环境越来越完备，人们可以更容易地接入互联网，消费者获取信息的途径向互联网转移成为一种趋势。为了应对这一现象，广告技术革新蓬勃发展，这又在某种程度上有助于互联网广告的壮大。在互联网广告快速发展的过程中，2014 年日本互联网广告费首次突破 1 兆日元。其中互联网的媒体费为 8245 亿日元，广告制作费为 2274 亿日元（同比增长 4.4%）。[①]

基于互联网的高速发展给广告产业带来的巨大机遇与挑战，广告相关的法律规制与自主规制也遇到了许多新问题，其中最为常见的是互联网广告与《景品表示法》的关系，日本的立法机构以及与广告相关的各行业也在对这些问题进行着积极的探索。

（一）互联网广告与《景品表示法》

关于互联网广告与《景品表示法》的关系，消费者厅 2011 年 10 月

---

① 日經広告研究所編：『広告白書 2014』、日經広告研究所、2014、19－24 頁。

28 日（2012 年 5 月 9 日做了部分修正）发布了《互联网消费者交易中与广告表示相关的〈景品表示法〉中的问题点及注意事项》（以下简称《消费者厅发布资料》），该资料就以下五个方面对互联网服务与《景品表示法》的关系问题做了讨论。

1. "免费增值"型

所谓免费增值型服务是免费提供基础服务，以提供收费的附加服务获取收益的商业类型。最近以智能手机游戏为中心，"免费玩基础游戏"等广告变得突出起来，视频传播服务也出现了"完全免费随便看"等广告。这里的问题是即便有些附加性服务是收费的，经营者却宣称"完全免费"的行为有可能触犯到《景品表示法》。因此，在进行免费增值的广告时只要不是真的完全免费就不应该标明"完全免费"，必须尽量明确可以免费利用服务的具体内容、范围。

2. 口碑网

口碑网站是登载关于商品及服务、企业、人物等的评价、评判的网站。现在除了有很多关于餐饮店及家电等的口碑网站，还有很多广告利用博客、SNS 等互联网上的口碑进行宣传。问题在于若是原本提供的商品与服务并不优质，却自己或者委托第三方上传大量好评到相关的口碑网上，这会引起消费者的误解从而违反《景品表示法》。

3. 闪光营销（Flash Marketing）

所谓闪光营销，指在限定期间内贩卖一定数量的可以买到打折商品及服务优惠券的商业模式，从 2008 年后这种优惠券网站开始多起来。这种优惠券网站的问题在于可能会出现不当的双重价格表示以及导致消费者对商品及服务质量产生误解的表示。比如，在优惠券网站上载明配合优惠券就可以享受比"普通价格"更加优惠的价格，但是事实上商家并没有按照所谓的"普通价格"来进行销售。这种双重价格表示有可能会让消费者陷入对经营者有利的误解之中，从而违反《景品表示法》。

4. 分销联盟计划（Affiliate Program）

简单而言，分销联盟计划就是商家通过返佣的形式吸引其他站点将商家的广告放在加盟站点自己的网页上，如果顾客通过这些广告进入商家网站，并且达成交易，商家将按照一定的规则返佣给加盟网站。现在分销联盟成了一种网站赚钱的手段，可以通过在站点、博客等放置第三方的广告（如商城广告、Google AdSense）来获得广告利润。

这种在联盟网站上登载的点击广告也受《景品表示法》规制，其中的不当表示也是被禁止的。比如，关于减肥的点击广告在没有充分根据的情况下做出"不用节食！只要贴在你介意的部位就能简单减肥!! 详情请点击！"这样的表示有可能违反《景品表示法》。

5. 转运配送或直接代发货（Drop Shipping）

在转运配送服务中，零售商不需商品库存，而是把客户订单和装运细节转给批发商，批发商将货物直接发送给最终客户。而零售商赚取批发和零售价格之间的差价。在这种网络营销的模式下，网店店主给商品做广告时也属于经营者，受到《景品表示法》的规制。

以上这些都是近十几年，甚至近几年才涌现出来的新问题。互联网广告除了上述的与《景品表示法》有关的问题，还有与《知识产权基本法》等其他法律法规有关的问题，可以预见的是在互联网呈爆炸式发展的今天，其中的广告问题将会越来越多、越来越复杂，仅通过法律很难应对所有的互联网广告问题，那么互联网广告的自主规制就显得尤为重要。

（二）互联网广告的自主规制

1. 互联网认证制度（日本通信销售协会、日本工商会议所）

该制度是指对于面向利用互联网的消费者的电子商务交易进行审查，对进行适当交易的经营者认证并授予互联网认证标志。这项制度可以通过行业自主筛选出有较好信誉的互联网经营者，从而达到保护消费者的目的。

2.《互联网广告登载指南》（互联网广告推进协会）

该指南于 2000 年制定，并在 2007 年修订。指南规定不能登载以下类型的广告：第一，无法判断责任主体的广告；第二，内容及目的不明确的广告；第三，有虚假内容及有导致误解和错误认识的广告；第四，缺乏公正客观根据使用最大级、绝对性表现的广告；第五，违反其他法律法规、业界规则的广告以及有损媒体品位的广告等。指南除了对公序良俗、著作权、商标权、肖像权等广告的传统内容做了规定，还对互联网所特有的事项做了规定，比如第 4 条就是关于互联网常用的点击广告的内容。

3. 隐私认证制度（日本信息处理开发协会）

信息在互联网上具有传统媒体所不能比拟的传播速度和广度，因此对于互联网个人信息的保护就显得尤为重要，日本通过自主的隐私认证制度建立起了较高水平的个人信息保护管理系统。通过认证的经营者可以展示该认证来展现自己的可信赖度。

二　日本广告产业立法展望

日本没有统一的《广告法》，而是通过《景品表示法》《反垄断法》《反不正当竞争法》以及众多特别法来对广告中的法律问题进行规制。目前，日本国会没有进行统一的《广告法》立法的动向，且在学术界也少有人提出要推进统一立法。但日本与广告相关的众多法律规制中有重复的地方，在遇到与广告相关的纠纷时要去繁复的法律中找到解决方案，这对于经营者、消费者以及法律工作者是一种不便。特别是消费者在发生纠纷时在信息的获取和持有上往往处于劣势地位。因此从保护消费者权益、提高效率的角度来看，笔者认为像我国一样制定统一的《广告法》也不失为一种广告产业法治探索的方向。

日本的《反垄断法》以及《反不正当竞争法》为了保护公正的竞争秩序，对于广告中的不当表示等有所规制，但是一直以来日本广告产业中的垄断现象十分明显，且有越来越严重的趋势。虽然无法断定高度垄断是否一定制约日本广告产业的发展，但笔者认为从维护广告产业公正竞争的角度来看，有必要加强保障处于弱势地位的中小广告经营者的合法权益。

此外，在上文中关于肖像权与广告的介绍中提到日本没有关于肖像权的专门法律条文，在实务中主要是通过判例来确定相关的规则。笔者认为对于肖像权的法律明文化可以为广告中肖像权纠纷的解决提供更明确和统一的法律保障。

三　日本广告伦理标准的启示

笔者认为日本广告伦理标准体系非常值得我国学习，相对于法律的规制，广告产业各方自发性地进行自我规制有很多优点。

第一，广告表示是企业将商品或服务的内容传达给消费者的约定或者请求，是告知消费者新产品已经发售、性能效果、与其他商品区别在何处等信息。法律在这些内容不能导致消费者误解和具有欺瞒性的问题上不可能规定得面面俱到，更多的是靠广告主自己来遵守。

第二，很多不当表示是由于竞争过于激烈，或者同业者之间相互不信任而引起的。广告被当作使内容基本相同的商品差别化的手段被频繁使用。比如说为了对抗"生"这样的表示，出现了"本生""纯生""极生"等招致消费者认知混乱和不信任的表示。那么通过广告经营者相互之间都遵守得到相互认可的自主规制可以有效防止不当表示。

第三，广告表现是将企业的独创性、进取性等表现得最淋漓尽致的领域，法律等权力规制在广告领域并非越多越好。广告界的自主规制活动可以说是"彻底的自律确保自由"的理念下支撑民主社会的基础之一。

第四，由于自主规制制定团体的构成成员都是相同领域的经营者，对于广告的内容也是理解透彻的，因此可以根据社会的变化灵活运用这些规则从而提高效率。

但必须要认识到的是，自主规制虽好处很多却也非万能，自主规制的重要问题之一在于规制的范围只及于加入的成员，对于局外人不具有拘束力。很难在没有法律依据的情况下让经营者负有加入自主规制团体的义务。可替代的措施是，未加入团体的经营者在考虑团体规则后制定内部规则，并接受监督官厅的指导。比如在《金融商品交易法》中可规定，未加入金融商品交易业协会的业者在充分考虑协会的规则后，制定公司规则并由金融厅直接监督遵守。此外还必须要认识到自主规制自身的几个缺点：第一，由于自主规制是同一类经营者联合制定的，所以难免更多考虑团体自身的利益。第二，容易倾向于有实力、发言权、广告宣传费多的企业的意见，较弱的经营者的意见能否在自主规约中反映出来是值得怀疑的。第三，有些自主规约为了能更全面地应对出现的问题而更多陈述一些理念，从而缺乏具体性。那么如何克服这些缺点从而更好地发挥伦理标准的作用，就成了日本广告产业法治未来要考虑的重要内容，同时也是我国广告产业法治中需要重视的课题。

图书在版编目(CIP)数据

日本文化法治/魏晓阳等著. —— 北京：社会科学
文献出版社，2016.5
（文化发展学术文丛）
ISBN 978 - 7 - 5097 - 8977 - 3

Ⅰ.①日…　Ⅱ.①魏…　Ⅲ.①文化产业 - 法治 - 研究
- 日本　Ⅳ.①D931.322.9

中国版本图书馆 CIP 数据核字（2016）第 070321 号

· 文化发展学术文丛 ·

日本文化法治

著　　者／魏晓阳 等

出 版 人／谢寿光
项目统筹／王　绯　周　琼
责任编辑／李兰生

出　　版／社会科学文献出版社 · 社会政法分社 （010）59367156
　　　　　　地址：北京市北三环中路甲 29 号院华龙大厦　邮编：100029
　　　　　　网址：www.ssap.com.cn
发　　行／市场营销中心 （010）59367081　59367018
印　　装／三河市东方印刷有限公司

规　　格／开　本：787mm × 1092mm　1/16
　　　　　　印　张：19.25　字　数：304 千字
版　　次／2016 年 5 月第 1 版　2016 年 5 月第 1 次印刷
书　　号／ISBN 978 - 7 - 5097 - 8977 - 3
定　　价／76.00 元